정한숙의
삶과 문학

정한숙의 삶과 문학

일오 정한숙 선생
탄생 백주년 기념사업회 엮음

정한숙 —— 연구 논문집

KU PRESS
고려대학교
출판문화원

머리말

2022년은 일오(一悟) 정한숙(鄭漢淑, 1922-1997) 선생이 태어난 지 백주년 되는 해이다. 선생은 전후 한국 문단을 대표하는 작가로서 지식인과 예술가, 현대인과 역사적 인물 등 하나로 갈피 지을 수 없을 만큼 다양한 인간상을 소설에 선보였다. 그러나 이 중 이 땅의 현실과 관련되지 않은 이는 한 명도 없었다. 선생은 자유분방한 상상력을 발휘하면서 그 안에 시대 정신을 투영하며 당대 독자에게 피폐한 현실을 견디는 동시에 극복하는 힘을 제공했다. 선생에게 일관된 것이 더 있다면, 조금 더 좋은 글을 쓰고자 했던 갱신의 노력이었으며, 하루도 빠짐 없이 원고지 30매를 채우는 성실함이었다. 160여 편의 단편소설과 17편의 장편소설을 생전에 발표한 선생은 개인의 실천과 시대의 발전 사이의 인과성을 높이는 데 힘을 보탰다.

고려대학교 국어국문학과 1회 졸업생이기도 한 정한숙 선생은 모교 교수로 30여 년간 재직하며 《현대한국소설론》(1973)·《소설기술론》(1975)·《현대한국작가론》(1976)·《해방문단사》(1980)·《현대한국문학사》(1982) 등의 연구서를 발간하였다. 언론과 교직 등 다양한 직종에 진출한 졸업생들이 졸업 후에도 선생과의 인연을 이어갔으며 많은 시인, 소설가, 비평가 그리고 학자가 선생의 문하에서 배출되었다. 또한 선생은 문예진흥원장, 대한민국 예술원 회장을 역임하며 행정가로서 나라의 문화적 품격을 높이는 데 기여했으며 고려대학교에서는 초대 사범대학장 등의 보직을 맡아 주어진 소임을 충실히 수행하였다.

2021년 정한숙 선생의 탁월한 업적과 정신을 기리기 위해 여러 제자들이 '일오 정한숙 선생 탄생 백주년 기념사업회'(약칭 정한숙 기념사업회)를 결성하였다. 정한숙 기념사업회에서는 학술대회 개최, 장편소설 웹 플랫폼 연재, 기념 도서 세 권 발간 등을 탄생 백 주년인 2022년의 주요 사업 내용으로 정하고 준비해 왔다. 2022년 7월 2일에는 고려대학교 백주년 기념관 국제 원격회의실에서 '일오 정한숙 탄생 백주년 기념 학술대회'가 열렸다. 삶과 예술, 등단 시기의 행적, 후기 소설의 특성, 예술과 사랑이라는 주제, 말년에 발표한 시와 수필의 의미 등 선생의 삶과 문학에 대한 연구 영역을 확장하는 발표가 이어졌다. 탄생 백주년인 2022년 안에 정한숙 기념사업회는 선생의 장편소설 《바다의 왕자》를 웹플랫폼에 연재할 예정이며, 백주년 탄생일인 11월 3일에는 고려대학교 출판문화원에서 발행한 기념 도서 세 권에 대한 출간 기념식을 열 예정이다. 기념 도서의 대략적인 개요는 다음과 같다.

제1권은 《금당벽화—정한숙 소설 선집》이다. 1997년 고려대 출판부에서 펴낸 선집에 6편을 추가하여 총 16편의 소설을 실었으며, 기존의 작가 연보 및 작품 목록에 최근 연구 성과를 더해 선생이 남긴 방대한 업적에 조금이라도 더 접근하고자 했다.

제2권은《큰 가슴 작은 손—정한숙 수필 선집 및 헌정 산문》이다. 1부에는 선생의 영결식 때 낭독된 조시와 조사, 2부에는 고향과 일상, 소설과 교육 등에 대해 선생이 남긴 수필, 3부에는 선생을 기리는 27명의 제자와 유족의 회고 산문이 담겨 있다. 문학 작품에서는 흐릿했던 선생의 인간적인 면모가 이 책에서 선명히 드러나기를 기대한다.

제3권은《정한숙의 삶과 문학—연구 논문집》이다. 선생의 삶과 문학에 대한 연구 성과를 모은 책으로, 선생의 생존 시에 나왔던 대표적인 성과물, 그리고 2022년 기념 학술대회의 발표문을 수록하여 정한숙 연구의 현황을 정리하는 동시에 후대 연구를 촉발하고자 했다.

본 기념사업회의 기획 취지에 공감하여 물심양면으로 도움을 준 고려대학교 정진택 총장, 고려대학교 민족문화연구원, 고려대학교 문과대학, 그리고 고려대학교 국어국문학과에 진심으로 감사드린다. 선생과의 각별한 기억으로 선뜻 선생과의 회고담과 후원금을 보내준 선생의 여러 제자들, 선생의 여러 글을 싣는 것에 동의해 주었을 뿐 아니라 선생이 말년에 남긴 여러 그림을 제공하여 기념 도서를 더욱 의미 있게 한 유족 측, 선생의 원고를 입력하고 교정하는 데 애쓴 고려대학교 국어국문학과에서 현대문학을 전공하는 대학원생들, 촉박한 기한 내에 번나한 원고를 성심성의껏 편집하고 출판해 준 고려대학교 출판문화원에 감사의 말씀을 드린다.

선생을 기리는 여러 힘들이 모여 기념 사업을 무탈하게 치를 수 있었다. 본 사업회는 자유분방하면서도 치밀했던 인간적 풍모와 문학적 실천으로 20세기 후반 한국 현대문학의 초석을 놓은 선생의 업적이, 문자 텍스트에서 영상 텍스트로 매체 영향력이 이동하는 21세기에 문학을 포함한 인문학의 방향성을 제시하며 거듭날 수 있기를 기대한다.

2022년 가을 일오 정한숙 선생 탄생 백주년 즈음하여
일오 정한숙 선생 탄생 백주년 기념사업회

일러두기

본 연구 논문집은 정한숙에 대한 기존의 연구뿐만 아니라 2022년 현재 최근의 연구 성과까지 반영한 것이다. 1부에서는 작가의 생애 및 작품 세계 전반을 다루었고, 2부에는 2010년대 초반까지 진행된 연구 성과를 실었으며, 3부는 2020년대 최근 연구 동향을 중심으로 구성하였다. 그리고 4부에는 정한숙 선생이 생전 자신의 작품에 관해 언급한 내용 및 대담 자료를 수록하였다.

차례

{ 제3부 }

정한숙 연구의 현재

{ 제4부 }

정한숙이 본 정한숙

{ 제5부 }

부록

{ 제1부 }

소설가와 생활인

정한숙의 삶과 예술

이남호

1. 예술과 삶

예술과 삶의 상관성에 대해서는, 범박하게 말해서, 상반된 두 가지 관점이 있을 수 있습니다. 하나는 예술 활동을 통하여 삶의 완성으로 나아간다는 관점이고 다른 하나는 삶의 에너지가 예술의 완성에 사용 또는 소비된다는 관점입니다. 전자에서는 삶의 완성이 예술 작품보다 더 중요한 궁극 목표가 되며, 후자에서는 예술의 완성을 위해서는 삶이 희생되어도 어쩔 수 없다는 견해를 볼 수 있습니다. 흔히 작가의 광기나 인간적 불행이 예술의 원동력이 된다는 낭만주의적 예술관은 후자라고 할 수 있겠습니다. 물론 이 두 가지 관점 사이에는 수많은 스펙트럼이 있을 수 있을 것입니다.

그렇다면 정한숙 선생의 경우는 두 가지 관점 중 어느 쪽에 가깝다고 할 수 있을까요? 이 질문은, 그의 탄생 백 주년을 맞이한 오늘날, 그의 삶과 예술을 새롭게 이해하는데 꽤 유용한 지렛대가 될 것으로 생각합니다.

정한숙 선생은 소설가로 널리 알려져 있습니다. 그가 남긴 업적 가운데서 소설의 양이 압도적으로 많다는 사실을 고려하면 이는 당연하다고 하겠습니다. 한 연구자의 정리에 의하면, 그는 17편의 장편소설을 포함해서 160편이 넘는 소설을 남겼습니다. 이는 그가 이십 대부터 작고하실 때까지 끊임없이 창작해온 결과로서, 삶의 대부분의 시간을 소설 창작에 바쳤다는 것을 말해줍니다. 그럼에도 불구하고 정한숙 선생을 소설가로만 기억하는 것은, 그에 대한 다소 부족하거나 불충분한 이해 또는 평가가 아닐까 짐작합니다. 정한숙 선생의 삶에는 소설가가 아닌 부분도 많습니다. 그는 평생 후학을 가르친 교육자였으며, 대학이나 단체 등에서 행정능력을 발휘한 행정가였으며, 문학을 학문적으로 연구한 학자였습니다. 그런가 하면 세권의 시집을 내신 시인이고, 수백 점의 유화를 남긴 화가이며, 흥미로운 비평적 에세이를 남긴 평론가였습니다. 그런가 하면 평생 인간적 교류와 술을 사랑한 분이었습니다. 정한숙 선생의 경우, 그의 삶의 크기가 소설가로서의 삶의 크기보다 더 크다는 사실은 분명해 보입니다.

이러한 정한숙 선생의 여러 삶의 측면들을 두루 생각해봄으로써, 그의 탄생 100주년을 맞이한 자리에서 그의 삶과 예술을 이해하는 지평을 조금 넓혀보고자 하는 것이 본 발표의 희망입니다.

2-1. 소설가

정한숙 선생은 소설가로 가장 잘 알려져 있습니다. 해방 이듬해인 1946년 월남하여 고려대학교 국문과에 편입하였습니다. 그리고 학

창시절에 전광용, 정한모 등의 문우들과 '주막'이라는 동인을 결성하여 문학적 꿈을 키웠습니다. 그러다가 1948년《예술조선》신인상 모집에 〈흉가〉가 가작으로 당선되는데, 이것이 그의 등단작인 셈입니다. 그러나 곧 전쟁이 터지고 월남민이었던 그는 다시 남쪽으로 피난을 떠나야 했습니다. 부산 피난 시절의 혼란과 궁핍함 속에서도 그는 〈아담의 행로〉, 〈광녀〉, 〈배신〉 등을 발표했습니다. 그러나 전쟁이 끝나고, 1955년《한국일보》신춘문예에 단편 〈전황당인보기〉와 희곡 〈혼황〉이 당선되면서 그의 소설가로서의 입지는 비로소 공고해집니다. 이 때부터 그는 신문과 잡지에 활발하게 작품을 발표하며 소설가로서의 이름과 수입이 그의 생활을 떠받치게 됩니다. 1950년대 후반과 1960년대, 즉 그의 30-40대가 소설 창작의 전성기라고 할 수 있습니다. 그는 성실한 작가였고, 다작의 작가였으며, 인기있는 작가였습니다. 물론 70년대 이후 그의 삶은 소설 창작이 아닌 분야로 확산되었음에도 불구하고 그의 작가적 성실함은 꾸준한 작품 발표로 이어졌습니다.

정한숙 선생은 다작의 작가이며 다양한 작품을 쓴 작가입니다. 그런가 하면 순수소설과 대중소설의 경계를 넘나든 작가입니다. 또 현재의 삶과 과거의 역사를 넘나든 작가입니다. 그러면서도 그의 작품은 한결같이 현실적 삶의 문제에 대한 탐구라는 동심원을 지니고 있다고 생각됩니다. 그가 절실하게 겪었던 시대와 이데올로기 문제를 탐구한 작품들은 물론이거니와 예술과 사회에 대한 개인적 책임의 문제를 탐구한 예술소설들이나 애정이나 성문제를 다룬 작품들도 모두 현실적 삶의 문제에 대한 탐구라고 할 수 있을 것입니다.

다작이라는 사실과 작품세계의 스펙트럼이 매우 넓다는 점은 깊이나 철저함의 유보를 짐작하게 합니다. 사실 정한숙 선생의 적지 않은 작품에서 주제 탐구의 깊이나 철저함이 부족함을 느낄 수 있습니다. 이는 아마도 정한숙 선생의 소설관 혹은 예술관과 연관이 있을 것이며, 삶과 예술의 관련성에 관한 문제이기도 할 것입니다. 삶의 뿌리를 잃어버리고 생존을 위협받던 실향민이었던 정한숙 선생에게는 예술을 포함한 그 무엇이라도 그 자체로 의의가 있다기보다는 그의 현실적 삶을 최대한 온전히 유지하는 데 필요한 수단인지 모릅니다. 예술은 그의 현실적 삶을 위태롭게 하는 것이 아니라 오히려 현실과 삶의 안정에 필요했던 것이 아닐까 생각해봅니다. 그러니까 정한숙 선생이 평생 그렇게 소설 창작에 성실하게 임했다는 것은, 그의 현실과 삶을 안정하게 유지하는데 그만큼 소설 창작이 중요한 역할을 하였다는 것을 의미합니다.

2-2. 교육자

정한숙 선생은 한평생 교단에 계셨습니다. 30살에 휘문고등학교 교사가 되어 8년간 고등학생들을 가르쳤으며, 36살에 고려대학교 교수가 되어 30년 동안 수많은 제자를 길러 내었습니다. 정한숙 선생은 여러 면에서 가림이 없는 분이었지만(가령 음식도 가리지 않고, 술도 가리지 않고, 사소한 절차나 형식이나 위계도 가리지 않고, 작품에 대한 호불호나 시비도 적은 편이었습니다) 사람만은 가려서 만났습니다. 아니 사람의 만남에도 가림이 없었다고 해야 할지 모르겠습니다. 그는 대체로 사람들의 특이한 개성까지도 존중하고 포용할 줄 아는 호인이었고, 친화력이 뛰어난 분이어서 그의 주변에는 항상 많은 사람이 모였습니다. 다만 자신만의 어떤 기준에 맞지 않는다고 판단되면 그 사람과는 어울리지 않는 단호함이 있었습니다. 이 단호함 때문에 정한숙 선생은, 많은 사람들과 놀라운 친화를 보여주었음에도 불구하고 사람에 대한 편애가 있다는 말을 듣기도 했습니다. 그러나 정한숙 선생은 무엇보다 사람을 소중히 여기고 사랑하였습니다.

정한숙 선생은 〈나의 문학수업〉이라는 글에서 '어떤 예술이건 인간성을 초월할 수는 없다 — 내게 있어선 문학에 앞서 먼저 인간이요 문단이나 문학단체보다는 우정과 의리가 더 중요할 따름이다'라고 말한 적이 있습니다. 그는 이 말을 잘 실천하였습니다. 그래서 많은 사람들이 그의 주변에 모였고, 그를 좋아했습니다. 제자들도 마찬가지입니다. 많은 제자들이 그의 창작혼이나 학덕보다는 인간적 매력과 크기에 이끌려 정한숙 선생의 문하가 되었습니다. 정한숙 선생은 우수한 제자가 많은 것으로 대학가에 널리 알려져 있습니다.

많은 제자들이 정한숙 선생의 인간 사랑 품 안으로 몰려 들었고, 그는 독특한 방식으로 수많은 인재를 길러냈습니다. 그의 가르침은 강단에 국한되지 않았습니다. 찻집이나 주점에서의 고담준론도 그에 못지않았지만, 그보다는 일상생활 자체가 문학과 학문과 삶에 대한 가르침이었습니다. 어쩌면 학교 공부보다 인생 공부를 더 많이 배웠고, 그것이 제자들의 문학과 삶에 대한 안목을 길러주었다고 할 수 있을 것입니다. 독특한 방식으로 훌륭한 제자들을 많이 길러낸 교육자로서의 업적도 정한숙 선생의 삶에서 경시할 수 없을 것입니다.

2-3. 문학교수

정한숙 선생께서는 30년 동안 대학 강단에서 문학을 가르쳤습니다. 일반적으로 창작을 하는 문학교수는 문학에 대한 이론적이거나 학문적인 역량이 상대적으로 약한 편이라 할 수 있습니다. 그 대신 창작의 체험을 바탕으로 문학에 대한 체험적이고 직관적인 이해로 학생들의 문학적 안목을 길러줍니다. 그러나 정한숙 선생은 창작을 하는 문학교수이면서도 문학에 대한 학문적 업적도 많이 남기신 분입니다.

정한숙 선생의 학문적 업적은 그가 50대였던 1970년대에 집중되어 있습니다. 오롯이 창작에만 몰두하던 30대와 40대를 지나 50대가 되자, 여전히 소설 창작은 열심히 하면서도, 그동안 강단에서의 가르침과 창작을 바탕으로 머릿속에 정리해 두었던 내용들을 학문적으로 펴내기 시작합니다. 그리하여 약 10년간 많은 연구서들을 집중적으로 출간합니다. 정리해보면 다음과 같습니다. 《소설기술론》(고려대 출판부, 1973) 《소설문장론》(고려대 출판부, 1975) 《한국문학의 주변》(고려대 출판부, 1975) 《현대한국작가론》(고려대 출판부, 1976) 《현대한국소설론》(고려대 출판부, 1977) 《해방문단사》(고려대 출판부, 1980) 《현대한국문학사》(고려대 출판부, 1982) 《현대소설작법》(장락, 1994).

이러한 연구서들은, 한권을 제외하고 7권은, 10년에 걸쳐 출간되었습니다. 가히 그의 50대는 학문적 전성기라 하겠습니다. 이 정도는 연구 업적은, 창작을 하지 않는 문학교수들의 평생 업적들에 비해서도 오히려 많다 하겠습니다. 특히 《소설기술론》과 《현대한국문학사》는 지금도 학계에서 중요한 업적으로 평가받아 마땅하다고 생각합니다.

2-4. 행정가

정한숙 선생은 소설을 쓰는 예술가이며 술과 사람을 좋아하는 자유인입니다. 보통 이런 사람은 현실적인 문제로부터 거리를 두기 때문에 또 체질적인 이유로 행정과는 거리가 멀기 마련입니다. 그러나 그는 평생 동안 상당히 여러가지 직책을 맡아서 뜻밖의 행정 능력을 발휘하였습니다.

우선 고려대학교 재직 시절에는 1969년에서 1973년까지 교양학부장을 맡았고, 1976년부터 1980년까지 사범대학 학장을 맡았습니다. 그리고 학교 보직을 맡지 않은 기간 동안에도 언제나 학교의 주요 현안들에 대해서 오피니언 리더 역할을 했고 또 행정책임자들의 자문 역할을 했습니다. 다시 말해 학교 행정의 중심에서 늘 영향력을 행사했던 것 같습니다.

그러나 행정가로서의 능력은 고려대학교를 정년퇴임하신 이후에 더 많이 발휘됩니다. 퇴임하시던 해, 그는 국제 펜클럽 한국본부 이사, 한국소설가협회 대표위원 등을 맡습니다. 그리고 1991년에는 대한민국예술원 회장으로 피선되었고, 또 한국문화예술진흥원장을 맡아 큰 조직을 관리하게 됩니다. 대한민국예술원 회장이란 직책과 문예진흥원 원장이라는 직책이 우리 사회에서 얼마나 중요한 자리인지는 말할 필요가 없을 것입니다. 이런 자리는 폭넓은 친화력과 행정능력에 대한 인정뿐만 아니라 근본적인 신뢰와 존경의 대상이 될 수 있어야만 주어지는 것이라 하겠습니다.

정한숙 선생은 퇴임 후 10여 년을 더 사셨을 뿐인데, 그 기간 동안 누구보다 많은 직책을 맡았고, 누구보다 탁월한 행정능력을 발휘하였습니다. 평생 관리의 길을 걸어 온 사람에게도 정한숙 선생이 걸어온 행정가로서의 길은 결코 만만치 않을 것으로 짐작됩니다. 우리가 정한숙 선생을 기억하고자 할 때, 그의 행정가적 면모도 결코 잊을 수는 없을 것입니다. 그 행정가적 면모는, 소설가라는 것만으로는 잘 드러나지 않는 정한숙 선생의 모습을 들여다보는 데 좋은 창이 될 것입니다.

2-5. 시인

정년 퇴임을 얼마 앞두고 정한숙 선생은 시를 발표하였습니다. 꽤 많은 시를 남몰래 써 두었던 모양입니다. 그리고 그 시들은 이듬해 1988년 열음사에서《나무와 그늘 사이에서》라는 시집으로 출간되었습니다.

이 시집의 말미에서 시인 정진규는 선생의 시를 논하면서 "있는 그대로의 세계 속에서 발견되어진 것이지 만들어진 것이 아니다'라고 말합니다. 이어서 "우리는 거기서 삶을 바라보는 따뜻한 시선과 작위적인 것이 아닌 순정한 속살의 세계를 만날 수 있다"고 했습니다. 기교나 작위에 의존하지 않고 순수한 마음으로 만난 세계를 꾸미지 않는 편안한 언어로 표현했다는 말로 이해될 수 있습니다.

사실 그의 시 속에는 의외로 인간 정한숙의 꾸미지 않은 모습이 편안하게 잘 드러나 있습니다. 소설이나 심지어는 수필에서조차 피해갔던 자신의 모습들이 시에서는 수시로 편안하게 드러납니다. 가령

〈할 일 없이〉 같은 시에는 그의 한 평생에 대한 자신의 소회가 잘 요약되어 드러나 있습니다. 어쩌면 소설, 수필, 시 가운데서 그의 시가 그 자신을 가장 많이 드러내고 있다고 할 수 있겠습니다.

정한숙 선생은 1989년에 다시 《잠든 숲속을 걸으면》이란 시집을 출간하고, 이어서 1991년에 《강강수월래》란 시집을 출간합니다. 《잠든 숲속을 걸으면》의 해설을 쓴 오세영도 "그의 시는 자신의 인생이자 체험 바로 그것이다. — 그러니까 현실과 생활과 행동이 한데 어우러진 체험적 진실이 담겨 있는 것이다"라고 했습니다. 결국 첫 시집에서 정진규가 한 말과 유사한 견해이며, 이는 이 자리의 논의와도 일맥상통한다 하겠습니다.

시에 대한 정한숙 선생의 이러한 태도는, 다시 한 번 그에게 예술이란 무엇인가를 생각하게 해 줍니다. 정한숙 선생에게 예술은 그 자체로 절대적이지 않습니다. 항상 현실과 생활이 앞에 있고, 예술은 그것의 안정과 안녕에 깊숙이 관여하고 있는 것으로 보입니다.

2-6. 화가

확실하지는 않지만, 정한숙 선생은 70년대 중반 무렵부터 유화를 그리기 시작합니다. 고려대학교 사범대학 학장 하실 때 그 분의 손에는 늘 유화 물감이 묻어 있던 것이 기억납니다. 학장실 한 켜에 세워져 있던 이젤도 생각납니다. 정한숙 선생은 평생 동안 매일 30매의 원고를 쓰신 분으로 알려져 있는데, 70년대 이후에는 이 성실성이 매일 유화를 그리는 데서도 나타납니다.

정한숙 선생의 유화는 대체로 소품입니다. 그리고 세련된 기교나

기발한 착상과는 거리가 멉니다. 단순한 정물이나 풍경을 소박하게 그렸습니다. 미술전문가가 관심을 가질 만한, 예술적 성취도가 높은 작품들은 아닐 것입니다. 그러나 그의 그림에는 소박하고 진실한 인간적 매력이 깃들어 있다고 해도 좋은 것입니다. 마치 그의 시가 자연스런 삶의 표현이듯이, 그의 그림도 꾸밈없는 따뜻함을 보여주고 있습니다.

그가 1976년에 쓴 〈여백이 있어야 채운다〉라는 수필은 "틈나는 대로 유화를 그린다"라는 구절로 시작됩니다. 그리고 동료들이 그린 유화를 한 점 달라고 해서 가져가는 이야기도 나옵니다. 사람들이 그려 놓은 그림을 가져가 버려서 다시 그림을 그리게 된다는 이야기 속에서 흥미로운 사유가 들어 있습니다.

그는 오히려 바빠지지 않기 위해서 그림을 그린다고 말합니다. "일이란 자석과 같은 것이어서 처음부터 홀가분하게 다루어야지 자칫하다 그 거대한 자성에 끌려 질질 매기가 일쑤"라고 하면서 "그림 그리는 시간이란 말하자면 내 일로부터 빠져나온 시간인 셈"이라고 합니다. 창작, 연구, 행정, 교유 등의 바쁜 일상 속에서 그림 그리는 시간이 오히려 여백이 되고 그 여백이 있기에 다시 여백을 채우고자 하는 의지와 에너지를 지니게 된다는 것입니다. 이러한 비움과 채움의 철학은, 그의 삶과 예술 전반에 숨은 원리로 작용하는 것으로 보입니다.

2-7. 호주가

정한숙 선생은 매일 사람들과 어울려 술을 드셨습니다. 매일 오전 30매의 원고를 쓰는 성실성은 매일 저녁 약주를 드시는 데에도 그대로 적용됩니다. 성실성은 절제력을 필요로 합니다. 그는 매일 저녁 약주를 드셨지만 술자리는 항상 1차로 끝이었습니다. 낮 시간의 성실성은 저녁 시간의 절제력을 전제하지 않고는 어려웠을 것입니다. 저녁 술자리는 매우 중요한 일과였는데, 그것은 성실성과 절제력으로 매일 유지되었다고 하겠습니다.

술을 좋아했다는 그 자체가 정한숙 선생의 삶과 예술을 이해하는 데 중요하지는 않을 것입니다. 그보다는 그의 삶과 예술에서, 매일 저녁의 술자리가 지니는 의미가 중요한 것으로 보입니다. 첫 번째 의미는 비움 혹은 여백만들기가 아닐까 합니다. 앞서 언급했듯이 정한숙 선생은 매우 많은 일을 동시에 하는 바쁜 삶을 여유 있게 영위하신 분입니다. 창작과 교육과 연구와 행정 등등의 바쁜 삶 속에서 저녁 술자리는 아마도 비움의 자리였을 것입니다. 이 비움이 있음으로 해서 그는 다음날 다시 놀라운 집중력으로 여러 가지 일들을 동시에 처리할 수 있었을 것입니다.

그리고 두 번째 의미는 기꾸로 채움일 수 있습니다. 낮 시간의 공식적인 회의나 면담 또는 만남 속에서 충분하지 못했던 감정의 나눔과 견해의 조정 등을 보충하고 해결하는 데 술자리는 좋은 기회가 됩니다. 현실의 많은 부분은 사람 만나는 데서 시작되고 사람 만나는 데서 끝이 납니다. 정한숙 선생은 사람을 좋아했고, 사람들과 깊고 넓게 교유했습니다. 사람들과의 친회는 그의 처세 혹은 현실 대응의 중요한 축이었습니다. 그리고 이 교유의 성과는 술자리에서의 채움과 상관성이 높을 것입니다.

정한숙 선생의 저녁 술자리를 이렇게 이해해보면, 그의 호주(好酒)는 냉엄한 현실 세계로부터의 도피나 망각을 위한 것이 아니라 그 반대로 현실의 안녕과 안정에 필요한 현실적 태도였다고 하겠습니다. 그에게 예술이 현실의 안녕과 안정을 위한 수단이었듯이 그의 호주 또한 그러한 의미를 지닌다고 말할 수 있을 것입니다.

3. 삶을 위한 예술

정한숙 선생은 유년기에 집안이 파산하여 어려운 환경 속에서 성장하였습니다. 일제 말기에는 징병과 징용을 피해 숨어야 했으며, 해방 후에는 공산주의를 피해 단신으로 월남을 했습니다. 육이오 전쟁 때는 다시 부산으로 피난을 가야 했습니다. 문학소년이었던 그는 청년기를, 인간다운 삶이 거의 불가능했을 뿐만 아니라 생존 자체가 심각하게 위협받는 상황 속에서 보내야 했습니다. 이 경우, 사회적 현실은 거의 절대적 조건일 될 것이며, 인간적인 삶은 거의 절대적 목표가 될 것이라고 짐작해 볼 수 있습니다. 타고 난 재주와 감성으로 예술을 추구한다고 하더라도 그것이 삶보다 우선하기란 어려울 것입니다.

정한숙 선생에게 해방공간과 피난 시절은 암울한 견딤과 모색의 시기였을 것입니다. 끝없는 궁핍과 앞이 보이지 않는 혼돈의 공간에서 자신을 지켜내야 했습니다. 그러다가 환도와 한국일보 신춘문예 당선 이후, 그는 비로소 현실에서 자신의 자리를 만들어 가는 입지의 노력을 펼칠 수 있게 됩니다. 그 당시 그의 놀라운 다작과 활발한 교유는 어쩌면 인간적 품위를 지키는 삶을 현실 속에 뿌리내리기 위한 그만의 방식이라 할 수 있습니다. 그런 만큼 순수소설의 고상함도 필요하지만 동시에 연재소설과 대중소설이 가져다주는 인기와 수입도 필요했을 것입니다. 소설 창작은 현실을 넘어서서 추구해야 하는 것이 아니라 현실을 위해서 추구해야 하는 것이었습니다.

정한숙 선생에게 소설이란 삶의 전부라기보다는 삶의 중요한 일부였던 것 같습니다. 여기서 소설이란 끝없이 절차탁마해야 하는 절대적 예술품이 아니라 하나를 완성하면 다시 다른 세계로 나아가야 하는 자신의 확산이라는 그의 소설관을 이해할 수 있습니다. 그리고 이런 생각의 연장에서 그의 시와 그림도 이해할 수 있습니다.

그의 시와 그림은 보다 아마추어적입니다. 여기서 아마추어라는 말은 미숙하다는 의미보다는 삶에 이로움과 재미를 주는 것이라는 의미입니다. 시는 그의 내면과 삶의 고뇌에 평화를 줍니다. 그림은 그의 피로한 일상에 여백을 줍니다. 그러면서 그의 시와 그림은 보는 사람들에게도 평화와 여백을 나누어줍니다. 정한숙 선생에게 소설도 그 근본에 있어서는 이러한 의미가 있는 것이 아닌가 합니다.

정한숙 선생은 76년이라는 길지 않은 생애에, 전반기의 혹독한 시련을 넘어서서, 크고 높은 인생을 만들었습니다. 그 크고 높은 인생을 그의 소설이 다 감당하지는 못합니다. 앞서 언급한 여러 측면이 모여서 정한숙이라는 큰 인간을 만듭니다. 정한숙 선생의 100주기를 맞이하여 소설가라는 테두리를 넘어서서 그의 크고 높은 인생에 좀 더 주목해보면 좋겠습니다. 그러다 보면 그의 소설도 더 환히 보일 수도 있을 것입니다.

소설가의 삶, 소설의 삶

문혜윤

1. 고향 영변과 이상향

1946년 월남한 정한숙에게 고향 영변은 돌아갈 수 없는 곳이었다. 그의 여러 수필과 대담에서 자주 묘사되었던 영변은, 돌아갈 수 없는 곳이라는 점에서 흡사 '이상향'의 모양새를 하고 있다. "예리한 칼로 깎아 세운 듯한 낭떠러지, 발붙일 곳이 없는 돌벼랑 위에 천년을 헤아리는 앉은뱅이 늙은 소나무가 있고, 그 사이사이를 수놓은 듯이 진달래가 불타듯 피어 있다. 짙은 녹음 속에서 하루 종일 뻐꾸기가 운다. 장마가 지나고 하늘이 높아지면 다래와 머루가 덩굴 속에 무르익으며, 온 산이 홍엽으로 물든다. 약산 동대에 올라 사방을 둘러보면 천지의 조화는 온통 이 돌산에 응결되어 있는 것 같은 느낌이다."[1] 그의 소설 속에는 종종 이러한 자연 풍경이 나타나고, 그 배경 속에 황소와

---

1 정한숙, 〈방황 30여 년〉, 《꿈으로 오는 고향내음》(해문출판사, 1988), 147-148쪽.

강아지와 수탉이 있는 평화로운 정경이 끼어들거나 정다운 목소리와 그리운 얼굴이 등장한다.

아주 어렸을 적, 그의 아버지가 사업에 실패하여 큰 집에서 쫓겨나 초가집으로 이사를 간 일이 있었다. 그곳이 성벽 근처였는데, 어린 정한숙은 그 성벽 위에서 "초가삼간 집을 지어 양친 부모 모셔다가 천년 만 년 살"[2]자는 노래를 부르면서 시간을 보내곤 했다. 그 시절의 기억이 남아서였는지, 우연의 일치였는지, 그가 30여 년 동안 거주한 서울 삼선교의 주택은 담의 한쪽이 성벽으로 되어 있었다.

정한숙의 소설에 등장하는 자연 배경은 영변의 모습을 닮은 경우가 많다. 장편《끊어진 다리》는 직접적으로 고향을 배경으로 한 작품으로 보이거니와, 〈옹달샘이 흐르는 마을〉, 〈산골 아이들〉, 〈성북구 성북동〉 등에 나타나는 아름다운 자연 묘사는 고향에서의 실제적인 경험이 없다면 구체화되기 어려운 것들이다.

2. 성실과 절제

정한숙이 써온 원고는 작가 연보를 통해서 확인할 수 있듯이 상당한 분량이다. 글을 쓰는 일은 그에게 밥을 먹고 잠을 자는 일과 같이 생활의 일부였다. 1950년대 초반에서 1960년대 초반의 10년간 주막 동인들은 '명천옥(明泉屋)'이라는 술집에 자주 모였는데, 그는 이곳에서 많은 소설을 구상하고 집필했다. 정한숙이 밝힌 바에 의하면 그는 "하루에 평균 이백 자 원고용지 30매"[3]씩의 글을 썼다. 그래서인지 청

2 정한숙, 〈달아 달아 밝은 달아〉, 위의 책, 77쪽.

탁받은 원고 약속을 한 번도 어긴 적이 없고, 심지어는 청탁을 받기 전에 글을 써서 모아두기도 했다고 한다. 글을 쓰는 매일의 작업이 작가로서 가져야 할 태도이며 의무라고 생각했던 것이다.

주막 동인이었을 때는 한 달에 한 번 모일 때마다 "반드시 작품을 한 편 이상 지어 가지고 와야 한다는 약속을 14년 동안 지켰"[4]다. 고려대학교에 근무할 때는 오전에 소설을 쓰고 오후에 강의를 하는 규칙적인 생활을 반복하였다. "인생을 소같이 걸으며 산다"[5]는 인생관을 표명한 바 있듯이, 매일 매일의 성실과 절제로 50년의 소설가 생활을 이끌어 왔다. 그는 모든 생활을 소설 쓰기에 맞추어 두었으며, 작가의 본분이 글을 쓰는 것임을 잊지 않았다.

그의 이런 삶의 태도는, 청빈과 분수에 맞는 생활을 가르쳤던 부모님의 영향에서 비롯된 것이기도 하다. 그의 아버지는 "담 너머 옆집 나무는 엿보지도 마라"[6]는 말씀을 귀에 못이 박히다시피 하셨고, 그의 어머니는 "분수에 넘치는 일은 삼가"[7]라고 하셨다. 그는 오로지 자신의 열심과 노력으로 일구어가는 삶만이 진정성을 가질 수 있다는 점을 체득하고 있었던 것이다.

---

3 정한숙, 〈하루 평균 서른 장〉, 《동아일보》, 1959. 1. 13.
4 김인환, 〈정한숙론 서설〉, 《PEN문학》(국제펜클럽한국본부) 84호(2007 가을), 150쪽.
5 정한숙, 〈돼지같이, 소같이, 학같이〉, 《꿈으로 오는 고향내음》(해문출판사, 1988), 20쪽.
6 정한숙, 〈달아 달아 밝은 달아〉, 위의 책, 78쪽.
7 정한숙, 〈나뭇잎이 떨어질 때〉, 위의 책, 70쪽.

3. 다양한 작품 세계

정한숙 소설의 특성으로 내용과 형식의 다양성이 누누이 지적되어 왔다. 남긴 작품의 분량이 워낙 많기도 하거니와, 평균적으로 매일 원고지 30매를 쓰는 성실성은 가까운 생활 속에서 소재를 찾게 만들었다. 그래서 그의 소설들의 생긴 모양새는 저마다 제각각이다. 스스로도 "한 편을 쓰고, 다시 또 한 편을 쓰고 할 때마다 나는 그것들이 서로 아주 달라지기를 바라면서 쓴다. 사내아이를 낳고 계집아이를 낳는 만큼의 차이가 아니라, 백색 인형을 만들었다가 흑색 인형을 만드는 정도의 차이가 아니라, 이번에는 곰, 다음에는 사람, 그 다음에는 귀신, 이런 식으로 달라지고 싶다"[8]고 밝히기도 하였다.

윤석달은 그의 작품 경향을 8가지로 나누었다. '1) 사라져가는 전통미를 추구하는 인물에 대한 천착을 그린 것, 2) 현대사의 현장을 다룬 것, 3) 현대인의 방황과 좌절, 혹은 도시적 삶을 회화적으로 그린 것, 4) 남녀의 미묘한 애정심리를 다룬 것, 5) 지식인의 속성을 그린 것, 6) 역사인물을 그린 것, 7) 역사 또는 인물을 우의적으로 그린 것, 8) 정치와 권력의 횡포에 대한 비판을 그린 것'[9] 등이다. 이렇듯 많은 연구자들이 정한숙의 작품 세계나 작품 경향의 다양성을 언급한다. 한 가지 주제에 천착하기보다 관심의 영역을 넓혀왔다는 평가가 지배적이다.

정한숙만큼 소재와 형식이 다양하고 폭넓은 작가는 흔하지 않다.

8 정한숙, 〈1000자 자서전〉, 《말이 있는 펜터마임》(대학문화, 1985), 8쪽.

9 윤석달, 〈역사와 인간에 대한 폭넓은 탐구〉, 《한국소설문학대계 33》(동아출판사, 1995), 554-555쪽 참조.

작품 활동을 본격적으로 시작하던 1955년 무렵에는, 이후 정한숙의 모든 경향이라고 할 수 있을 것들이 한꺼번에 표출되었다. 《한국일보》 신춘문예 당선작인 〈전황당인보기〉는 〈금당벽화〉, 〈백자도공 최술〉, 〈거문고 산조〉와 같은 계열의 예술가소설이다. 하지만 그 배경이 6·25라는 점에서 전쟁으로 인한 세태의 변화까지 함께 드러내고 있다. 〈금당벽화〉에도 수나라의 침입으로 번민을 겪는 고구려 담징의 이야기가 전개되지만, 특히 〈전황당인보기〉와 같은 작품은 6·25전쟁을 계기로 '근대화된 체제'로 재편된 한국의 모습(전쟁이 우리나라에 그은 큰 획)을 그 바탕에 깔고 있다. '수하인'에 대해 '오준'이 "천지가 변했어도 수하인은 변한 것이 없구만요"[10]라고 말한다든지, '석운'이 "길이 달라진 오늘 스스로 수하인을 생각하면 할수록 그는 당금에 어울리지 않는 과거의 인물 같기만 했다. 지금 석운으로선 도저히 돌아갈 수도 없고, 돌아가면 안 될 그런 세계에서 살고 있는 수하인에 대하여 야릇한 동정이나마 금할 순 없었다"[11]라고 하는 것 등이 그 예이다. 1955년 3월부터 연재를 시작한 《애정지대》는 본격적으로 전쟁의 체험을 다룬다. 이후 《암흑의 계절》, 《끊어진 다리》가 이어받을 전쟁소설(전후소설)의 시작이다. 또한, 신춘문예로 입선한 지 불과 며칠 지나지 않은 1955년 1월 19일부터 《황진이》의 연재를 시작하는데, 이는 《계월향》, 《처용랑》, 《바다의 왕자》, 《이성계》, 《논개》 등으로 이어지는 역사소설의 출발점이다.

그의 폭넓은 관심은 하나의 초점으로 모아지기 어렵다는 점에서

10 정한숙, 〈전황당인보기〉, 《묘안묘심》(정음사, 1958), 254쪽.

11 위의 책, 256쪽.

후대의 연구자들을 곤혹스럽게 한다. 아마도 이것이 정한숙에 대한 연구가 부족한 이유, 즉 정리와 환원을 중시하는 연구에서는 그 매력이 덜할 수밖에 없는 이유가 될 것이다. 하지만 정한숙은 하나의 추세를 가지고 글을 쓰는 것을 작가의 올바른 태도로 여기지 않았다. 정한숙의 장편에서 나타나는 대중성, 그리고 단편에서 보여주었던, 사조나 경향에 얽매이지 않는 실험성 등은 그의 작품 경향에서는 조화롭게 융합될 수 있는 것이었다. 그에게는 순수문학, 통속문학의 구분은 없었으며 '문학 하는 일'만이 있었을 뿐이다.

4. 전쟁, 그리고 '전후 신세대 문학가'라는 수식어

소설의 다양한 내용과 형식에도 불구하고 그가 본격적으로 활동하기 시작한 시기가 6·25 직후라는 점, 그리고 그의 작품에 비교적 '전쟁'이라는 소재가 많이 등장한다는 점에서 정한숙은, 당대의 손창섭, 서기원, 김성한, 선우휘, 이호철, 오상원 등과 함께 전후 신세대 문학가의 일인으로 언급되어 왔다.

정한숙의 대표작으로 꼽히는 것이 〈IYEU도〉, 〈고가〉, 〈전황당인보기〉, 《끊어진 다리》 등인데, 이 작품들에서는 전쟁이 직접적인 소재로 혹은 작품의 분위기나 배경을 형성하는 요인으로 사용된다. 〈IYEU도〉에서 꿈과 이상의 추구를 실패로 돌려버리는 것, 즉 순복이의 자살과 그 가족의 파탄을 가져오는 것은 전쟁이다. 〈고가〉는 전쟁의 소용돌이 속에서 몰락해가는 '옛것'을 종갓집의 파탄으로 보여주며, 〈전황당인보기〉는 도장을 새기는 예인의 경건한 자세를 비웃는 세태를 전쟁으로 인한 가치관의 전환으로 보고 있다. 특히 이 경향의 대표적인 작품으로 언급되고, 대부분의 작품론의 대상이 되었던《끊어진 다리》는, 그 제목에서부터 1) 전쟁터에서 다쳐 절단해야 했던 상이군인의 다리[脚]와 2) 폐허 속에서 복구의 의지를 다지는 인간에게 가해진 자연의 시련(폭우)으로 무너진 다리[橋]라는 두 가지 상징을 포함하고 있다.

그런데《끊어진 다리》의 경우 중심이 되는 시기는 일제시대이다. 화자는 끊임없이 자신이 어린 시절을 보냈던 일제시대를 회상한다. 《끊어진 다리》는 회상과 회상의 연결로 이루어진 구성을 취하고 있으며, 이 사이를 연결하는 고리들은 그와는 별 상관없는 이야기일 때가 많다. 사소한 이유들로 인해 이 이야기에서 저 이야기로 화자의 생각은 끊임없이 이동한다. 결국《끊어진 다리》의 서사를 지탱하는 것은 6·25라기보다는 일제시대, 전쟁, 4·19 등으로 이어지는 우리의 '역사', 즉 그 시대에 태어난 인물이 온몸으로 겪어냈을 현실의 사건들이다. 아마도 작가는 그 모든 역사적 사건들이 얽히고설키어 우리들의 삶을 만들었다는 의미를 전달하고 싶었던 듯하다.

물론,《끊어진 다리》와 함께 전쟁소설(전후소설)로 자주 언급되는《애정지대》,《암흑의 계절》,《조용한 아침》등에도 6·25라는 배경이 개입되어 있다. 하지만 이 작품들을 역사적 순서에 따라 나열해 보면 재미있는 사실을 확인할 수 있다. 일제시대를 주 배경으로 삼은《끊어진 다리》→ 전쟁이 일어나기 직전부터 서울이 수복되기까지의《애정지대》→ 1·4후퇴를 즈음한 부산 피난 시절부터 휴전이 성립되기까지의《암흑의 계절》→ 그리고 휴전 이후 1956년을 배경으로 하는《조용한 아침》등, 작가는 일정한 시점에서 소설의 시간을 가르고 그것을 이어 붙임으로써 자신의 성장을, 인생을 기록하고 있었던 것이다.

〈준령〉에 등장하는 빨치산 '동수'나, 〈그늘진 계곡〉의 국군 '경수', 〈고추잠자리〉의 인민군 병사 '바위'는 이데올로기에 무장되어 있다기보다는 인간적인 공감에 따라 행동하는 인물들이다. 또한, 소설의 현실적 시간은 '전쟁 중', '전쟁 후' 등으로 지정되어 있으면서도, 이상향에 대한 동경을 화제로 삼는 〈IYEU도〉나 옛것에 대한 천착과 갈구를 드러내는 〈전황당인보기〉에서는 묘하게 현실감이 제거되어 있기도 하다. 정한숙에게 전쟁은 인간의 삶을 드러내기 위한 소재일 뿐, 전쟁 그 자체가 그의 문학적 화두라고 보기는 어려울 듯하다.

5. 역사적 상상력과 '인간'

정한숙 작품에서 중요한 줄기를 차지하는 것이 황진이, 계월향, 처용, 이성계, 논개, 장보고 등 역사 속 인물들에 대한 상상이다. 특히 그 작품들이 발표되었던 시기에 그것은 최초로 다루어지는 것이었거나 2-3번째의 것이었다는 점에서 정한숙 상상력의 자유로움을 알 수 있다. 그의 소설가적 상상력은 때로 의외의 것에서 진실을 발견하기도 한다. "처용을 중동인으로 설정한 그의 착상은 30년 후에 동국대 이용범 교수에 의하여 실증된 바 있다"[12]고 한다.

정한숙은 〈하얀 쪽배〉라는 자신의 수필에서, 세계에서 제일 먼저 해저 개발 계획을 갖고 있었던 나라가 고대 한국이라는 이야기를 하면서 그 증거로 구토설화를 든다. 심청전도 아버지에 대한 효심으로

12 김인환, 앞의 글, 154쪽.

만 해석할 것이 아니라 해난사고의 두려움이라는 입장에서 본다면 해저 개발이라는 문제와 맞닿으며, 이순신 장군이 개발한 거북선도 조선(造船) 기술의 발달이라는 측면에서 해석할 수 있다고 한다. 그리고 '심청전의 근원설화는 말할 것도 없이 구토설화에서 비롯되었'고, '이순신 장군이 거북선을 창안하게 된 동기는, 전해져 내려오는 구토설화에서 비롯된 것'이라며 구토설화와의 관련성을 언급한다.[13] 이 글에는 어느 정도의 가설과 어느 정도 확신이 뒤섞여 있지만, 실제로 토끼와 별주부가 '간(肝)' 때문에 바다를 왔다 갔다 하다가 슬피 울고 있는 심청이를 만나고, 병을 고치지 못한 용왕을 위해 우리나라에서 거북선으로 약을 보내준다는 이야기가 1928년에 등장했었던 것을 보면,[14] 정한숙의 상상은 절대 허황한 것이 아니다. 구토설화 → 심청전 → 이순신으로 연결되는 가설과 확신이 작품으로 구체화되었다면 또 다른 재미있는 작품이 나왔을 것이다. 정한숙의 역사소설들은 이러한 가설과 확신 사이의 상상력으로부터 빚어진 것들이다.

역사소설의 경우 대상이 되는 인물을 어떻게 바라보느냐에 따라 작가의 세계관이나 주제의식이 드러난다고 할 수 있는데, 정한숙은 역사적 사실에 대한 재구(再構)보다는 자신이 지닌 인간으로서의 가치를 투영하는 방식을 택했다. 상허 이태준이 1936년에 그렸던 황진이는 인간적 욕망을 초월한, 완벽하고 고고한 인물이었다. 그러나 정한숙의 1955년 황진이는 이와 다르다. 그녀는 성(性)에 눈을 떴으며, 그 열락을 위해 모든 것을 던져도 좋다고 생각하기도 하며, 하룻밤을

13 정한숙, 〈하얀 쪽배〉, 《꿈으로 오는 고향내음》(해문출판사, 1988), 142-146쪽 참조.
14 새벗사 편, 〈토끼와 별주부〉, 《어린이독본》(회동서관, 1928), 148-174쪽 참조.

같이 지낸 사람이 떠나서 돌아오지 않자 외로움으로 잠을 이루지 못한다. 그럴 때마다 나타나는 것이 황진이의 시가(詩歌) 작품들이며, 번민이 있을 때마다 마음의 안정을 찾아주고 응어리진 회포를 풀어주는 것은 고려가요, 시조, 한시, 민요 등이다. 즉 작가는 황진이의 예술적인 높은 성취가 인간적인 고민(마음의 공허)으로부터 빚어졌다고 보는 듯하다. 사람과 만나고, 이별하고, 그리워하는 모든 과정이 시와 노래로 이루어진다는 것은, 가장 인간적인 데서 가장 예술적인 작품이 나타날 수 있다는 작가의식을 반영하는 것이다.

이 작품의 마지막 부분은 유교와 불교의 최고 권위자와의 만남을 그린다. 먼저, 화담과의 만남(유교). 황진이는 어느 날 자신이 어려서부터 읽던 서책(百家語, 詩文)을 모두 불사르고, 가야금 줄을 끊어 불 위로 던진 뒤 화담선생을 찾아갔다. 그와 밤을 보내게 된 날, 그는 윗목에 정좌하여 앉아 있고 그녀는 자리를 폈던 윗목이 아니라 아랫목에 뉘어져 있는 것을 잠에서 깨어 알게 된다. 마지막으로, 지족선사와의 만남(불교). 처녀처럼 머리를 땋아 내린 진이와 하룻밤을 보내면서 지족선사가 느끼는 번민이 그려지고, 그녀가 다시 지족선사를 찾았을 때 그는 유혹에 넘어간다. "열반(涅槃)이란……지금 천지를 뒤집을 듯이 흔들거리는 세파를 물리치며 이기고 사는 이와 같은 순간이 열반의 나라라고 생각는 지족선사는 새로운 행복감에 다시 한 번 진이를 힘껏 껴안았다"[15]는 것이 소설《황진이》의 마지막 문장이다. 정한숙의 관점에서는 '인간적인' 불교가 승리한 것이다.

15 정한숙,《황진이》(정음사, 1955), 298쪽.

6. 인정과 상식의 가치

이렇듯 정한숙 작품의 다양한 내용과 형식에도 불구하고 그 안을 일관되게 흐르는 중요한 가치는 '인간'이다. 정한숙은 '가녀린 정서' 보다는 '소박한 것, 억센 것, 솔직한 것'을 추구하고자 하였다.[16] 즉 그에게 문학은 현실'을 향한', 현실'에 대한' 해석일 때 의미를 가지는 것이다. 무엇보다 그는 자신의 체험을 중요시했다. 김인환은 "정한숙에게는 억지로 꾸며낸 소설이 한 편도 없다. 모든 이야기가 그가 아는 것, 본 것, 들은 것에서 시작하여 제풀에 풀려나간다. 정한숙은 생활에서나 소설에서나 있는 그대로의 그 자신을 보여주고 그 자신이 믿는 것만을 말하고 그 자신의 평소 생각과 다른 것은 한 마디도 말하지 않았다"[17]고 말한 바 있다.

정한숙은 이북 체제를 경험하고 그에 대한 환멸로 월남을 한 자전적 이력을 가지고 있다. 김일성대학의 김하명과 어릴 적 동무였고[18] 그와의 추억은 아름답게 간직하고 있으면서도 공산주의에 대해서는 언제나 신랄했고 비판적이었다. 이는 그의 경험에서 우러나온 비판이었다. 그러므로 정한숙은 자신의 경험에 근거한 가치판단의 기준을 가지고 있었다고 할 수 있다. "도량형으로 우정을 사고파는 세상보다는,

---

16 정한숙, 〈나와 함께 살아가는 명작〉, 《꿈으로 오는 고향내음》(해문출판사, 1988), 99-100쪽 참조. 정한숙은 "소월(素月)은 나와 동향(同鄕)의 선배이지만 그 정서가 너무 가녀려서 생활이 보이지 않는다"고 하면서 '파인(巴人)이 지니고 있던 현실감각'을 높이 평가하였다.

17 김인환, 앞의 글, 152쪽.

18 위의 글, 151쪽.

전기가 없고 수도가 없어도 우애가 있을 수 있는 사회가 더 진보된 사회라고 생각"[19]하는 것이 그의 가치 기준이었다. 자신의 소설에서 언급한 바 있는 "시골에서 자란 소박한 양심"[20]을 가지고 그는 세상을 바라보고, 작품을 써 왔다. 이러한 인정과 상식에 기반하고 있기에 정한숙의 작품은 유별난 자극을 주지는 않지만 독자들에게 자신의 일상생활을 찬찬히 되돌아보게 하는, 정직한 자기반성을 요구한다.[21]

때로 정한숙의 작품은 잘 짜여진, 잘 배치된 작품(구성에 신경 쓰는 작품)이라는 평가를 받기도 하지만, 소설적 상식에서 벗어나는 결론이 자주 등장하기도 한다. 〈도정〉이나《끊어진 다리》에서는, 권력에 아부하면서 이웃을 괴롭히고 심지어는 죽음에까지 몰아넣은 사람을 쉽게 용서해 버리는, 소설적 개연성에서 어긋나는 장면이 등장한다. 또한, 결말이 불확실한 것들도 많다. 단편은 그러한 경향이 농후하고,《애정지대》와 같은 장편도 마찬가지이다.《애정지대》의 마지막 장면은 서울 수복 후 '웃음'을 되찾는 인물들을 그린다. 그러나 역사적 사실을 아는 사람이라면, 이는 곧 닥쳐올 1·4 후퇴와 피난을 고려하지 않은 한시적인 평화일 뿐이다. 서울 수복 후 중공군의 개입으로 다시 부산으로 피난을 내려가는 장면에서 시작되는《암흑의 계절》도 그 마지막에서는 이해할 수 없는 결말로 끝이 난다. 전쟁 중에 자신을 도와준 메이좌 킨과 동거를 하며 행복한 가정을 꾸렸던 경옥은 귀국 명령을 받아 미국으로 함께 갈 준비를 하자는 그의 말을 무시하고 '자기 자신으로 환원'하기 위해 그의 아이까지 낙태하고 남편을 기다리겠

19 정한숙, 앞의 글, 104쪽.

20 정한숙,《조용한 아침》(청림사, 1976), 11쪽.

21 김인환, 앞의 글, 152쪽.

다고 다짐한다. 그러나 피난 가기 전에 이미 실종(납북) 상태였던 남편이 휴전 후 몇 년이 지난 시점까지 돌아오지 않는데도 경옥의 결정은 타당한 것일까? 이 역시 역사적 사실을 아는 사람이라면 쉽게 납득할 수 없다. 작가가 시도하는 이러한 결말은 생(生)이, 그리고 고민이 계속될 거라는 작가의식의 표현인 듯하다. 이러한 소설적 상식에서 벗어나는 결론들은 그가 생활의 상식, 삶의 상식에 근거해 있다는 것을 말해준다.

{ 제2부 }

정한숙 연구의 역사

긍정의 미학

김인환

작품은 그 하나하나가 저마다 다른 모습을 갖추고 있는 것이며, 작가도 사람마다 다른 냄새와 맛을 지니고 있게 마련이어서, 쉽사리 분류하거나 유별(類別)할 수 없는 법이다. 그러나 편의상 나누어 본다면, 대체로 두 종류의 작가를 구분하여 논할 수 있을 듯하다. 정신을 고도로 긴장시키어 한 가지 주제에 집중하면서 평생토록 지속하는 작가가 그 한 갈래이니, 이러한 작가를 대하여 우리는 설혹 그의 생각이 편견에 치우쳐 있다 하더라도 독특한 해석의 열광에 매혹되는 재미를 얻게 된다. 특수한 관점과 특정한 국면에 제한되는 것을 꺼리어 생활 자체를 예술에 개방하고, 찬찬히 주변세계를 음미하다가 때를 따라 작품을 빚어내는 작가가 다른 한 갈래이니, 이러한 작가를 대하여 우리는 설혹 그의 생각에 유별난 자극이 없다 하더라도 자신의 삶을 스스로 돌아보는, 건전한 자기반성에 이르게 된다. 정한숙의 소설이 지니고 있는, 안목(眼目)의 조화와 배치(配置)의 균형은 이미 널리 인정된 사실이거니와 정한숙의 소설을 그의 소설답게 이룩하는 본질적 요소는 오히려 일상생활의 평이하고 명백한 곳에서 자료를 모으고 그것을 변형하여 예술로 형성하는 데에 있는 듯하다.

현실을 바라보는 정한숙의 시선이 얼마나 무사(無私)한 것인가를 알 수 있게 해 주는 작품이 〈새벽 소묘(素描)〉이다. 현대 한국의 어느 새벽을 가리어 우리 사회의 풍속과 의식을 담담히 점묘(點描)해 놓은 소설이다. 습관적인 동작으로 채비를 차리고 첫차의 출발을 재촉하는 시외버스 안내양의 단순한 사고가 캔버스의 한 구석에 보이고, 불량식품에 관한 기사로 인해 배달을 거절당하는 우유배달부와 신문배달부의 번민도 다른 한 구석에 그려져 있다. 제 몫만큼 대우받지 못하고 있다는 대학생의 푸념과 동창을 장교로 모시면서 전방 초소를 지키는 병사의 긴장된 모습이 화폭의 상담을 메우고 있으며, 하단에는 죽은 남편의 정직하지 못한 행실을 뒤늦게 알고 잠 못 이루는 청상(靑孀)의 질투가 보인다. 조금 안쪽으로는 열 쌍의 남녀가 모여 춤추고 있는 가운데 서서, 군에 있을 때의 단순한 열의만으로는 감당하기 어려운 인간의 갈등관계를 깨닫는 정치가의 고뇌가 펼쳐져 있으며, 바로 한복판에는 이 모든 현상을 포괄하여 역사적 현실을 형상화하려고 모색하는 작가의 의식이 자리 잡고 있다. 잠을 이루지 못하는 사람들 또는 남보다 일찍 깨어나는 사람들의 감정과 사고를 통하여 우리 시대의 다면성(多面性)을 제시하는 정한숙의 시선은 간단한 삽화적 장면 위에서 정확하게 대상인물의 내면으로 침투한다. 장교인 동창을 만날 때의 당황과 남편의 수첩을 펴볼 때의 절망에 대한 묘사는 군인을 군인답게 하고 청상을 청상답게 한다. 안내양의 비속한 말투와 작가의 지적인 어휘도 대조가 된다. 상류층과 중류층과 하류층을 막론하고, 인물을 드러내면 즉시 그 내면으로 들어갈 수 있다는 것은 작가의 필수적 구비조건인데, 이 점에 있어서 정한숙은 매우 철저하다.

근년에 남미(南美)·중동(中東)·구미(歐美)의 각국을 여러 차례 돌아보고 나서 정한숙은 한국의 사정을 다른 나라의 경우에 비추어 판단하게 되었다.

교환가치가 절대가치로 인정되는 미국사회에서 노년의 고독을 해소할 길은 없다. 쓸쓸한 노인들은 아무나 만나면 한없이 이야기를 늘어놓고, 어떤 때는 사람을 고용하여 넋두리 상대로 삼기도 한다. 인간은 관계가 없이는 살 수 없는 동물이기 때문이다. 노년의 고독 자체가 정도에 있어서 우리의 풍속과 대비되지만, 〈관계〉라는 작품의 의미는 그렇게 단순하지 않다. 노인의 말상대가 되어 주거나 병든 노인을 간호하면서 그 보수로 겨우 공부하는 한국 유학생도 참된 관계의 부재(不在)라는 데 있어서는 노년에 못지않게 고독하다. 힘겹게 버텨내고 어렵게 배우는 그에게 오븐이니 전기 프라이팬이니 하는 물건을 부탁하는 한국의 친척들이 작품에 그림자를 드리움으로써 〈관계〉의 구조는 세 겹으로 희화화(戱畵化)되어 있다.

〈육교 근처(陸橋近處)〉는 핵심되는 사건의 주변에 사소한 행동들을 배치하여 미묘한 대위법적 결구(結構)를 드러내고 있는 작품이다. 어느 회사의 사원들이 통근버스를 기다리고 있는 육교 근처의 광경이 느린 템포로 묘사되고, 화원의 화훼(花卉)와 새와 금붕어와 수석(水石)을 소도구로 하여 사원들의 평범한 내화가 계속된다. 사건의 예표(豫表)로써 작가는 세 가지 행동을 제시하고 있다. 무미(無味)하고 건조한 사원들의 생활과 남편을 아침마다 육교 근처까지 배웅하는 미모의 여인과 남자 사원들에게 보이는 비서실 미스 김의 공연한 트집이다. 작품을 다 읽고 나서야 사건 해명의 직능이 젊은 아내의 이웃인 미스 김에게 담당되어 있었음을 알게 된다. 아내의 내조로 미국에서 변호사가 된 자가 더 좋은 애인을 얻게 되자, 두 딸의 교육을 구실 삼아 귀국하여 이혼소송을 청구한 것이 사건의 핵심이다. 소녀 시절에 잠시 지녔던 노이로제가 정신병으로 확대되어 이혼의 이유가 되었고, 두 딸을 집에 맡기고 아내를 처가로 보내는 방법과 미국보다 적은 한국의 위자료 기준까지를 변호사답게 고려하고 마지막 절차를 마칠 때까지 금슬 좋은 부부처럼 가장할 만큼 치밀한 행동이었다. 이 작품을 통하여 우리는 미친 것은 아내가 아니라 남편임을 깨달을 수 있다. 이처럼 냉혹한 인간기계에 견주어 하급봉급생활자들의 평범하고 왜소한 삶에 잠재된 건전성이 인상 깊게 제시되어 있다.

현실의 모순과 혼란을 투시하면서도 좀더 근원적인 수준에서 자신의 터전을 긍정하는 것이 정한숙의 작가정신이다. 그러한 긍정의 미학을 바르게 이해하기 위해서는 세심한 배려가 필요하다. 〈양박사(楊博士)〉에서 우리는 긍정적 작가정신의 다면성(多面性)을 엿볼 수 있다. 이 작품에서 작가는 서로 다른 처지에 있는 여러 인물들 하나하나의 입장을 일차적으로 인정해준다. 전쟁 때 월남하여 형을 잃고 헤매며 양명수가 겪은 고통에 공감하고, 갖은 고생 끝에 미국에서 학위를 받고 미국 여자와 결혼하게 된 과정에 대하여 수긍하며, 토목기술자로서 세계 각처를 전전하는 그의 생활과 한국에 대한 그의 비판적 견해까지를 납득할 만한 방식으로 소개하고 있다. 중동에서 있었던 한국인 노동자들의 쟁의도 그들 자신의 입장을 이해하는 방향으로 도입되어 있고 취재하러 온 기자의 태도도 그 나름으로 이유 있게 제시되어 있다. 그러나 이 작품의 중심선은 양명수의 태도가 부정으로부터 전환하여 긍정의 입장에 도달하는 과정에 있다. 중동의 한국 건설회사 기술고문으로 취임한 양명수는 분단의 비극을 딛고 민중이 땀 흘려 이룩한 보람이 얼마나 위대한 것인가를 목격하고, 미국인의 관점으로 한국을 볼 것이 아님을 깨닫는다. 한국의 현실에 내재한 모순의 해결은 오직 한국 안에 살고 있는 민중의 문제이며, 외부에 있는 자로서는 오직 기도로써, 말없이 돕는 수밖에 없음을 인식하는 것이다. 노동운동의 의미를 경시하는 것은 아니며, 지배세력의 책임을 면제하는 것은 더욱 아니다. 작품의 내부에 흐르는 어조로 짐작해 볼 때 작가의 의도는 군사적·경제적 조건에 대하여 서로 납득하고 동의할 수 있는 광범위한 영역이 있고 그 영역의 확대가 필요하다는 데 있는 듯하다.

정한숙은 항상 편협하고 국한된 안목을 경계하고 있다. 이러한 염려가 바로 〈산동반점(山東飯店)〉의 주제이다. 마치 몇 개의 고리를 이어 놓은 듯한 이 작품의 구성은 곁가지 하나 없이 일직선으로 진행된다. 주인 할머니의 전족과 새장 속의 새들이 구속을 암시하는 이미지로서 솔제니친의 추방이란 사건에 연결된다. 반동이란 무엇인가? 전족해야 하던 시대에 전족에 반대한 사람과 경화된 획일주의의 체제 아래서 전체주의를 반대한 사람은 같은 의미의 반동일까? 비상하고 싶어하는 무수한 새들의 환각을 보면서 손경식은 사회과 교사로서 감당해야 할 부담이 무겁게 자신을 억누른다고 느낀다. 남과 북이 대화를 시도하려 하고, 동과 서가 이념을 넘어 교섭하는 시대에 우리는 우리 아이들을 어떻게 키워야 할 것인가? 동료 교사들과 술잔을 나누면서도 경식은 청소년의 국제대회에 참석하고 돌아온 학생을 걱정하여 몸이 단다. 엄연한 분단의 상황에 갇혀 살면서 전족됨을 피할 길은 없을까? 참고 견디는 것 이외에 다른 방법이 없음을 알고 있지만, 세계의 어느 곳에 가더라도 능히 어울려 살 수 있도록 학생들을 키워야 하겠다는 꿈은 경식의 뇌리에 박혀 떠나지 않는다.

> 인내성을 가지고 참는다 해도 한도가 있는 법이다. 그러는 동안 전족을 하듯 일방적인 교육방식으로 외곬으로 몰고 가면 결국 젊은 세대의 사고란 산동반점의 할머니의 걸음새와 같은 그런 꼴이 되어 버리는 것이다, 사회생활 교사인 경식에겐 그것이 걱정이 아닐 수 없었다.

중국 음식점이란 폐쇄적 공간 안에 온 세계를 압축함으로써 한국의 당면문제와 이상적 교사상을 아울러 제시하였으니 기법과 주제가 적절히 융화된 소설이라 하겠다.

부분을 정확히 지각해야 전체를 파악할 수 있는 것은 물론이지만, 전체를 모르면 부분도 알 수 없다는 것 또한 사실이다. 개개의 부분을 지각할 때 우리는 이미 그 부분을 감싸는 전체에 대하여 어떤 가정이라도 세우지 않을 수 없다. 정한숙은 현실의 전체성을 거머잡기 위하여 끊임없이 모색하고 방황하고 탐구하여 왔다. 의사소통의 기반이 되는 동의(同意)의 영역을 확대하려는 시도가 종국적인 긍정에 도달하였기 때문에 그의 문학세계를 긍정의 미학이라고 부를 수 있으나, 근원적 질서에 대한 긍정은 부분적 현상에 대한 강한 비판으로 표현되는 경우가 허다하다. 삶의 정직성 또는 무사성(無私性)이 토대로서 작용하고 있는 그의 시대인식은 절망보다 희망, 회의보다 믿음에 더 많은 비중을 두게 된다. 밝음과 어두움의 긴장 위에 전개되는 변증법적 세계관이 아니라 낙관이 언제나 비판을 압도하는 긍정의 미학에 정한숙 문학의 기조(基調)가 흐른다. 정한숙만큼 시대와 연륜을 함께 하면서 이순(耳順)에 이르도록 현실감각을 보존하고 있는 작가는 많지 않다.

시대의 의미가 정한숙 소설의 한 축이라면 그 다른 한 축은 가족의 의미라고 할 만하다. 사회의 축도로서 가족은 현실의 모순을 함축하고 있는 갈등의 장소일 수도 있으며, 동시에 노동이 아니라, 휴식과 애정에 기초한 화해의 장소일 수도 있다. 정치정세와 경제조건이 변함에도 불구하고 가장 오래 전통적 가치를 보존하고 있는 곳이 가정이고, 전쟁과 혁명의 소용돌이 속에 휩쓸려 파괴되더라도 언제나 가장 먼저 그 바탕을 회복하는 곳도 가정이다. 가정은 현실이니 사회니 세계니 하고 구분하는 공간감각의 중심에 위치하고 있다. 예전 사람들이 부모와 자식의 관계를 천륜(天倫)이라고 하고 그 밖의 인간관계를 인륜이라 하여 엄격히 가른 이유가 여기에 있는 듯하다. 사회가 혼란으로 달리면 달릴수록 가정의 가치는 더욱 소중하게 여겨지는 것이니, 전쟁으로 시작된 20세기 후반기의 한국 사회는 오직 가족의 끈실긴 유대반으로 버텨왔다 하여도 과언이 아니다.

한국 가족이 지니고 있는 문제는 한두 가지가 아니지만, 그것은 대체로 삼대(三代)의 직계가족 오륙 인이 모여서 벌이는 드라마이다. 오랜 역사를 통하여 얻은 경험으로 우리는 가족 내부에서 발생할 수 있는 사건을 대부분 추측할 수 있다. 그러나 과거(寡居)하는 안어른을 모시고 있는 경우에 문제는 그리 난순하시 않나. 〈원(願)〉은 식계 삼대란 점에서는 한국 가족의 원형에 가까운 6인 가족의 사건을 다룬 작품이다. 홀어머니를 모시고 세 자녀를 데리고 사는 중로(中老)의 부부가 겪는 고충에는 남다른 데가 있다. 전쟁 때 납북당한 바깥어른을 기다려 집도 못 옮기게 하고 대문도 잠그지 못하게 하는 어머니의 마음을 손자들은 깊이 이해하지 못한다.

A.

형구는 아내의 말을 들으며 천천히 입을 열었다.

"당신은 어머니의 마음을 이해하지 못할 거야."

형구의 음성은 처음부터 젖어 있었다.

"저두 여잔데 어머님의 그런 심정을 왜 이해하지 못해요."

"어머님이 사신 세상과 당신이 자란 세상은 다르지 않아."

"세상이 변했다구 마음속의 정도 변하나요?"

아내의 눈도 빨갛게 충혈되어 있었지만 형구의 눈도 붉어져 있었다.

B.

"엄마, 엄만 언제까지 며느리 노릇만 할 테야? 엄마도 이젠 오십이 가까와지고 있지 않아요?"

"할머니 들으실라."

"할머니 지금 밖에 나가셨단 말예요."

"나가셨어도 그런 말은 함부로 하는 게 아니야. 할머니가 들으시면 얼마나 섭섭해 하시겠느냐?"

"엄마는 무던히 할머니 할머니 하셔. 엄만 엄마 세상 사는 것이지 할머니 위해서 사는 거야? 엄마 주장도 좀 해요."

한 여인의 애끊는 원(願)을 마음 깊이 받아들여 함께 괴로워하는 아들세대에 대하여 공감하면서 동시에 작가는 효성과 예속을 동일시하고 자율적인 가족관계를 새롭게 형성하려는 손자의 세대에 대해서도 공정한 눈길을 보내고 있다. 그러나 이 작품의 핵심에 짙게 배어 있는 이미지는 해마다 남편의 생사를 점치고 부처님께 남편의 귀환을 기원하는 노년의 상(像)이다. 한용운의 말대로 자진해서 하는 복종은 아름다운 자유보다 즐거운 것이다. 깊은 바람을 잃었다는 의미에서 오늘의 젊은 세대는 노년의 삶보다 오히려 불행할지도 모른다. 윗세대와 아랫세대를 매개하고, 산 자와 죽은 자의 대화를 지속시켜야 할 임무가 이들 중로에게 부과되어 있다. 〈입석기(立石記)〉는 이렇다 할 여축 없이 아들딸의 성취(成娶)와 출가(出嫁)를 마친 어느 부부의 담수채화(淡水彩畵)이다. 병원에서의 대화, 연탄 가는 것이 일과인 생활, 몇 점의 옷가지를 들고 자갈치 시장에 서성거리던 피난 시절, 일찍 들어오는 때가 많아진 남편. 노년의 담담한 시선을 통해 애절한 사건이 하나 드러난다. 이북의 선산, 남편의 곁에 묻히고 싶어 한 어머니의 소원을 추억하며 이들은 망연히 죽음의 그림자를 예감하는 것이다. 유해를 모시고 셋집으로 전전하면서 통일만 고대하던, 그 간절한 염원은 식었으나, 어머니의 눈길은 이 부부의 가슴 깊이 스며서 사라지지 않는다.

"이번 청명엔 어머니 산소를 고쳐야겠우."

"산소를 고치다니?"

"그림 그대로 버려둘 작정이요?"

"버려두긴……."

"남서울 쪽엔 평당 이삼만 원 정도면 살 수 있답니다…… 어머니를 망우리에 모실 때는 우리가 큰 애 나이 때였어요.…… 삼십 청춘이었던 우리가 이젠 육십을 바라보게 되지 않았소? 만일에 통일이 됐다 치더라도 당신이 고향에 돌아가면 아버님 무덤을 찾을 것 같소? 그 선산이 그대로 있을 상 싶소?…… 지금 우리가 살아 있을 때 어머니 무덤을 정하고 손바닥만한 비석이라도 세워 두어야 무덤을 잃어버리지 않지 그냥 두어버렸다간 자손이 없는 패총이 되어 버릴 게요."

가슴속에 간직한 소중한 추억은 조심스레 드러내어야 한다. 산소자리를 잘못 찾아 무연총을 손질한다는 삽화(揷話)를 통하여 슬픔은 간접화되고, 작품의 담담한 어조가 유지된다. 평생토록 스스로 다짐하고 지켜온 어머님의 말씀을 되새기면서, 그러나 모든 의무를 자기 대에서 마치고 아랫 세대에게는 넘겨주지 않겠다는 아내의 말에서 우리는 다시 한 번 중간 세대의 의식을 확인한다.

정한숙의 소설에는 핵심되는 사건과 거리가 먼 묘사로 시작되는 작품이 많다. 한가롭고 여유 있는 시선이 하나의 사건을 감싸고 풀었다 놓았다 하며 행동의 전개를 조절하는 기법이다. 정년으로 대학에서 물러난 석운의 생활이 치밀하게 묘사되어 나가는 한가운데에서 최만택이란 인물이 언급되고, 사건의 진전에 따라 그 인물은 작품의 전면으로 확대된다. 친구를 구하려다 죽은 최만택과 사공 노릇으로 모은 돈을 장학금으로 내놓은 그의 아버지는 행동 자체에 있어서 비범한 인물이지만, 사공일도 안되고 막국수집도 안되어 시골로 내려가는 최 영감의 행동이 보여주는 참다운 의미는 역시 산 자와 죽은 자를 매개하는 데 있다. 죽은 아들을 기념하기 위하여 장학금을 마련하는 것은 세대를 뛰어넘는 헌신이기 때문이다. 최만택의 죽음이 수평적 희생이라면 최영감의 헌신은 수직적 희생이 된다. 시간적·공간적인 좌표 위에 자리 잡을 때 인간의 행동은 비로소 완성되는 것이다.

정한숙은 지아비를 그리며 홀로 견디는 여인의 삶에 깊이 공감하나, 개가(改嫁)의 순리성(順理性)을 부인하지 않는다. 〈제천댁(宅)〉은 월남 전쟁에서 남편을 잃은 홀어미와 서울 생활에 지쳐 귀향한 홀아비의 결합과정을 다루고 있다. 제천댁네 암소가 이장네 황소의 씨를 받은 것이 배경이 되고 제천댁과 이장의 둘째 아들의 화해가 전경(前景)이 된다. 이 작품의 주제는 동물적 욕정과 인간적 사랑의 차이에 놓여 있다. 자기의 땀으로 생계를 꾸려가는 제천댁은 근대적인 여자이다. 고된 노동 가운데 살면서 모든 유혹을 물리치는 그 여자의 행동은 전통에 의존해 있는 것이 아니라 자율적인 원칙에 의존하고 있다. 사람됨의 믿음성을 보고 함께 노동할 수 있으며 시어머니를 모실 수 있음을 이성적으로 납득한 후에야 제천댁은 청혼에 동의한다.

전통적 가치와 근대적 의식을 동일하게 긍정하고, 가치의 전환에 요구되는 긴 시간을 고려해야 한다는 것이 정한숙의 견해이다. 시간을 고려하지 않은 변혁을 믿지 않는다는 점에서 정한숙은 진보주의라기보다는 진화주의자(進化主義者)라고 할 수 있다.

세대 간의 모순은 가족내부의 문제에 그치지 않고, 사회의 일반적인 현상으로도 나타난다. 그런데 생활 자체를 바라보는 작가의 시선은 더없이 공정하지만, 예술의 세계에 있어서만은 전통사회의 예인(藝人)편에 서서 평가하는 경우가 많은 듯하다. 〈거문고 산조(散調)〉는 〈전인당인보기(田黃堂印譜記)〉·〈백자도공 최술〉·〈금낭벽화〉·〈금어(金魚)〉 등의 맥락을 잇는 계열의 작품이다. 정한숙은 예도(禮度)의 수련과정에 특별한 흥미를 지니고 있다. 이 작품은 세 개의 화소(話素)를 골격으로 삼고 있다.

1. 경술국치 이후에 수공업을 시도하다 실패한 아버지는 민족기업에 기술자로 근무하다 순직한다,
2. 부모를 잃고 권번에 들어간 강월이 강경사람 홍 씨에게 율과 가곡을 익히며 단소의 예인(藝人)에게 정을 둔다.
3. 늙도록 익히 음률을 잇게 할 사람을 찾으나, 이미 풍속이 바뀌어 얻을 수 없다.

정교한 세부를 무시하고, 골격만 가지고 헤아려 보아도 〈거문고 산조〉의 중심선을 짐작할 수 있다. 국치 이후의 상황에서 민족자본과 민족음악은 다 같이 험난한 가시밭을 헤매었다. 민족기업을 위해 목숨을 바친 아버지와 민족음악에 헌신한 딸은 동일한 목표를 향해 정진(精進)한 사람들이었다. 이런 의미에서 예도의 수련은 곧 겨레의 명맥을 붙잡는 행동과 서로 통한다. 강월이 단소의 예인을 맞아들인 이유도 파멸의 시대에 지음(知音)을 찾는 순수 그것에 있었으며, 아버지를 그리는 효성과 다른 것이 아니었다.

그녀의 긴 살눈썹 속엔 푸른 오동잎에 구르는 아침이슬 같은 눈물이 촉촉이 젖어들었다. 그동안 손끝이 몇 번 곪아 터졌는지 모른다. 터진 것은 손끝뿐이 아니었다. 가곡이나 창을 익히려면 무엇보다도 중요한 것은 목을 익히는 일이다. 목이 잡혔다 틔었다 하려면 눈알이 쏟아지는 듯 싶은 아픔과 가슴속이 부어오르는 통증 끝에 목이 터져 피를 토하기를 몇 번이고 되풀이해야만 했다. 이런 수련을 쌓으면서도 강월은 단 한 번도 잘했다는 칭찬을 받아본 일이 없었다. 소리란 아침과 저녁, 겨울과 여름이 달라서는 안된다. 날이 차지면 소리는 자연 칼칼해지고

더우면 눅해진 채 늘어나기 마련이다. 계절과 장소를 가리지 않고 같은 목소리를 지니려면 만만치 않은 수련이 필요했다.

"명률은 거문고 줄을 튕겨 온 백성의 마음을 사로잡기도 하고 임금의 실정을 그 소리로써 꾸짖을 줄 알아야 하는 법…… 그러게 명률은 거문고를 타서 나라 정치의 잘잘못을 알 수 있었지……"

홍 씨의 말이었다. 이런 소리를 귀담아 들을수록 강월은 그 길이 모질고 힘듦을 더 절실하게 느낄 수 있었다.

제 지닌 것이 소중하다고 여기는 사람은 함부로 남에게 건네지 않는 법이다. 광복 이후 세상은 제 자리를 잡았으나 밀려드는 양풍(洋風) 앞에서 민족음악은 위축되었다. 반면에 희소가치를 생재(生財)의 자(資)로 삼으려는 자들이 있었다. 줄도 가리지 못하면서 무대에 서기를 즐기고, 유행하는 시속의 춤에 정신이 팔린 채, 돈벌이에 바쁜 제자들 앞에서 강월은 절망한다. 예술의 문에서는 세대 차이를 구실 삼을 수 없다. 교환가치에 의해서 거래되고 평가되는 사회라 하여도 예술의 경계는 어디까지나 본질적인 가치, 진정한 가치를 섬김으로써 인간을 지키고 사회를 인간답게 한 걸음 더 전진시켜야 한다. 사람이 사람 노릇할 수 있는 마음의 바탕을 밝혀주고, 사람이 살 만한 세계를 형성하는 길에는 진정성(眞正性) 이외에 따른 방향이 없기 때문이다.

좌절과 의지의 인간학

김선학

고인을 모방해서 글을 쓰기를 마치 거울에 물건이 비치듯이 하면 같다고 할 만할까. 실체와는 좌우가 상반되니 어떻게 같다고 할 수 있겠는가. 마치 물건이 물에 비치듯이 하면 같다고 할 만할까. 아래 위가 거꾸로 나타나니 어떻게 같다고 할 수 있겠는가. 그러면 마치 그림자가 실체를 따르듯이 하면 같다고 할 만할까. 한낮에는 난장이, 땅딸보가 되었다가 해가 기울 무렵에는 키다리, 꺽다리가 되니 어떻게 같다고 할 수 있겠는가. 또 그러면 마치 그림으로 물건의 형상을 본뜨듯이 하면 같다고 할 만할까. 걸어다니는 것은 움직이지 않고, 말하는 것은 아무 소리가 없이 되니 어떻게 같다고 할 수 있겠는가. 그렇다면 끝내 같을 수는 없단 말인가. 도대체 무엇 때문에 같음을 추구하는가. '같음'을 추구한 것이야말로 '참'이 아니다.

세상의 소위 서로 같은 것끼리를 표현할 때 언필칭 '아주 꼭 같다'라 하고, 서로 분간하기 어려울 정도로 같은 것끼리를 표현할 때도 '바로 진(眞)에 다다랐다'라고 말한다. 그런데 이 '바로 진(眞)에 다다랐다'거나, '아주 꼭 같다'라고 말하는 그 가운데에 기실 이미 가(假)와 그리고 다른 것이란 의미가 개재해 있다. 그러기 때문에 세상에는 해득하기 어려우면서도 배워낼 수 있는 것이 있고 현격하게 다르면서도 서로 같은 것이 있다. …… 이것은 왜 그런가. 서로 다른 것은 형식이요, 같은 것은 내용이기 때문이다. 이를 통해 본다면 내용상 같다는 것은 정신이요, 형식상 같다는 것은 외피(外皮)인 것이다.

연암집(燕巖集) 속에 있는 〈녹천관집서(綠天館集序)〉의 일절이다. 요컨대 대상을 언어로 담아냄에 있어, 완벽한 대상의 재현(再現)이란 불가능하다 함을 강조하고 있다. 사실 재현(再現)이란 말 속에는 이미 대상이 어느 정도의 굴절을 가지면서 언어로 표현되어 나타난다 함을 의미하고 있음에 주목해야 할 일이다. 연암의 이 같은 발상은 플라톤의 모방론과 많이 닮아 있지만, 중요한 것은 정신과 외양(外樣)을 구분할 수 있었다는 점이다. '서로 다른 것은 형식이요, 같은 것은 내용'이란 말 속에는 그렇기 때문에 삶과 그 모습을 담아내는 문학행위가 내용과 형식을 아울러 논의해야 하는 항목이란 것을 의미하고 있다고 파악해야 할 것이다.

따라서 본질인 내용과 그것을 담고 있는 형식이란 문학에 있어 다 함께 어우러져 있는 것이지만 형식이 완벽하게 내용을 표출해주고 있지 못하는 한계를 언제가 갖고 있음을 알아야 할 것이다.

작가 정한숙(鄭漢淑)에 대한 논의의 실마리를 여기에서 비롯하는 것은 이유가 있다. 관점에 따라 파악하는 가닥이 얼마간 편차를 보일 수 있겠지만, 정한숙은 소설이란 형식이 삶의 내용을 확실하고 올곧게 표출하여 삶의 모습을 그대로 드러내놓을 수 있을까라는 점에 대해 언제나 회의적이다. 그는 소설이란 형식 속에 담기는 내용인 삶의 모습이, 그러므로, 진정한 삶의 그것과는 얼마간 거리를 두고 있다는 점과 한 편의 소설이란 형식이 삶을 송두리째 모두 담을 수 없다는 것을 확실히 파악하려 한다. 요컨대 이러한 그의 소설적 인식은 그의 소설이 대상으로 하는 삶의 모습을 다양하게 만들어주는 빌미가 되고 있다. 정한숙의 소설들은 일정한 대상에 대한 반복되는 작가의 소설적 응전이 아니다. 소설마다 다양한 삶의 모습 하나하나를 폭넓게 감싸 안으려는 자세가 역력하다. 말하자면 소설마다 소설적 대상을 달리하여 그 메시지의 내용 또한 달리하고 있다.

우정의 미묘함과 사라져가는 전통의 미풍(美風), 현대인의 방황과 애정심리의 묘파, 민족사의 비극적 갈등과 좌절 등 작품을 달리할 때마다 그 대상도 달리하고 있음을 확인할 수 있게 된다. 바로 이 점은 한 편의 소설이란 형식 속에 삶의 모습을 다 담을 수 없다는 그의 소설인식을 알게 해주는 통로가 될 것이다. 단선적이 아니라 여러 가지 복합적인 접근방법으로 삶의 다양한 모습을 소설적으로 확인하려는 의지가 거기에는 도사리고 있게 된다.

인용한 연암의 글을 좀더 확대해서 해석해 볼 수도 있을 것이다. 삶의 본질은 내용이고 살아가는 방법은 형식이라고 할 수 있을 것이다. 삶의 내용과 형식을 당위(當爲)와 실존(實存)으로 바꾸어 말할 때, 당위와 실존이 합치되는 상태가 도대체 있을 수 있었던가. 정한숙의 소설은 이러한 물음에서 시작된다고 보인다. 그래서 그는 당위를 역사적인 흐름에서 찾고 그 흐름 속에서 좌절하고 휩쓸리는 인간실존의 모습을 통해 제대로 삶의 면목을 건져 올리려 한다. 인간과 역사, 혹은 역사의 흐름이라는 거대한 삶의 당위적 물줄기에 인간이란 나약한 실존이 좌초하는 모습을 소설의 그릇에 담으려고 한다. 물론 이것은 정한숙 소설의 여러 모습 가운데 하나의 모습에 불과하지만 작가 정한숙의 문학이 형성하는 영역을 파악하는 데는 매우 중요한 가닥으로 보여진다. 당위와 실존의 간극을 역사와 인간을 통해 인식하려는 이 방법은 그만큼 역사의식과 인간 인식의 확실한 자리매김에 대한 천착 없이는 불가능한 일이다. 그런 관점에서 일차적으로 정한숙의 역사와 인간 인식은 작가로서의 그를 평가의 긍정적인 항목에 입적시킬 수 있는 요인이 되기도 할 것이다.

이러한 그의 작가정신은 〈고가(古家)〉와 〈IYEU도(島)〉, 〈금당벽화〉에서 극명하게 드러나게 된다. 그 하나하나를 통해 그것의 본모습을 드러내 보이는 것은 동시에 정한숙의 역사 및 인간 인식의 모습을 조명하는 일이 될 것이다.

〈고가〉는 과거의 역사를 지속시키려는 것과 새로운 역사의 흐름에 상응하려는 의지의 갈등이 첫째로 꼽힐 수 있는 작품의 요소가 될 것이다. 필재의 조부는 과거 역사의 지속 쪽에, 그의 숙부는 새로운 흐름에 순응하려는 켠에 서 있다. 필재의 길게 땋은 머리를 잘라버리는 숙부의 행동은 과거 역사의 지속이 새로운 변화에 반동적 요소가 됨을 행동으로 타파하려는 의지로 보아야 할 것이다. 그러나 가부장적 유교가치관이 팽배해 있는 당대의 문화적 관습은, 조부의 엄격성과 더불어 이러한 숙부의 결단을 긍정적으로 수용하지 못하고 만다. 숙부는 집을 나갈 수밖에 없고, 객지에서 위독하다는 소식을 접하고도 숙모는 조부 때문에 남편을 간호하러 가지 못한다. 거대한 역사의 흐름이 보수적이고 그것을 지속하려는 조부의 의지는 결국 숙부가 시체로 돌아오고 말도록 한다. 그렇게 되어야 한다는 역사적인 당위 앞에 인간실존이 좌절하는 모습이다.

작은할머니와 할아버지 및 어머니, 숙모와의 갈등은 태식이와 필재 가족 전체와의 갈등으로 표출된다. 태식이 6·25를 맞아 집에 있는 아름드리나무들을 베어 팔아버린다든가, 큰할머니가 살았던 아래채를 방화한다든가 하는 것은 새롭게 형성되어 큰 물줄기가 된 역사의 흐름이다. 오히려 어머니와 숙모 그리고 필재는 이 흐름 앞에 속수무책일 수밖에 없다. 어쨌든 태식과 필재의 가족사적 실존이 거대한 역사적 흐름, 그것은 물론 6·25라는 비극적 전쟁이라 이름할 수 있는 것이지만, 앞에 좌절하는 모습이다. 태식이 산으로 가버리고 길녀가 인민군복을 입은 채 사우정에 목매단 채 죽어버리는 것 역시 역사라는 당위 앞에 인간실존이 맥없이 주저앉는 모습이라 할 수 있다.

고가를 정리하기 위해 필재가 종친들과 의논했을 때 그것이 불가능함을 누누이 강조하는 종친들의 모습 역시 당위적 존재로서의 과거 역사를 지속하려는 것으로 파악할 수 있을 것이다.

정한숙은 〈고가〉를 통해 이처럼 갈등하는 두 대립적 양상을 통해 역사의 흐름과 인간존재의 갈등을 드러낸다. 그러나 그것은 인간실존의 좌절로 나타나고 역사적 당위는 지속적인 모습을 띠고 계속된다는 것을 분명하게 보여주려 한다. 정한숙은 말하자면 역사적 흐름에 좌초하고 마는 인간의 위상이 바로 삶을 형성하는 근본 바탕이 됨을 암시하려는 것 같다. 이것은 역사 앞에 인간존재가 얼마나 보잘것없는가를 말해주는 부분이 되기도 하지만 역사가 가진 실상을 적확하게 파악해야 한다는 그의 역사인식의 방법론과 맞물려 있다는 것을 확실히 인식해야 하는 대목이기도 하다. 〈고가〉를 통해 보여주는 이와 같은 그의 소설적 역사인식은 그러나 치밀한 얼개 속에 녹아 흐르고 있음에 맹목해서는 안 될 것이다.

장동 김 씨 종가(宗家)의 비극을 소설화하는 데 있어서 그 지방의 지형(地形)을 작품의 맨 처음에 단 두 문장(文章)으로 그린 것은 지리적인 약도를 독자에게 가르쳐 주려는 친절한 뜻에서가 아니다. 소백산맥(小白山脈)의 지세(地勢)를 첫 줄에 내세운 것은 이 작품의 주제와 인물, 성격이 연관을 지니도록 하려는 의도에서이다. 봉건주의적인 가족제도의 인습(因習)과 여기서 싹트는 비극을 표출하고 6·25사변이라는 돌발적인 사건에 의해서 전통적인 어느 종가의 파탄을 암시하기 위해서였다. 소백산맥의 맥이 끊기듯 장동 김 씨의 종가도 파탄이 오고 마는 플롯의 암시로써 저자는 이와 같은 발단을 설정했던 것이다.

독자가 이와 같은 작가의 기술적인 의도를 알게 되는 일은 극히 드문 일이지만, 작가는 이러한 치밀하고도 유기적인 연관성을 생각하여 플롯의 발단을 고도로 암시적으로 설정해야 한다.

정한숙이 그의 《소설기술론(小說技術論)》에서 〈고가〉의 얼개가 얼마나 정밀하고 치밀한 작가의 구성적 배려에 힘입고 있는가를 말하고 있는 부분이다. 이러한 그의 진술이 없다고 해도 분명 〈고가〉는 그의 작품 대부분이 그렇듯이 의도적 구성의 얼개 속에 작가의 메시지가 소설의 덕목인 이야기에 실려 있게 된다.

그러나 바로 이 정치한 구성상의 작가 배려는 어떤 경우 그가 가진 역사인식이 매우 피상적인 암시에 그치는 약점도 지니게 됨을 지나칠 수 없다. 그렇게 암시에 그치고 말게 될 때 작가의 역사인식은 오히려 역사의 소용돌이에 좌절하기는 하지만 발버둥 치며 그것을 극복하려는 인간의지를 생동하고 처절하게 표현하는 데 약세를 면하지 못하도록 한다.

분명 〈고가〉에는 6·25라는 민족적 비극이 주요한 자리를 차지하고 있다. 그러나 이 미증유의 동족상잔은 인습과 봉건적인 유교적 전통의 고수의 표출이라는 작가적 의도 때문에 매우 흐릿하게 인각되고 있음을 간과하기 힘들다. 그래서 태식의 고뇌와 비탄 그리고 울분의 행동화가 단지 가족사적인 원(怨)과 한(恨)의 풀이라는 쪽으로 치닫게 되고 만다. 따라서 태식이의 생동하는 과거 역사의 인습과 대응하는 모습이 약화되어 있고 말게 된다. 길녀의 경우도 마찬가지다. 단지 길녀가 여맹에 나다닌다는 에피소드적 서술, 필재가 그녀를 사랑했었다는 몇 구절의 진술만으로 그녀가 자살하게 장치한다. 그것은 길녀의 신분상 갈등, 그녀가 공산주의에 맹목적으로 신봉할 수밖에 없었던 내적 갈등과 필연성의 결여로 다만 이야기적 요소를 충족시키는 사건으로 끝나고 있게 된다.

역사와 대응하는 인간의지, 인간존재의 생동하는 모습이 보다 더 치열하게 표현될 수 있었다면 〈고가〉에서 정한숙의 역사인식과 인간존재 파악은 보다 뚜렷하게 소설적 형상화를 할 수 있었을 것이다. 이것은 역사 속에 좌초되는 인간실존의 올곧은 모습을 지나치게 정통적인 소설적 미학에 대입시킴으로 야기된 결과로 파악한다. 우리는 작가의 역사인식과 인간 파악을 소설적 관계에서 논의할 때 그 잘잘못을 소설적 형상화의 연관 속에서 파악하지 않으면 안된다. 만약 그렇게 되지 않을 경우 작가 정신의 열려 있는 입지점을 차단하고 그것을 논자의 일방통행적 강요 속에 끌어다 놓는 어리석음을 저지르게 될 것이다.

정한숙의 역사를 당위로, 그 속에 살아가는 인간 존재를 실존적 현실대로 파악하는 이른바 작가정신에 시비를 걸 수는 없다. 그러나 그것이 당위적 사실에 함몰되고 좌절되는 현존재(現存在)의 피투성이 쟁투의 모습을 정통적 소설미학 속에 담아낼 수 있었다면 하는 점을 지적하지 않을 수 없다. 그것은 작가의 정치한 소설의 얼개를 염두에 둔 소설 기술적 소양이, 보다 생생한 리얼리티 획득에 적극적 자세로 다가가는 모습이 수동적인 것에 대한 아쉬움이기도 하다. 그런 의미에서 〈고가〉는 정한숙의 역사와 인간 파악의 모습과 그 소설적 응전의 성과와 한계를 동시에 보여주는 것이라 해도 좋을 것이다.

〈IYEU도〉는 〈고가〉에서 보여준 정한숙의 역사와 인간 파악이 보다 유연하고 섬세한 형태로 표출된다.

'나'인 영근이와 순복이 그리고 상운이의 소년시절은 지도상에 없는 이상적인 섬 이어도를 그리는 꿈을 키우는 데서부터 시작된다. 가난과 굶주림에 떨면서 그들 소년이 언제나 그리는 이상적인 섬의 실체는 그것을 찾아 나섰다가 밀수선에 의해 구출되는 것으로 끝장을 보게 된다. 이상적인 환상의 섬을 찾아가는 모험심과 밀수선에 의해 망망대해에서 구출되는 이 아이러니는 소년들 꿈의 좌절과 현실적 상황을 대칭시켰다는 데 중요한 의미부여가 있어야 한다.

이상향을 찾는 소년들의 행위는 현실이라는 영역에서는 단지 하나의 사건에 불과하다. 이 사건은 그 후 소년들이 겪게 되는 여러 가지 일들과 같은 고리로써 묶어지고 있지만, 정한숙의 역사 및 인간 파악과 긴밀히 관계하고 있다. 그것은 인간이 무한하게 갈구하는 어떤 것은 필연적으로 좌절할 수밖에 없으며 그 좌절은 현실적인 것에 의해 다시 재정립된다는 점이다. 달리 말하면 거대한 역사의 흐름은 인간의 모든 현실적 바람과 꿈을 송두리째 집어삼키지만 그것은 삶의 현장인 현실 속에 어떤 형태로든 되살아난다는 것이다. 이 되살아남은, 그러나, 인간 존재의 의지와 상관하고 있음을 알아야 한다는 것을 정한숙은 〈IYEU도〉에서 강조하려 한다.

순복이는 길자와 결혼을 한다. '나'와 순복이는 6·25와 발발하여 입대하고, '나'는 다리에 부상을 당한 절름발이가 되었다. 순복이를 기다리던 아내 길자는 어린애를 데리고 집을 떠나버렸다. 순복이가 돌아오자 그의 아내 길자에 대한 소문은 여러 갈래였지만 도회지의 홍등가로 갔다는 지배적 소문으로 순복이는 아내를 찾아 나섰다가 결국 또 다른 마음의 공동(空洞)만 가지고 귀향한다. 그는 배를 타고 결코 뭍에 오르지 않는다. 순복은 이어도를 찾고 거기에 아내가 있을 것이라는 믿음으로 배를 타고 매일 이어도를 찾아나서는 것이다. '나'와 동승했던 어느 날 순복은 바다에 빠져 자살하고 만다.

순복이의 좌절은 결국 6·25라는 역사적 흐름에 기인하지만 그가 끝까지 찾으려던 이상향 이어도의 탐색은 그 같은 흐름에 결코 좌초되지 않으려는 의지의 나타냄으로 보아야 할 것이다. 이 의지는 결국 좌절되고 말지만 그 같은 의지가 '나'로 하여금 또 다른 깨우침에 눈뜨게 한다. 그 깨우침을 작가는 이렇게 서술한다.

> 모든 방황 끝에 자신마저도 잃어버린 돌이킬 수 없는 추억과 찾을 길 없는 이어도는 그에게 영원한 절망만을 가져왔을 것이다. 그러나 아내에게 대한 지극한 사랑이 파괴된 순정 속에 남아 있었기에 그 절망은 헤아릴 수 없는 바닷속보다도 깊었을 뿐이었다.

순복의 절망은 바닷속보다 깊었었다. 그것은 '나'는 추억과 찾을 길 없는 이어도에서 원인을 추출한다. 추억과 이어도 - 〈IYEU도〉에서 정한숙이 〈고가〉에서보다 유연해진 역사인식을 나타낸다는 점은 이 점과 무관하지 않다. 역사적인 소용돌이와 그 흐름을 개인적인 것으로 압축시키고 있는 것이 그 하나다. 순복이의 죽음과 '나'의 부상으로 6·25의 민족사적 비극을 개인의 비극으로 환치시키게 된다. 또 하나는 그 개인적 비극을 좌절에서부터 옛날로 복원시키려는 의도가 그것이다. 개인의 비극으로 민족공동체의 비극을 압축시키는 것은 역사의 주체가 인간이란 점과 인간이 그 역사흐름과 바로 대응해서 좌절 속에서도 그 의지를 작동시킬 수 있는 여지를 만들어주는 소설적 장치가 될 것이다. 이때 옛날로의 복원은 좌절당한 지금을 극복하는 한 수단으로 존재할 수 있을 것이다.

요컨대 〈IYEU도〉에서 정한숙은 역사 앞에 좌절되지만 결코 인간의 의지로 역사는 새로운 변화의 전기를 가질 수도 있을 것이라는 입장을 내보인다. 그것은 퍽 미약하게 표출되고 있지만 인간의지가 역사의 소용돌이 속에 말려들어가면서도 끝까지 그 끄나풀을 끊지 않는 것으로 장치된다. 그것은 순복이가 죽고 난 후 길자가 아이와 함께 고향으로 돌아오는 것에서 보다 구체적으로 나타난다. 길자는 홍등가에 있었던 것이 아니다. 그것을 확연하게 정한숙은 서술하고 있지는 않지만 그녀가 순복이를 찾아 여러 곳을 헤매고 나녔다는 것으로 표현하고 있게 된다. 그리고 '나'는 그러한 길자를 통해서 꿈과 좌절과 의지가 무엇인가를 좀더 확실하게 인식하게 된다.

꿈, 좌절, 의지. 이러한 항목이 당위의 역사적 흐름과 인간실존의 간극에서 읽어낼 수 있었던 정한숙의 삶에 대한 인식태도였다면 그것에서 한걸음 인간실존의 의지 쪽에 더 다가서고 있는 작품이 〈금당벽화〉다.

일본으로 건너간 고구려의 스님 담징이 법륭사 벽화를 그린 저간의 역사적 사실을 그것은 대상으로 하고 있다. 이때 담징은 한 사람의 화공이 아니다. 그는 수없이 갈등하고 고뇌하고 실의에 빠져드는 인간존재지만 그를 그렇게 되어야 하는 것으로 만드는 역사적 당위에 과감하게 대응하는 의지의 증표로 성격화되어 있다.

〈금당벽화〉는 일견 조국을 생각하는 애국심이 투철한 한 화공이 그 번민의 끝에서 예술세계로의 몰입에 의해, 그것을 종교적 차원으로까지 끌어올리는 예술작품으로 승화시키는 소설로 파악할 수 있다. 그러나 좀더 사려 깊게 살펴보면 그것은 정한숙이 당위의 상황에 좌절하고 말게 되는 인간존재를 의지로 극복시키는 한 과정을 엄격한 단편의 구조 속에 응축시키고 있음을 알게 될 것이다.

> 금당 밖으로 나오던 담징은 소스라치게 놀랐다. 어느 틈엔지 법륭사 주지가 서 있었던 까닭이다. 생불(生佛)이라 우러름을 받는 그였다. 담징은 자기도 의식하지 못한 채 합장을 했다. 그도 맞받아 합장을 하며 꿇어앉았다가 일어섰다. "기뻐하소서. 수 양제의 백만 대군이 을지문덕 장군의 한 칼 밑에 가랑잎같이 부서지고 말았나이다. 대사가 금당벽화를 착공할 때가 왔나 보오이다."
>
> 담징은 다시 한 번 크게 놀라며 눈을 떴다. 주지는 말없이 보살(菩薩) 같은 미소를 띠며 다시 합장 배례하고는, 총총한 걸음으로 금당 앞 돌층계를 내려갔다. …… 붓을 든 담징의 손길이 무학(舞鶴)같이 벽 앞에 나는가 하면, 진한 빛이 용의 초리같이 벽면을 스쳤다.

백만 대군을 물리친 것은 을지문덕의 전략적 승리다. 그러나 백만 대군으로 말해지는 군사적 우위라는 역사적 흐름의 당위를 을지문덕의 나라사랑과 국토수호라는 의지가 대응하여 극복하는 것은, 바로 정한숙이 좌절의 인간을 의지에 의해 그것을 극복하는 인간상으로 재창조하는 소설적 응전력을 가졌음을 의미한다. 또한 담징이 번민과 고뇌를 극복하고 금당벽화를 드디어 완성하는 것 역시 이 같은 의지의 나타냄에 의한 것임을 확인할 수 있게 된다.

한편으로 〈금당벽화〉는 정한숙 소설의 미학적 구조를 잘 나타내주는 작품으로 말할 수 있을 것이다. 그것은 역사적 사건의 단면을 단편이 가져야 하는 압축된 얼개 속에 담고 있는 점이다. 그리고 그 단면을 통해 전체적 면모를 충분히 파악할 수 있게 장치하고 있음은 앞서도 말한 바 있지만, 정밀하고 치밀한 소설의 얼개짬에 정한숙이 대단한 능력을 가진 장인(匠人)임을 입증해주는 가닥이 되기도 한다.

〈고가〉, 〈IYEU도〉 그리고 〈금당벽화〉에서 볼 수 있는 정한숙의 역사 및 인간인식의 양태는 좌절과 의지로 압축될 수 있을 것이다. 그리고 그 좌절과 의지의 역사 및 인간 파악은, 정통적인 소설의 정밀하고 치밀한 얼개짬에 의하여 보다 확실히 혹은 역사적 사항들이 어떤 경우보다 희석되어 나타나고 있음도 동시에 파악할 수 있을 것이다.

삶의 다양한 모습을 소설로서 드러내려고 하는 정한숙의 작품세계는 지금까지 거론한 역사와 인간존재의 인식을 역사적 사항과의 대응에서 파악하려는 태도 외에도 다음과 같은 항목으로 묶어볼 수 있을 것이다.

① 역사적 인물의 소설화를 통해 당대의 정황 속에 놓인 그들의 성격 탐구. 이것은 주로 그의 장편들이 추구한 세계라 할 수 있을 것이

다.《황진이》,《처용랑》,《이성계》,《격랑》,《논개》 등을 들 수 있을 것이다.

② 현대인의 방황과 좌절을 그린 것을 들 수 있게 될 것이다. 〈묘안묘심〉, 〈닭장 관리〉 등이 해당된다.

③ 인멸되어 가는 전통적인 아름다움에 대해 향수를 느끼는 마음을 담아내고 있는 〈전황당인보기〉, 〈백자도공 최술〉 계통의 작품을 말할 수 있을 것이다.

《끊어진 다리》,《조용한 아침》 등도 앞서 논의한 역사와 인간존재 파악을 민족사의 비극적 사항과 결부시켜 형상화한 소설이다. 그것들 역시 좌절과 의지에 의한 인간탐구가 그 근간을 이루고 있음은 〈고가〉, 〈IYEU도〉, 〈금당벽화〉와 동류함임을 알 수 있게 된다.

정한숙은 아직도 왕성한 작가 의욕에 충만해 있는 작가로 파악된다. 회갑을 넘긴 지 오래된 지금도 그의 쉼 없는 작품 생산은 그가 얼마나 의욕적인 작가인가를 말해주는 좋은 보기가 될 것이다. 뿐만 아니라 이 같은 그의 소설적 의욕은 앞으로 그의 작품세계가, 기왕에도 그래왔지만, 더욱 다양한 모습으로 전개될 것이란 추론을 가능하게 해준다. 지금까지 그가 천착해 온 갈래들의 주요한 부분들은 더욱 심화 확장될 것이란 전망이 가능하다. 이 점은 최근 발간된 그의 창작집 《대학로 축제》에서 매우 확실하게 드러난다.

《대학로 축제》란 표제의 작품집엔 모두 18편의 소설이 수록되어 있는데 그것은 대부분 최근 5, 7년 사이의 것들로 보여진다. 이들 소설은 이전의 소설들과 마찬가지로 매우 다양한 소재와 주제들로 특징 지워질 수 있을 것이다. 그러나 〈고가〉 이후 천착해 온 역사 및 인간존재의 파악 등 이전 작품에서는 찾기 힘들었던 회고적 경향의 작품이 있음은, 좀 이색적이다. 그래서 이 작품집 속의 18편 소설들을 갈래 지워 보는 것은 작가 정한숙을 파악하는 데 또 하나의 통로를 마련해 줄 것이라 생각된다. 이 소설들은 다섯 갈래 정도의 세계로 묶일 수 있을 것이다.

첫째, 그것은 회고적인 성격이 짙게 밴 사소설적 경향이다. 이것은 작가의 연령과 무관하다고 말할 수 없는 것으로, 자연인인 작가의 연령이 이미 노년으로 접어들고 있다는 것을 나타내는 소설적 반증이라고 할 수도 있을 것이다. 〈편지〉, 〈삐이토우〉, 〈산에 올라 구름 타고〉, 〈횡관공로 횡단기(橫貫公路橫斷記)〉가 그것이다.

〈편지〉와 〈산에 올라 구름 타고〉는 식민지 시대와 해방 그리고 6·25를 겪은 불우한 세대의 예술인들의 모습을 적나라하게 보여주는 작품이다. 〈편지〉는 화가 김환기의 일생을 소설화한 것으로 볼 수 있는 작품이다. 여행길에 작가가 보고 느낀 것을 모티프로 해서 이역 땅 미국에서 그림을 편지로 형상화한 예술지상주의 화가의 사물에 대한 형상성까지를 날카롭게 소설화시켜 준다. 그래서 예술이란 그것을 창조하는 작가의 개성에 다름 아님을 화가의 소설적 성격 창조와 아우르면서 결국 불우한 작가 자신을 포함한 그 시대 민족의 아픔을 깊이 있게 묘사한다. 〈산에 올라 구름 타고〉 역시 소설가 이봉구와 병신춤의 무용가, 그리고 망칠십(望七十)의 판소리 명창을 세 축으로 하여 변화하는 시대와 그 속을 부유(浮遊)하는 한국인의 노년기 풍속을 그려주고 있다.

〈삐이토우〉와 〈횡관공로 횡단기〉는 작가의 대만 기행을 배경으로 한 작품이다. 그러나 이 작품들이 단순한 이국 풍물이나 그곳에서의 삶을 소설화한 것을 뛰어넘어 삐이토우의 홍등가를 통해 식민지 시대와 6·25 직후 한국현실을, 횡관공로에서 만난 6·25 참전용사 웰링을 통해 전쟁의 아픔을 깊이 있게 천착하려 한다. 이것은 역사적 소용돌이 속에서의 좌절과 인간존재의 의지를 조명한 것으로 파악할 수 있는 부분이기도 하다. 바로 이 점이 이 작품들을 기행문에 머물게 하지 않고 소설로서 형상화시키는 주요 관건이 되는 점이라 할 수 있을 것이다.

정한숙은 평범한 일상사를 매우 범박하게 서술하면서 그 속에 역사적 현실과 당대의 현실을 확실하게 연결하면서 인간의 좌절과 의지를 표출해내려 한다. 이것은 그가 노년에 접어들어 회고적인 사소설 경향의 작품을 형상화하면서도 작가정신의 대현실적(大現實的) 치열성을 늘상 획득하는 까닭이기도 하다.

두 번째로 들 수 있는 경향은 강한 역사의식의 표출이다. 그러나 그 역사에 대한 강한 의식은 언제나 소설이란 용기(容器)에 녹아들어 있음으로 얼핏 드러나지 않게 된다. 그것은 정한숙이 소설의 얼개짬을 매우 정치하게 하고 있음을 반증하는 것이다. 또한 그가 장인적(匠人的) 계열의 매우 뛰어난 소설미학을 소유한 작가임을 말해주는 것이 되기도 한다.

〈차임벨〉, 〈흥부의 기질〉, 〈새끼고무나무〉, 〈때밀이〉 등을 이 경향에 묶을 수 있을 것이다. 〈차임벨〉을 통해 전봉준을, 〈흥부의 기질〉을 통해 한국인의 역사적 인간상을, 〈새끼고무나무〉에서는 월남 패망을 거의 완벽한 단편 구조로 엮어낸다. 〈차임벨〉은 정한숙의 역사의식이 인간실존의 좌절과 의지를 통해 극명하게 역사적 사실과 접목하고, 성격창조로써 그것을 형상화하는 데 성공하고 있다. 따라서 이 작품을 좀더 살펴볼 필요가 있게 된다.

동학혁명을 주도했던 전봉준의 사형집행 전후를 이 소설은 대상으로 하고 있다. 이 소설의 시간적인 서술시점은 '1984년 3월 29일 오후'다. 즉 현재의 시점에 서서 과거를 말하고 있다는 것에서 구성상의 실험의지를 읽을 수 있다. 전봉준이 감옥에 갇히게 되는 것은 그의 부하 김경천의 밀고에서 비롯되고, 그것은 김경천이 '상금으로 천 냥을 주고 그가 소망하는 고을 군수 벼슬을 주겠다는 포고'에 전봉준을 판 결과로 해석한다. 그래서 예수를 판 유다와 김경천을 한통속으로 묶고 있는 것은, 욕망에 눈먼 인간의 근원적 속악성을 역사적 문맥 속에서 찾고자 함이라고 파악할 수 있을 것이다. 민심의 동요가 두려워 사형집행을 몰래 할 수밖에 없었던 사항을 통해 한국인 당대 삶의 좌절 모습과 의지를 드러내주고, 일본인의 법으로 일본에 의해 재판을 받지 않겠다는 전봉준의 강인하면서 단호한 주체성의 서술을 통해 한국적 인간상과 그 의지를 창조적으로 형상화하고 있다.

역사적 사항을 소설로 끌어들일 때 그것은 언제나 당대적 해석에 자리하고 있어야 한다는 진부하지만 확실한 명제는, 〈차임벨〉의 경우 구성상의 장치와 소설적인 인물해석에 있어 매우 능동적으로 작용하고 있게 된다. 따라서 〈차임벨〉은 전봉준의 인간상을 통해 동학혁명의 정체를 판독하게 하는, 말 그대로 역사소설의 전범적 영역에 발 들여놓고 있다고 파악할 수 있을 것이다.

〈새끼고무나무〉는 한 쌍의 남녀가 그들 국가의 패망을 통해 헤어져야만 한 아픈 사연을 고무나무를 의인체로 하여 쓴 독특하고 탁월한 작품으로 평가할 수 있을 것이다. 낌양과 레꽝즁의 비련은 망국과 망국민의 관계로 확산시킬 수 있는 항목이며, 사이공에서 부산으로 옮겨진 고무나무와 그곳에서 찾아온 제비와의 대화는 오스카·와일드의 작품을 연상시키는 감동을 갖고 있다.

〈때밀이〉에서는 덕산온천 주변의 내팽개쳐진 사적지의 이야기를 통해 역사 유물의 보전과 천주교의 입래, 대원군의 정치적 야심이 민중에게 끼친 폐단에 대해 말하고 있다. 작가의 관점은 그러나 역사가 지배층에 의해 움직이는 것같이 보이지만 사실 그것은 백성들에 의해 그 의지로 창조 개척되어 가는 것임을 확신하는 쪽에 서 있다.

변화하는 시대 상황을 세태라고 할 수 있을 것이다. 그 세태를 바라보면서 그 속에서 이루어지는 부부간의 갈등, 신·구세대의 갈등 또는 권력층에 의한 일반 서민의 갈등들을 떠올린 세 번째 경향으로 말할 수 있을 것이다. 〈머리카락〉, 〈대학로 축제〉, 〈어떤 임종〉, 〈가오리연〉, 〈들장미 뿌리〉, 〈석등기(石燈記)〉 등을 이 경향으로 말할 수 있을 것이다. 〈머리카락〉은 이민 갔다 귀국한 노년에 접어든 교수의 부부갈등을 다루고 있다. 그러나 단지 부부갈등에 그치지 않고 이민이 유행처럼 번지는 세태에 대한 경종까지를 시사해주고 있음을 놓칠 수 없다. 〈대학로 축제〉는 위험한 청소년 문제를 심층적으로 다룬 문제 작품으로 보아야 할 것이다. 재수를 하고 있는 학생과 공단의 여공인 상경 소녀와의 관계를 오늘날 한국의 교육문제, 근로 청소년의 선도문제 등과 맞물리게 하면서 냉정한 리얼리즘의 시각으로 소설화시키고 있다.

〈어떤 임종〉, 〈들장미 뿌리〉는 죽음에 임박했거나, 노년에 확실하게 접어든 이른바 치부하고 출세한 사람들의 역정(歷程)을 추보식 구성으로 살펴가면서 한국사회의 비리와 부정 혹은 부조리를 진단하고 있다. 뿐만 아니라 세속적인 인간의 욕망과 특히 물욕이 그들의 가정 구성원인 가족들과 어떻게 갈등하는가도 검증하고 있다. 〈가오리연〉

역시 모자간의 갈등과 한국인의 교육관, 모성애 등을 정면에서 포착하고 있다. 그러나 이 작품은 지나친 설명으로 인하여 압축되지 않은 면도 있게 된다. 그래서 성공적인 경우가 아닌 소설의 얼개짜기에 정한숙 소설이 갖는 한계 같은 것을 보여주는 것이라고 파악할 수도 있을 것이다. 말하자면 사건에 녹아든 성격 창조와 세태 표출이 아니라 작가의 지나친 설명적 진술의 과잉이다.

〈석등기〉는 집터를 장만한 주인공이 가장 자연스럽고 한국적인 가옥과 정원을 꾸미는 이야기다. 주인공 스스로의 손으로 정원을 가꾸고 연못을 파고 한옥을 짓는다. 친구가 이것을 알고 석등 하나를 선물한다. 고풍스런 맛이 나지 않아 주인공이 그 석등을 건사하는 것을 작가는 이렇게 표현한다.

> 우엉은 손쉽게 구할 수 있었다. 그것을 몇 단 사다 그 뿌리를 잘게 썰어 이것을 믹서에 넣어 물을 두고 갈았다. 그리고 거기다 굴뚝에 묻은 끄름을 긁어다 섞었고 다음엔 감나무 잎을 따다 그것도 잘게 썰어서 솥에서 넣어 약한 불로 오래오래 끓여 내었다. 그것이 굳어지지 않게 저어서 식힌 후 도배하는 귀알에다 묻혀 석등에 칠을 했다. 한 번 칠하고 나서 마른 다음에 위에다 또 칠을 했다. 화강석 바탕이 없어지고 고색창연한 빛으로 변했다.

이것은 주인공의 행위를 통해 그의 성격을 극명하게 떠올려주는 표현이지 설명은 아니다. 따라서 이와 같은 표현의 자리에서 〈가오리연〉의 많은 부분은 매우 멀리 떨어져 있다.

〈석등기〉는 이러한 주인공의 정성을 옆집 송의원(국회의원)이 권력과 돈을 동원하여 매입하려 하게 된다. 단호히 거절하는 주인공의 행위를 통해 당대 한국의 권력남용과 비민주화의 알레고리를 읽을 수 있게 된다.

정한숙 소설의 경향 중에는 기왕에도 이상적인 사항에 대한 추구가 눈에 띄였다. 상반하는 양극의 갈등을 통해 그것을 극복하는 어떤 자리에 그러한 세계를 놓아보고자 하는 의도는 〈꽃피는 동백섬〉과 〈증곡대사〉에서 확인할 수 있는 경향이다.

첨예한 한일관계의 갈등은 〈꽃피는 동백섬〉에서는 30여 년 만에 해후한 중학교 동창생인 한국인과 일본인의 관계로 설정된다. 일본의 패망은 한국의 광복으로 이어지고 일본인 나리다는 일장기에 태극기를 그리는 한국인 오동희를 그렇게 배신할 수도 있는가를 생각하며 통곡했었다. 경제대국이 된 오늘날 일본의 당당한 모습 뒤쪽의 고민은 한국의 긍정적 측면과의 접합으로 극복될 수도 있지 않을까 하는 기대를 작가는 표출하고 있다. 이것은 바로 한일관계의 갈등을 해소 극복하는 어떤 이상적 자리매김을 이 소설이 사도하고 있는 세계로 파악할 수 있게 할 것이다.

〈증곡대사〉는 서로 다른 종교적 갈등을 인간구원이란 동류항으로 묶으면서 이상적 상태로의 합일점을 시도하는 경향으로 파악할 수 있다. 파계승인 증곡대사와 철저한 기독교도인 그의 아내와의 결합은 결국 이 같은 작가의 이상주의 추구의 한 가닥에서 이해될 수 있는 성질의 것이라 생각된다.

> 촛불이 켜진 케이크 앞에서 딸과 사위와 손자 손녀들이 생일축하의 노래를 불렀다. 아내가 증곡대사의 만수무강을 하나님께 기도 올리는

동안 그는 눈을 내리 감고 합장을 하고 있었다.

하나님께 기도와 합장(合掌)을 하고 있는 증곡대사의 공존, 이것은 작가가 기독교와 불교의 한 평화로운 공존을 의미하는 것을 이상 상태라고 생각하고 있다고 보아야 하는 대목일 것이다.

〈사마귀〉와 〈송아지〉에서 보여주는 정한숙의 작품세계는 건강한 원시성의 회복, 유년기의 동경 등으로 설정될 수 있을 것이다. 아침이슬이 뚝뚝 떨어지는 목장, 안개가 걷혀가고 있는 전원풍경 속에 길길이 뛰노는 유년기의 생명 약동을 작가는 서정적 문체로 잡아 올리고 있다.

> 作家論이냐 作品論이냐 하는 명확한 限界를 定立하기란 여간 어려운 일이 아님을 알게 된다. 둘 사이의 관계는 너무 密接해서, 궁극적인 목표는 작품 그 自體에 대한 올바른 理解에 있다 할지라도 언제나 作家論的인 方法論이 導入되지 않을 수 없었다.

그의 저서《현대한국작가론》의 〈서(序)〉에서 정한숙은 이상과 같이 언급하고 있다. 작품을 통해서 작가가 접근하느냐, 작가의 문학적 추상을 통해 작품에 접근하느냐의 문제는 앞으로도 많이 논의되어야 할 항목일 것이다.

정한숙은 삶의 다양한 모습을 한 편의 소설에 모두 담아내기가 어렵다고 판단하는 작가로 파악된다. 그래서 그는 한 편 한 편의 작품마다 다양한 삶의 양태를 소설로서 각각 응전한다. 그의 작가적 입장은 삶의 다양성을 그것대로 하나하나씩 소설 속에 수용하자는 쪽에 서 있는 것 같다. 그의 소설이 다양한 경향을 보이는 것은 그러므로 당연한 귀결이다. 그러나 정한숙의 작가로서의 소설론은 언제나 치밀한 구성과 더불어 정통적인 소설의 미학 쪽에 기대어 있다. 그래서 점차 원숙한 경지를 띠게 되는 근년에는 완벽한 구성장치로 인해 오히려 장인적(匠人的) 요소가 너무 노골적인 성향까지를 내비쳐주고 있게도 된다.

이 장인적 능력의 소설 얼개로 정한숙이 다양한 삶의 모습을 잡아 올리지만 그 중에서도 특히 두드러져 보이는 부분은 역사와 인간실존에 대한 파악이다. 그것을 그는 대부분 좌절과 의지로서 파악하고 있다. '당위'로서와 '실존'으로서 있게 되는 역사와 인간존재의 간극에서 좌절과 의지가 맞서는 상태로 그는 인간을 파악하려 한다. 그것이 정한숙의 역사와 인간존재에 대한 소설적 인식임을 그의 표현대로, 작품을 통해서 논의할 수 있게 된다.

정한숙의 소설작업은 40년을 웃돈다. 그리고 아직 그의 작업은 정력적이다. 다양한 그의 작품세계와 아울러 그의 마무리되지 않는 소설작업을 놓고 어떻게 '작가'의 '론'을 확실하게 마감할 수 있을 것인가. 따라서 미완일 수밖에 없는 이 중간보고서는 정한숙이 《소설기술론》과 《소설문장론》, 그리고 《현대한국작가론》, 《한국현대소설론》, 《한국현대문학사》란 저서를 가진 문학교수란 점과 아울러 그 마지막 보고서인 작가론이 될 때는 보다 확실한 평가의 바탕이 설정되어야 할 것이다. 그날을 위한 한 예비적 중간보고의 형태를 이 글이 띄지 않을 수 없음을 부언하는 까닭이 여기에 있다.

전후 현실의 문학적 진단과 처방

장성수

1

일오(一悟) 정한숙(鄭漢淑, 1922-)은 1948년《예술조선(藝術朝鮮)》지에 단편〈흉가(凶家)〉로 등단한 이후 오늘날에 이르기까지 작품 활동을 계속하고 있는 현역 원로작가이다. 근 반세기에 이르는 동안 그는 150여 편에 달하는 장편, 중편, 단편소설을 발표했다. 6·25 전쟁의 몇 년을 제외하고는 매년 작품발표를 거른 일이 없을 정도로 작품 활동의 지속성을 유지하고 있는 작가이다. 이른바 해방 이후 등단한 '신세대 작가'[1]들 중의 한 사람으로서, 비슷한 시기에 등단하여 활동한 여타 작가에 비해 왕성한 창작력을 보여주고 있는 작가라 할 수 있다.

상당한 정도의 작품량만큼이나 그의 작품세계 또한 다양해서, 어느 한 가지 주제에 집중하여 지속적인 관심을 기울이는 작가라기보다

1 김상선,《신세대작가론》(일신사, 1964), 62-65쪽 참조.

는 소재와 관심을 영역을 폭넓게 넓혀온 작가라는 평가를 받아 왔다. '다채다양(多彩多樣)한 작가',[2] '끈질긴 탐구정신의 작가'[3]라는 기존의 평가는 바로 그러한 작가적 특성의 일면을 가리키고 있는 경우라 하겠다.

이 글의 목적은 정한숙 문학의 전반적인 면모를 살펴보려는 데 있는 것이 아니라, 그의 작품 활동 초반기에 해당하는 1950년대 작품에 국한하여 그의 작품세계를 살펴봄으로써, 작가의 현실인식 내지 작가의식의 특성을 해명하려는 데에 있다.

주지하는 바와 같이 '50년대는 벽두부터 일어나 3년간 지속된 6·25 한국전쟁을 시작으로 남북 분단의 고착화로 이어지는 고난과 격동의 시기였다. 오랜 기간 일제식민지 치하에 있었던 우리 민족에게는 8·15 해방부터 6·25 전쟁이 일어나기 직전까지 5년이라는 기간은 자주적 통일국가를 세울 수 있는 절호의 기회였다. 그러나 실제로 전개된 우리의 역사는 정반대의 결과를 보여주었다. 해방 이후 냉전체제라는 새로운 세계사의 흐름 가운데 놓인 한국은, 그 새로운 흐름이 파생한 여러 모순에 적절히 대응하지 못한 채, 이념이나 체제의 첨예한 갈등이나 대결의 장이 되었다. 이른바 해방공간에서 형성된 이러한 대립과 갈등이 폭발적으로 드러난 결과가 바로 6·25 한국전쟁이었다.

6·25 한국전쟁은 '전쟁으로서의 일반성은 물론, 동서로 대치된 냉전구조의 이념전쟁이면서 한국인이 한국인과 싸우는 동족살상과 형

2 문덕수, 〈내용과 수법의 다양성〉, 《현대한국문학전집》 5(신구문화사, 1965), 448쪽.

3 오탁번, 〈끈질긴 탐구정신의 소산〉, 《한국현대문학전집》 27(삼성출판사, 1978), 435쪽.

제살해(fratricide)의 전쟁인 동시에 참전국이 다원 국제화한 전쟁이란 특수성이 함께 복합된 전쟁으로서, 아직도 역사적인 사실로서 완결된 것이 아니라 휴전 이후 현재적인 분단 상황의 발단으로 연계되어 있는 것이다.[4]

'50년대 문학은 6·25전쟁으로 인해 파생된 당대의 제반 상황적 조건을 기반으로 형성되었다. '50년대 이래 한국 현대소설의 제반 내용과 구조는 6·25의 전쟁 체험과 영향의 삼투적 성격과 기능을 배제해 놓고는 생각할 수가 없을 만큼 6·25는 현대소설사에서 결코 간과해버릴 수 없는 발생론적 기반이다.[5] 그러나 '50년대 초반의 문학은 전쟁으로 인하여 주목할 만한 성과를 보여주지 못했다. 종군작가단에 의해 승전의식의 고취와 애국심의 분발을 꾀하는 정훈 및 전시 문학 활동이 겨우 문학의 명맥을 유지했을 뿐이었다.[6] '50년대 문학이 비로소 정상궤도에 오르기 시작한 것은 휴전이 성립되고 난 중반 이후였다.

해방 직후 소련군의 진주로 공산치하가 된 고향, 평안북도 영변을 떠나 단신 월남, 고려대학교 국문학과에 입학한 정한숙은 전광용, 정한모, 남상규 등과 '주막'(酒幕)이라는 동인을 결성하여 활동하는 한편, 48년 등단하게 된다. 대학을 졸업한 '50년 6·25로 인해 공산치하의 서울에서 90여 일 숨어 살기도 한 정한숙은 1·4 후퇴 때 부산으로 피난하여 생활하다 '54년 이른 봄에 다시 상경했다. 부산 피난시절 〈광녀(狂女)〉와 〈아담의 행로〉 등을 발표하였으나, 본격적으로 작품

4 이재선, 《현대한국소설사 1945-1990》(민음사, 1991), 82쪽.

5 위의 책, 81쪽.

6 권영민, 《한국현대문학사 1945-1990》(민음사, 1993), 101-102쪽 참조.

활동을 재개한 것은 '55년 단편 〈전황당인보기(田黃堂印譜記)〉와 희곡 〈혼항(昏港)〉이 《한국일보》에 동시에 당선되면서부터였다.[7] 이때부터 정한숙은 한 해도 거르지 않고 꾸준히 작품을 발표했다. 작품 활동의 초반에 해당하는 이 시기에도 그는 특유의 왕성한 활동을 벌여 단편 30여 편, 장편 8편을 발표했다. 또한 작품집 6권을 펴내기도 했다.

정한숙은 이 시기에도 여전히 여러 논자들이 지적한 대로 '다채다양한 작가'로서의 면모를 보여주고 있다. 한마디로 요약할 수 없는 다양한 유형이나 경향의 작품들을 발표하고 있기 때문이다. 그러나 작품의 외형적인 다양성에도 불구하고, 우리는 그 속을 관류하는 주된 작가의 문학적 관심 또는 일관된 작가의식을 발견할 수 있다. 그것은 첫째로 전쟁을 직접 체험한 개인이자 작가로서, 전쟁의 격랑 속에서 왜곡된 삶을 살아갈 수밖에 없는 당시 민간인들의 참담한 모습을 생생하고도 구체적으로 형상화함으로써, 전쟁의 폭력성 내지는 불모성을 검증하고자 하는 것이요, 둘째로 전쟁의 충격으로 인해 사회구조나 삶의 가치체계가 전도되거나 변화를 일으키는 사회상에 대한 비판적 인식이라고 할 수 있다. 셋째로 이러한 부정적 사회현실에 대한 검증과 확인을 통해 새로운 삶의 방향을 설정하거나 가치체계를 정립할 수 있는 현실극복의 가능성 모색이라고 요약해 볼 수 있다. 말하자면 '50년대 그의 작품은 이러한 관심과 의식이 낳은 분광체인 것이다. 정한숙은 이 시기의 작품들에서 그 나름의 독특한 시각과 방법으로 6·25 한국전쟁과 전후의 특수한 현실적 상황에 대한 세밀한 검증

---

7 정한숙, 〈나와 명천옥 시대〉, 《공자는 남자인가 여자인가》(혜진서관, 1992), 100쪽 참조.

과 확인, 그리고 문학적 응답을 제시하고 있다. '50년대 그의 작품은 6·25 한국전쟁이나 전후의 현실상황이 야기하는 여러 가지 모순과 부조리 현상, 그리고 사회병리적 문제에 대한 문학적 진단과 처방인 것이다.

2

정한숙은 이 시기의 작품에서 먼저, 전쟁이라는 물리적 폭력과 재앙이 개인의 삶에 얼마나 심각한 상처와 후유증을 남기고 있는가를 보여주고 있다. 비행기 폭격에 남편과 어린 아들을 잃은 충격으로 실성해버린 한 광녀의 전전하는 삶을 보여주고 있는 〈광녀〉(1952)는 전시 하, 8·15 광복절을 전후로 한 시기를 시대적 배경으로 하고 있는 작품이다. 피난민들의 곤궁한 삶과는 무관하게 치러지는 대통령 선거를 비롯한 국회의원 선거의 열기, 낯선 이국병정들에게 정조를 흥정하기 위해 부대 앞에서 교태를 자아내고 있는 양공주들, 고아와 거지로 가득 찬 피난지 부산의 거리 풍경이 원경으로 배치되어 있는 작품이다, 이 작품에서 작가는 철저히 파괴된 개인의 삶과는 무관하게 돌아가는 사회의 부정적 현상을 드러내고 있다. 다시 말하면, 작가는 이 작품을 통해 개인의 정신병리적인 현상의 근본적 원인은 결국 그 사회 전체가 병들어 있기 때문이라는 메시지를 전달하고 있는 것이다.

전쟁 중 남편이 납치되거나 전사하여 미망인이 된 젊은 두 여자 주인공의 고독하고 불안한 삶을 대비적으로 보여줌으로써, 전후 개인들의 내면에 스며든 미래에 대한 불안감을 그리고 있는 〈내일에의 번민〉(1953)도 〈광녀〉와 같은 계열의 작품이라 할 수 있다.

> 손끝으로 건드리기만 해도 퉁겨져 나올 봉선화 씨앗같이, 위험한 폭발물을 가슴에 지니고 있는 자기를 발견할 때마다, 연숙은 몹시 안타까워했다. …… 향수 모양 까닭 없이 가슴이 조여들 때마다 야릇한 정열이 위험한 폭발물을 건들여 새로운 불안을 자아내 놓는 것만 같았다. 질식할 생활 테두리를 벗어나, 때로는 독수리 모양 지향 없이 활개를 떨치고 허공을 향해 떠오르고 싶은가 하면, 밤이면 해저(海底) 싱싱한 해초가 너울거리는 암초 옆에서 피곤한 꼬리를 쉬고 있을 어족 모양, 한껏 고독만을 즐기고 싶기도 했다. 그러나, 항시 마음과 몸을 억누르는 듯한 이런 유형 무형의 구속은…….[8]

이처럼 등장인물들의 내면 심리묘사가 돋보이는 이 작품은 전쟁이 다수의 개인들에게 남긴 상처의 심각성을 보여주고자 한 작가적 관심의 결과라 하겠다. 이외에 한국 근무를 마치고 본국으로 돌아가려는 미군 병사가 변심한 아내의 편지를 받고 허탈감에 빠져 자살로 삶을 마감하는 이야기를 다룬 〈눈 내리는 날〉(1956)도 같은 범주에 속하는 작품이라 할 수 있다.

이러한 전후 현실의 부정적 현상에 대한 작가적 관심을 좀더 확대하여 보여주고 있는 대표적인 작품이 《암흑의 계절》(1957)이다. 제1회 김내성 문학상 수상작인 이 작품은 전쟁이 남긴 상처와 후유증을 단편적으로 혹은 암시적으로 보여준 앞의 작품들과는 달리, 전쟁을

8 정한숙, 〈내일에의 번민〉, 《묘안묘심》(정음사, 1958), 119-120쪽.

통해 입는 개인들의 상처와 후유증의 구체상을 생생하게 보여줌은 물론, 그로 인한 인간성의 왜곡상까지 제시하고 있다. 정한숙은 한국 전후소설의 양상을 살피는 한 글[9]에서, 전후의 소설을 '부정의 윤리'를 제시하고 있는 작품군과 '긍정의 윤리'를 제시하는 작품군으로 대별한 바 있는데,《암흑의 계절》은 전자에 해당하는 경우라 하겠다. 이 작품은 작가의 말처럼, '전쟁을 아픔 그 자체로 보고 그로부터 파멸하는 인간의식을 다룬'[10] 소설이라고 할 수 있다, 이 작품은 중공군의 개입으로 6·25 전쟁이 새로운 국면으로 접어든 1·4 후퇴부터 휴전이 성립된 시기까지를 시간적 배경으로, 서울에서 부산에 이르는 피난 과정을 공간적 배경으로 여주인공 경옥을 중심으로 하는 한 가족의 수난사를 다루고 있다.

6·25 때 인민군에 의해 남편이 납치됨으로써, '삶의 기둥'을 잃는 수난을 당한 경옥은 중공군의 개입으로 또다시 피난을 해야 할 처지에 놓이게 된다. 삶의 의미를 잃어버린 경옥은 만사에 자포자기적인 심정이나 추운 겨울밤 빙판 위에서 찬물로 목욕재계하고 아들의 무사귀환을 기원하는 치성을 올리는 시어머니의 정성을 목격하고는 '텅 빈 동굴 속' 같은 서울을 떠나기로 한다. 친정 부모, 남동생, 그리고 시어머니와 함께 영등포역에 도착한 일행은 수많은 피난민 대열 속에 경찰관과 옥신각신한 끝에 역원에게 뇌물을 주고 기차에 오른다. 객차라곤 한 칸 없이 화물차 칸으로만 이루어진 콩나물시루 같은 피난민 열차의 지붕 위에 겨우 자리 잡은 경옥 일행은 눈보라를 맞으

9 정한숙, 〈한국 전후소설의 양상〉,《현대한국소설론》(고려대출판부, 1977), 151쪽 참조.

10 위의 책, 151쪽.

며 남하하게 된다. 폭력과 무질서, 온갖 부정이 판치는 무법천지의 피난민 열차가 수원 근처에 멈추는 사이, 먹을 것을 구하러 내렸던 경옥은 열차가 갑자기 출발하는 바람에 가족들과 헤어지게 된다. 한편 경옥의 동생 경식은 추위와 굶주림을 이기지 못하여 졸다가 열차 지붕 위에서 떨어져 죽는다. 이를 뒤늦게 안 친정아버지 최찬수는 떨어져 죽은 아들을 찾으러 오산역에서 황급히 내린다. 기차를 놓친 경옥은 불안과 공포 속에서 밤길을 따라 남으로 발길을 옮기던 중, 미군장교 킨을 만나 그의 호의로 지프에 편승하여 부산에 다다르게 된다. 아들을 찾는다고 나간 남편과 헤어진 경옥의 모친과 시어머니는 오산에 방 한 칸을 마련하여 남편을 하염없이 기다린다. 그러나 중공군의 침공으로 인해 아수라장이 된 오산에도 더 이상 머물지 못하게 되자, 변변치 않은 짐짝도 다 버리고 남으로 길을 떠난다. 그들은 갖은 우여곡절 끝에 부산의 피난민 수용소에서 생활하게 된다. 한편, 경옥의 부친 최찬수는 떨어져 죽은 아들의 시체를 찾으러 철길을 거슬러 올라가 보았지만 찾지 못한다. 아들이 죽기 전, 옆에 동행해 가던 여인네의 죽은 어린아이의 시체를 던져버린 일이 있는데, 그 어린 주검의 환영에 시달려 괴로울 뿐이다. 그러던 중 노무동원 징용자들이 탄 미국트럭에 잘못 타 본의 아닌 노무자로 일을 하다가 탈출을 하게 되나, 또다시 중공군의 포로가 되어 끌려다니다가 유엔군에 잡혀 거제도 포로수용소에 갇히는 신세가 된다. 포로 아닌 포로생활을 하던 중, 공산포로들의 오해를 받아 생매장을 당해 죽는다. 최찬수가 비극적인 최후를 맞는 같은 날, 경옥의 친정어머니도 피난민 수용소에서 희망 없는 삶을 살아가다가, 시장에서 사 먹은 순댓국이 얹혀 설사병에 걸려 사경을 헤맨다. 심한 허기를 메우려 몰래 사 먹은 인절미와 시루떡에 다시 병이 재발하여 죽음을 맞이하게 된다. 이어 혼자 남게 된 경옥의 시어머니도 절망과 고독 끝에 목을 매달아 자살하고 만다. 미군장교의 지프에 편승하여 부산에 도착한 경옥은 처음엔 결혼한 동창생의 집에 얹혀살다가, 그녀의 남편과의 미묘한 관계 때문에 더 이상 머물지 못하고 여학교 선생으로 있는 또 다른 동창생을 만나러 가다가 미군장교 킨을 다시 만나게 된다. 킨의 도움으로 그가 근무하고 있는 수송대에 취직이 된다. 그러나 그녀를 시기하는 다른 동료들로부터 테러를 당하여 병원에 입원을 하는 큰 곤욕을 치른다. 초겨울 부산 초량 수용소를 찾은 경옥은 친정어머니와 시어머니의 죽음을 확인하고, 그 이듬해 가을 서울로 다시 돌아온다. 경옥은 한국전 참전 중 변심한 아내로 인해 상처를 받은 미군장교 킨과 동거생활을 시작한다. 휴전협상이 조인된 후 킨은 귀국명령을 받게 되자 경옥에게 정식으로 결혼하여 같이 미국으로 갈 것을 제안한다. 그러나 경옥은 그의 제의를 받아들이지 않고 남편의 귀환을 기다리기로 작정을 하고 뱃속에 든 킨의 아이를 지워버리는 수술을 한다. 그녀는 전율과 공포 속에서도 '자기 자신으로 환원시켜야 할 엄연한 사실 앞에' 이러한 결단을 내렸지만, 그동안 내내 호의를 베풀어 준 킨에 대한 석연치 않은 감정과 미안감, 그리고 남편에게도 호소할 수 없는 마음의 상처로 인해 앞날에 대한 확신을 가질 수 없음을 느낀다. 그녀는 '아무리 발버둥을 쳐도 어둠이 밀려 밤이 오듯 이 어두운 계절 속에 산새들 모양 슬피울며 살아가야 할 자기가 다시금 슬퍼지기만' 함을 강하게 느끼는 것이다.

이와 같은 작품의 대체적인 내용 요약을 통해서 알 수 있듯이, 작품에 등장하는 경옥을 비롯한 그녀의 가족들은 전장이 나니 후방에서

'정치나 이데올로기와는 무관하게 희생당하는 평범한 민간인'[11]들이다. 그들은 아무런 동기나 이유도 없이 전쟁이라는 암흑에 휩싸여 정상적인 삶을 압류당한 것이다. 이 작품에서 작가는 작중인물의 입을 통해 다음과 같이 말하고 있다.

> "……전쟁이란 눈에 보이는 유형물(有形物)만을 파괴시키는 건 아닙니다…… 인정, 의리, 그런 것마저도 뒤엎어 놓는 것이 사실입니다…… 전후의 혼란이란 파괴된 지상물로 인하여서가 아니라 끊어지고 찢어지다시피 한 이런 마음의 파괴랄까요……."[12]

전쟁이 남긴 정작 심각한 문제는 물질적인 피해에 있는 것이 아니라, 전쟁으로 인해 인간의 내면에 자리한 온갖 부정과 파괴, 그리고 불안심리, 적대감 등으로 정상적인 인간관계가 왜곡되고 파괴되었다는 점에 있음을 작가는 말하고 있는 것이다. 경옥을 비롯한 여러 등장인물들은 전쟁으로 인해 상처를 입은 희생자들인데, 이들이 보이는 비정상적인 행태를 통해 우리는 전쟁 그 자체의 불모성을 동시에 확인할 수 있다.

정한숙은 이상의 작품들에서 6·25 전쟁으로 인해 비틀어지고 무너진 당대인들의 삶을 리얼하게 묘사함으로써, 모순과 부조리의 현실에 대한 충실한 재현 내지는 증언자로서의 면모를 보여주고 있다.

---

11 이주형, 〈정한숙 소설에서의 한국 현대사 인식〉, 《한국현대작가연구》(민음사, 1989), 35쪽.

12 정한숙, 〈암흑의 계절〉, 《문학예술》 27호, 107쪽.

3

한편으로 정한숙은 '전쟁의 충격이 이전의 인간관계의 유대를 허물어버리거나 사회구조나 삶의 가치체계의 붕괴와 변호를 일으키는'[13] 당시의 시대상황에 대한 소설적 추구도 보여준다. 6·25 전쟁을 계기로 전통적인 윤리의식과 가치관이 어떻게 변화하였는가 하는 시대의 변모상을 형상화함으로써 작가의 시대인식의 일단을 드러내고 있다.

〈전황당인보기〉(1955)는 《한국일보》 신춘문예 당선작품으로 전후 본격적인 작품 활동의 첫출발이 되는 작품이다. 이 작품은 논자들에 의해, '고아한 전통문화에 대한 미학적 관심을 드러낸' 작품,[14] '사라져가는 우정과 전통에 대한 애틋한 향수를 문제 삼고 있는' 작품으로, 작품의 '주제가 작가의 문체상의 특징인 전아함과 잘 어우러져 있는 작품',[15] 또는 '예술인의 수련과정을 통해 전통적 예인의 창조적 가치를 조명'[16]한 일련의 작품들 가운데 하나라는 평가를 받아 왔다. 그러나 이러한 평가는 등장인물, 소재 및 제재 그리고 문체의 특징을 잘 지적하고 있다는 점에서 타당한 일면이 있으나, 전통적 가치의 변화상을 형상화함으로써 작가의 시대인식을 드러내고자 한 주제적 측면을 간과한 견해라 생각된다.

이 작품의 주인공인 수하인 강명진(水河人 姜明振)은 시속의 변화와

---

13 이재선, 앞의 책, 100쪽.

14 권영민, 앞의 책, 101쪽.

15 이재선, 앞의 책, 162쪽.

16 최동호, 〈예술가 소설과 인간상의 탐구〉, 《정통문학》(정음사) 1호(1985), 278쪽.

는 상관없이 서화와 전각을 즐거움으로 삼고 평생 살아온 선비이다. 야인시절 이십여 년간을 벗으로 지내던 석운 이경수(石雲 李慶秀)가 관직에 앉게 되자, 그는 이를 기념하여 선물을 하기로 한다. 그는 십오륙 년 전 잡상인한테서 우연히 구한 전황석에 전각한 인장을 선물로 택한다. 이 석재는 한말 민영익이 사용하던 인장인데, 거부 이 모가 소장하고 있던 것이다. 오십 평생의 절반을 돌을 주무르며 살아온 그에게는 시세로 따져도 금값의 열 배가 넘는 귀한 것이요, 그러나 결코 값으로 따질 수 없는 가치를 지닌 전황석 인장을 벗에게 선물하는 것이 자신의 진실한 정표를 나타내는 일이라고 생각한다. 전황석 자체가 이처럼 귀한 것이도 하지만 전황석 인장은 자신과 자신의 삼십 년 반려자 산홍의 정성이 합쳐진 것이요, 자신의 일생일대의 노작이기도 하다. 그러나 '아(雅)하고 담(淡)한 산홍의 숨결과 절정에 이른 자신의 품(品)과 지(志)'를 담은 전황석 인장의 가치와 거기에 담긴 수하인의 깊은 뜻은 친구에게 제대로 받아들여지지 않는다. 벼슬길에 나아간 석운은 야인시절 문방사우를 벗 삼아 매화옥 뜰에서 국화주 부일배로 한담소일하던 선비가 이미 아니었던 것이다. 벼슬길에 들어선지 불과 반년밖에 안 되었지만 석운한테는 수하인의 세계란 이제 '도저히 돌아갈 수도 없고, 돌아가면 안 될 그런 세계'로 느껴지는 것이다. 이처럼 이미 세속에 물들 대로 물든 석운이 전황석의 가치와 인장에 담겨진 수하인의 깊은 뜻을 이해할 리가 없다.

"이게 무슨 돌이지요?"

"글쎄 무슨 돌이든 간에 돌이야 돌이겠지, 금이 될 수 있겠소. 값이라면 새긴 정성이겠지요……."[17]

'전기 사정이 나빠 등불을 켜고 심지를 돋운 탓인지 기름 냄새가 몹시 사나운' 가운데 인장을 새기는 수하인은 '기름 난로의 불길이 과한지 등에 땀이 흐를 정도'의 위치에 있는 석운에게는 천지가 변했어도 변한 것이 없는 시대에 뒤떨어진 사람으로 생각되는 것이다.

석운의 수하 오준의 손을 거쳐 제자뻘 되는 도장포 주인에게 전황석 인장을 되돌려 받은 수하인은 '버릴 수 없는 친구에게 버림을 받은 듯싶어 한없이 섭섭해'한다. 전황석 인장을 되돌려 받는 대신 도장포 주인에게 계혈석 인장을 새겨주기로 했지만 전황석을 새기던 때의 솜씨가 나오질 않는다. '그는 스스로 자기 손이 하룻밤 사이에 떨어졌음을 의식'한다. 칼 부리는 재미가 점점 식어감을 느끼는 그는 드디어 칼을 버릴 결심을 하게 된다. 그러면서 그는 지내온 자기 발자국을 한데 묶어 놓기로 한다. 개수로 따져서 천을 헤아리는 인장을 연대순으로 배열하여 참지에 찍어나간다. 맨 나중에다 되돌려 받은 전황석 인장을 찍어 '전황당인보기'를 완성한다.

> 전황석 인장을 꺼내고 다시 본다.
>
> 돌에 묻어 있는 손때의 아운(雅韻)과 그 고졸(古拙)한 품에, 수하인의 손끝엔 새로운 흥분이 흘렀다…….
>
> ………….
>
> 어떤 것은 지나치게 청아(淸雅)한 선이 경한 것 같았고, 때로는 둔한 획이 마음에 들지 않는 것도 있었지만, 끝으로 전황석 한 방만은 수하

17 정한숙, 〈전황당인보기〉, 《묘안묘심》, 254쪽, 이하 작품 인용은 인용문 뒤에 쪽수만 표기함.

인으로서 나무랄 점이 없었다.(263-264쪽)

수하인에게 있어서 전황석 인장 한 방은 지금껏 고락을 같이 한 산홍의 '젊은 입김이 귓가에 아물거리는 것'같이 느끼게 해주는 것일 뿐만 아니라 '칼을 쥔 자기 손끝에도 옛 시절의 피가 다시금 흐르는 것' 같이 느끼도록 해주는 것이다. 또한 '가슴속엔, 새로운 싹이 돋아 오르는 것' 같은 기쁨과 지금까지 '살아온 보람'을 느끼게 해주는 의미를 지닌 것이었다.

이상의 작품 검토에서 알 수 있는 바와 같이, 전황석은 정신적인 가치와 금권지향적인 세속의 풍조를 가르는 잣대의 의미를 지니고 있는 것이다. 모든 인간관계를 돈으로 환산하려는 석운 및 그의 아내, 그리고 오준은 후자를 대변하는 인물이며, 수하인이나 산홍, 도장포 주인은 세상이 아무리 변해도 자신의 본래적 가치를 지니려고 하는 인물들이다. 작가는 이 양자를 선명히 대조시킴으로써, 본래의 가치를 잃어버리고 명리를 뒤쫓는 당시 세태의 혼란된 풍조의 한 단면을 드러내고 있다. 따라서 이 작품은 종래의 평가처럼, 전통문화에 대한 미학적 관심을 드러낸 작품이라거나, 사라져 가는 우정과 전통에 대한 애틋한 향수를 문제 삼은 작품이라기보다는 물질주의적 풍조의 만연으로 말미암아 전통적 가치가 설 자리를 잃어가는 시대상황의 한 단면을 제시하고자 한 작품으로 보는 것이 더 타당할 듯하다.

전통적인 가치를 고수하려는 정신주의자와 금권을 추구하는 물질주의자의 대비를 통해 시대의 변화상을 드러낸 작품이 〈전황당인보기〉라 한다면, 〈고가(古家)〉[18](1956)는 세대 간 혹은 신분 간의 갈등을 통해 시대의 변화상을 그리고 있는 작품이다. 이 작품은 단편적이면서도 한말에서부터 일제시대, 해방 직후, 6·25 전쟁 및 전후까지 이르는 한국의 근, 현대사의 전 기간을 시대적 배경으로 하고 있는 일종의 '가계형 가족사나 가족사 연대기'[19] 성격의 소설이다.

장동 김 씨 집안의 종손인 필재를 중심으로 작품의 전반부는 한말과 일제시대를 배경으로 주로 가족 구성원 간의 내재적인 갈등이 그려지고 있다. 갈등의 중요 양상은 두 측면으로 나누어 볼 수 있는데, 첫째는 세대 간의 갈등, 둘째는 신분 간의 갈등이다. 양반 가문의 전통을 고수하려는 조부와 시대의 변화를 적극적으로 수용하려는 숙부와의 대립이 전자의 경우이고, 종의 몸에서 태어난 조부의 서자 태식을 둘러싸고 벌어지는 조모와 조부의 대립의 후자의 경우이다.

종손인 필재에게 전래의 선비교육을 시키려는 조부의 명을 어기고 숙부는 필재의 길게 기른 머리를 잘라버리고, 그를 보통학교에 입학시킨다. 이 사건을 계기로 숙부는 집을 떠나게 되고, 조부는 화병으로 병석에 눕게 된다. 집을 떠난 숙부는 병에 걸려 객사하고, 숙모도 뒤따라 목을 매어 자살한다. 이어 조부도 세상을 하직한다. 집안의 두 기둥이던 숙부와 조부가 세상을 뜸에 따라 이제 필재는 실질적인 집안의 가장으로서, 지속되어 온 내재적인 갈등을 해결해야 하는 책임을 떠맡게 된 것이다. 이에 필재는 숙부의 가문의식과 숙부의 진취적인 생각을 조화시켜 해결하려 하지만 뜻대로 되지 않는다. 아직도 집안에 잔존하고 있는 봉건적 인습으로 인해 서자인 태식은 방탕한 생활에 빠져 있고, 8·15 해방 직후에는 급기야 좌익에 가담하게 된다.

---

18 정한숙, 〈고가〉, 《문학예술》 16호. 이하 작품 인용은 인용문 뒤에 쪽수만 표기함.

19 이재선, 앞의 책, 101쪽.

필재는 하인의 딸인 길녀에게 연정을 품지만 모친의 비위를 거스를 수가 없는 형편이다.

가문의 전통을 이어가면서도 새로운 수평적 인간관계를 세워보려는 필재의 개인적 노력에도 불구하고 가문에 온존하고 있는 수직적 질서는 좀처럼 깨지지 않는데, 이러한 신분관계가 급격한 변화를 일으키게 되는 것은 6·25 전쟁이 나고부터다. 작품의 후반부는 6·25 전쟁의 발발을 계기로 가족 내의 신분적 갈등의 중요 요인, 즉 적자와 서자의 관계, 주인과 노비와의 관계가 어떠한 변화를 일으키고 있는가를 보여주고 있다.

> 공산군 치하가 되자 이 김 씨 마을 사람들은 말이 아니었다.
>
> 재 너무 이 씨 마을 사람들한테 고갯짓도 못하게끔 눌려버리고 말았던 것이다.
>
> 이 씨 마을 청년들이 작당하여 두세 차례 와서 서울서 필재가 내려오지 않았는가고 묻고 돌아갔을 뿐 집에 틀어박힌 필재는 도무지 세상이 어떻게 되는질 알 수가 없었다…….
>
> 그동안 길녀는 부락 여성동맹이니 뭐니 하는 데로 불려다녔고 기껏 소식을 듣는대야 길녀를 통하여 듣는 종잡을 수 없는 소식들뿐이었다.
>
> 태식이가 골서 벼슬을 하고 우쭐거린다는 소식도 길녀가 알려 준 소식이었지만, 마을 청년들이 필재의 집을 좀 뒤져보고 싶어도 태식의 낯을 봐서 뒤지지 못한다는 소식도 길녀가 듣고 온 소식이었다.
>
> 길녀는 확실히 요즈음 언변도 늘었지만 가만히 보면 나다니는 일도 싫어하는 눈치가 아니었다.(78쪽)

이처럼 6·25를 계기로 내연하던 갈등은 격발적으로 노출되고 신분계층의 역전적인 수직이동 현상이 급격하게 이루어진다.[20] 필재와는 숙질간이지만 종의 자식이라 천인대접을 받고 살아온 태식은 공산주의자가 되어 집안의 오래된 나무를 베어버리는가 하면 큰할머니가 거처하던 사랑채에 불을 지른다. 종의 딸인 길녀는 여성동맹원으로 활동을 한다. 이들의 모든 행동은 바로 봉건적인 신분관계의 모순에서 비롯된 것이라 할 수 있다. 6·25는 이들에게서 이념이나 체제의 싸움이 아니라, 이들을 억압하던 봉건적 굴레와의 싸움이었던 것이다.

국군이 마을을 다시 탈환하게 되자 태식과 길녀는 인민군을 따라 입산하게 된다. 입산했던 길녀는 다시 하산하여 필재의 집 사우정 대들보에 목을 매어 자살을 한다. 연이어 어머니도 세상을 하직한다. 신분관계의 역전 현상은 진정되었다고는 하지만 잇단 가족의 죽음과 화재로 인해 조부가 그토록 지키려던 가문의 정통성은 상당 부분 훼손되었다. '서로 핥고 깎으려드는 그런 싸움'에 염증을 느낀 필재는 마침내 집을 떠나기로 결심한다.

> 종파(宗派)를 나누고 문중(門中)을 따지고, 모든 이 나라의 비극은 종가를 중심해서 버그러진 것 같았다. 그것을 뼈저리게 느낀 것이 필재자기요, 그 희생자가 태식이와 길녀인 것만 같았다.(83쪽)

결국 필재는 종친들의 만류에도 불구하고 '타다 남은 백여 칸의 집과 거기에 소속된 대지 등을 말짱스레 정리해 버릴' 결심을 한다. 종

20 위의 책, 102쪽.

가·종손제도로 대표되는 봉건적 권위와 질서가 전쟁을 계기로 하여 비극적인 결말을 맞게 된 것이다.

한 가문을 지탱해온 봉건적 삶의 질서와 가치체계가 격동의 근현대사 속에서 동요를 보이다가 드디어는 전쟁이라는 외적 충격으로 말미암아 결정적으로 해체되고 붕괴되는 과정을 그린 이 작품은 〈전황당인보기〉와는 다른 각도에서 당시 시대 변화의 한 양상을 제시하고자 한 작가적 관심의 결과라 하겠다.

4

이상에서 보아 온 것처럼 정한숙은 전쟁으로 인해 왜곡된 개인들의 참담한 삶, 그리고 사회구조나 가치관의 변화를 구체적으로 형상화함으로써 전후 현실의 부정적 측면을 보여주는 한편, 불합리한 현실을 극복하고자 하는 전망을 담은 작품을 발표했다. 불합리한 현실에 대한 극복의 가능성을 추구하는 작가정신은 정한숙 문학의 개성을 드러내주는 것이기도 한데, 이러한 경향의 대표적인 작품으로 꼽을 수 있는 것이 장편《끊어진 다리》[21](1963)이다. 이 작품은 60년대 초에 발표되었지만, 지금까지 논의해 온 정한숙의 '50년대 다른 작품들을 집대성[22]한 의미를 지니는 것이기 때문에 '50년대 소설의 연속선상에서 논의해도 별 무리는 없을 것 같다.

이 작품은 주인공 연이 현재의 시점에서 자신의 지나온 과거 삶의 역정을 더듬어보는 회고담 형식으로 되어 있다. 이 작품의 궁극적인 주제를 올바로 파악하기 위해서는 주인공 연이 현재 어떠한 현실적 상황에 놓여 있으며, 또 그 상황 하에서 어떠한 생각을 갖고 있는지를 먼저 살펴볼 필요가 있다. 주인공 연은 전쟁에 참전 중, 폭탄에 맞아 다리를 절단당한 불구의 몸이다. 그는 현재 몹쓸 병에 걸려 시력을 잃은 고향의 여자친구 미혜와 함께 부랑민들을 규합하여 해발 삼백여 미터에 위치한 고지대의 황무지를 개간하여 새로운 삶을 개척하고 있는 인물이다. 그런데 추위와 굶주림 등 모든 인재(人災)를 극복하고 세운 그들의 보금자리가 홍수로 인해 하루아침에 폐허로 돌아간다. 때마침 외국인들로 구성된 수해시찰단이 피해실태를 답사하러 연의 마을을 방문한다. 그때, 시찰단의 일원으로 온 모리스 선교사의 아들 존과 20년 만에 해후를 하게 된다. 존은 연의 아버지가 모시던 선교사 댁의 아들로 연과 동갑내기의 어릴 적 친구였다. 연은 존에게 현재의 고통이 단순히 천재에 의한 것이 아니라, 일제 식민지 시대와 민족상잔의 전쟁을 거쳐 온 우리나라의 비극적 현대사에서 연유한 것임을 이야기한다.

> 끊어져나간 다리…… 부러져 짤라버린 내 다리…… 그러나 우리들의 불편은 그런 다리뿐이 아니라 인위적으로 막혀버린 다리다…….
> (402쪽)

여기에서 이 작품의 제목인 '끊어진 다리'의 다중적 의미가 밝혀진다. 수해로 끊어져나간 마을의 다리는 일제의 수탈사를 상징하는 것이며, 연의 잘라져나간 다리는 전후의 피폐한 현실을, 그리고 인위적

---

21 정한숙, 《끊어진 다리》(을유문화사, 1963). 이하 작품 인용은 인용문 뒤에 쪽수만 표기함.

22 이주형, 앞의 책, 31쪽.

으로 막혀버린 다리는 남북 분단의 민족적 비극을 상징하는 것이다. 이러한 상황이 바로 연이 처해있는 현실인 것이다. 그러나 연은 이러한 역경을 극복하고자 하는 의지를 보인다. 그는 자신이 현재 갖고 있는 생각을 존에게 다음과 같이 피력한다.

> "존, 신경 없는 이 고무다리도, 보이지 않는 미혜의 눈도, 결국은 내 의지(意志)로써 볼 수도 있고 움직일 수 있는 것이야. 인간의 의지가 곧 운명이란 말이 있지 않나. 말하자면 운명이란 의지의 결정 같은 것이니까."(405쪽)

연은 또한 미국과의 관계도 원조국과 수혜국의 관계가 아니라, 수평적 관계로 재정립되어야 한다는 생각을 갖고 있다.

> ……자유와 평화를 자랑하는 너의 조국 아메리카의 진주군은 우리들을 이러한 현실 속에서 구원하기 위하여 그 많은 물자와 노력을 기울였다는 것을 나는 잘 알고 있다. 강냥 속과 돌뿌리의 비위생을 제거하기 위하여 전에 써보지 못하던 뒤지를 주었고, 칡뿌리와 송피를 씹던 입에 츄잉검과 쵸코레트를 주었고…….(217쪽)

> "아무리 많은 구제품과 레이숀빡스라 해도 헐벗음과 굶주림을 막을 순 없을 거야. 공연히 인심만 사납게 하기가 쉽지."(405-406쪽)

주어진 환경이 아무리 열악하더라도 자신의 운명은 자신이 개척해 나가야 한다는 것, 외부의 힘이 너무 거세어 자신의 정체성이 끊임없이 위협을 받고 훼손당해 왔다하더라도 결국 자신이 지니고 있는 본래의 정체성을 회복할 때라야 현실 극복의 가능성이 보인다는 것, 이것이 이 작품이 담고 있는 궁극적 주제라 할 수 있다. 또한 그것은 이 작품에서 작가가 나타내고자 한 전망 내지는 정신이기도 하다.

작가는 바로 이 점을 강조하기 위해 연으로 하여금 그의 지나온 성장과 정을 말하게 한 것이다. 다시 말하면, 이 작품이 회고담의 형식을 취한 것은 현재 연이 지니고 있는 현실극복 의지가 이러저러한 위기와 역경을 거친 후에 획득된 성격의 것임을 강조하기 위해서인 것이다. 그러면 연의 과거사는 어떠하며, 또 그는 어떤 인물인가? 작품의 대부분은 연의 성장과정에서 일어나는 일련의 사건들에 대한 회고담으로 이루어져 있다. 미국의 선교사 모리스 씨 댁의 하인이자 교회 종지기의 아들인 연은 어린 시절 한때 행복했던 시절도 있었지만 주로 번민과 고통의 나날을 보낸다. 그 이유는 그의 성장기가 일제 식민지 시대로부터 8·15 해방, 전쟁 및 전후시기에 이르는 격동의 시절이었기 때문이다. 그는 성장하면서 수많은 갈등과 혼란을 경험하고 수난을 당하는데, 이러한 그의 성장사를 단적으로 말한다면, 격동의 한국 현대사 속에서 '끊임없이 자기 본래의 정체성을 훼손당해 온 한 개인의 역사'라고 요약할 수 있다. 그런데 여기서 우리가 주목해야 할 것은 연이라는 한 개인의 성격에 관해서이다. 이 점과 관련하여 작가는 다음과 같이 말하고 있다.

> 해방 후 한국의 작가들은 그 어떤 인물을 묘사해 보거나 또는 새로운 인간형(人間型)의 창조에 부심(腐心)했다기보다는 거센 현실 속에 빠져 들어 현실을 생활하기에 바빴던 것 같다. 또한 이러한 작가들에게

독자들이 요구해 온 것도 묘사된 어떤 성격이거나 또는 새로 창조되는 인간상(人間像)이라기보다도 자신들이 처해 있는 사회적 현실에 민감해지려던 나머지 문학적 현실이 아닌 여실(如實)한 현실을 요구해 왔던 것 같다… 이제 혁명도 지나가고 사람들은 모든 악몽에서 깨어나 그런 몹쓸 꿈에 휩쓸려 들어가지 않기 위해 새로운 현대의 출현을 갈망하는 소리가 나날이 높아가고 있다. 새로운 세대를 담당할 새로운 인간형의 탐구야말로 오늘날의 작가들에게 부여된 영광된 의무가 아닐 수 없다.[23]

물론 작가의 이러한 말은 앞으로의 그의 창작방향을 밝히려는 데에 있지만, 이 작품을 발표한 시기와 거의 때를 같이 한 언급이라는 점에서, 연의 성격을 해명하는 데에도 유용한 암시를 받을 수 있으리라 생각된다. 한국적 인간상의 창조를 통해 새로운 시대상을 그리겠다는 작가의 의도를 염두에 두고, 자기 본래의 정체성을 끊임없이 훼손당해 온 연의 개인사나 현재 그가 처한 상황을 보면, 그는 '개인적이면서도 또한 사회적인 시대성을 띤 인물'[24]임을 알 수가 있다. 말하자면 작가는 우리 민족의 수난사를 연의 개인사를 통해 그려보여 주고자 한 것이다. 또한 우리가 앞에서 살펴보았듯이, 끊임없는 내우외환 속에서도 자기 본래의 정체성을 회복하고자 하는 의지의 인간상으로 주인공 연의 성격을 설정함으로써 불합리한 현실의 극복 가능성을 제시해주고 있다.

이 작품에서 작가가 제시하고 있는 현실극복의 논리가 '다소 소박

23 정한숙, 〈한국적 인간상의 창조〉, 《현대한국문학전집》 5(신구문화사, 1965), 485-486쪽.

한 수준에 머무는 경제갱생론'이며, 분단극복의 문제, 외세 및 주체성의 문제, 정치 사회적 정의실현의 문제에 대한 인식이 철저하게 추구되지 못했다는 한계[25]를 지적할 수 있기는 하지만, 그것은 또한 개인을 넘어서는 시대의 한계이기도 하다는 점에서, 이 작품은 '50년대 정한숙 문학의 성과를 발전적으로 집약해 보여준 것으로 평가할 수 있겠다.

5

이상으로 근 반세기에 걸쳐 있는 그의 작품 활동 기간 중 초반에 해당하는 '50년대 작품들을 개괄적으로 살펴보았다. 그는 이 시기에도 다양한 경향의 작품을 발표하여 그만의 작가적 특성을 보여주었지만, 그것은 주로 전쟁이 남긴 상처나 후유증의 심각성을 구체적으로 드러낸 작품, 전쟁으로 인한 사회구조나 가치관의 변화를 드러낸 작품으로 대별된다고 하겠다. 이러한 일련의 작품을 통하여 작가는 '50년대 현실에 내재한 불합리성, 불모성을 증언하고자 한 것이다.

정한숙은 '50년대의 이러한 성과를 바탕으로 현실극복의 의지를 담은 작품《끊어진 다리》를 발표함으로써, 현실의 부정적인 면만 제시하는 작가가 아니라 미래에 대한 긍정적인 전망도 제시하는 작가로서의 위치를 확고히 하였다. 정한숙은 이후에도 보다 성숙되고 균형 있는 안목으로 우리의 삶을 형상화하는 작품세계를 펼쳐나갔다.

---

24 위의 책, 484쪽.

25 이주형, 앞의 책, 39-42쪽.

결 고운 삼베, 혹은 무명 가닥

송하춘

1

사족(蛇足) 한 컷.

열 발가락 끝에 봉숭아꽃물을 들이고도 옛 조상님네 핑계를 대고 싶어 하던 사람. 어느 무더운 여름날. 그분이 근무하던 고려대학교 교양관에서다. 여름방학이었고, 방학을 이용하여 한바탕 소설 창작에 골몰하시던 그 무렵이었던가 본데, 잠깐 휴식을 취하느라고 그랬던지, 복도를 걸어 나오는 모습이 온통 무릎 정강이까지 바짓가랑이를 걷어 올리고, 맨발이었다. 놀라서 바라보니 맨바닥에 드러난 열 발가락 발톱이 봉숭아꽃물로 벌겋게 물들어 있었다. 그리고는 하시는 말씀이 또한 걸작이다.

— 이놈의 무좀 때문에. 그래서 말이야, 옛날 우리 조상들이 하필이면 왜 손가락 끝에 봉숭아꽃물을 들였겠는가를 생각해 봤더니, 이놈의 무좀 때문이었더라구. 손가락 사이에 봉숭아꽃잎을 싸매고 다닐

때는 다 그럴 만한 이유가 있었던 게 아니겠어?

그래서 우리 선생님도 발가락 끝에 봉숭아꽃잎을 싸매고 다니다 보니 빨갛게 봉숭아꽃물이 들었더라는 그 말이겠는데, 며칠 뒤에 보니 웬걸 무좀이 낫기는커녕 곰팡이가 덕지덕지한 무좀발을 그냥 끌고 나왔더라.

또 한 컷의 사족.

〈전황당인보기(田黃堂印譜記)〉가 한국일보 신춘문예에 당선되던 무렵이다. 그 전에 이미 〈흉가〉가《문예》지에 당선되었고, 이어서 〈아담의 행로〉, 〈배신〉 등을 잇달아 발표하던 그는 그때 서른두 살의 젊고 패기에 찬 유망주였다. 신문사에서 편집국장쯤 되는 이가 전화를 걸어 직접 만나 보기를 청하였다. 그는 약속 장소로 나갔다.

— 아니?

첫 대면을 하는 순간 그의 젊음은 어지간히도 상대방을 놀래켰던 모양이다.

— 실망하셨습니까?

— 연세가 지긋하신 줄 알았더니, 이렇게나 젊더란 말이오?

〈전황당인보기〉의 노숙함과 작가의 젊은 패기가 그렇게나 빗나갔던 모양이다. 작가와 작품의 거리가 그만큼 동떨어졌더라는 이야기다.

사족은 어차피 사족일 수밖에 없는 줄을 뻔히 알면서도, 내 지근(至近)에서 뵙던 단 한 분 선생님, 소설가 정한숙을 그릴 때만 나는 뱀의 몸뚱어리와 다리를 혼동하는 버릇이 있다.

발가락 끝에 봉숭아꽃물을 한 차례 들이더라도 그는 기어코 옛 조상들의 정서에 기대기를 좋아한다. 소년소녀들처럼, 그는 손가락 끝에 봉숭아꽃물을 들이고 싶도록 아기자기하다. 손가락 대신 발가락 끝을 물들이고 싶을 만큼 때때로 그는 엉뚱하기조차 하다. 그건 그렇다 치고라도 발가락 끝의 봉숭아꽃물이 옛 조상들의 무좀 치료법에가 닿을 때, 그의 발상법은 참으로 놀랍다. 엉뚱한 정도가 아니라 엄숙할 지경이다.

〈전황당인보기〉를 읽은 독자가 그를 아주 노숙한 중년으로 착각한 것도 그 때문이다. 이 소설은 원래 시속에 따라 변하는 오늘의 세태인심을 꼬집은 이야기다. 그럼에도 불구하고 이 소설이 고풍스런 옛 이야기처럼 읽히는 까닭은 그 발상법 자체가 옛 조상의 정서에 기대고 있기 때문이다.

정한숙은 전후 대표적인 신세대 작가 중의 한 사람이다. 그의 상황은 전후의 분단된 조국현실이었고, 산업사회로 치닫는 전환기였다. 따라서 그의 문학적 관심은 처음부터 남북분단의 비극적 현실과 산업화시대의 인간성 상실 혹은 소외라는 문제에 닿아 있었다. 다만 그것들이 옛 조상들의 정서 혹은 삶과 깊은 관계를 맺고 있다는 점이 다른 작가와 다를 뿐이다. 혹은 그것을 우리는 역사라고 말한다.

그의 현실은 언제나 역사적 현재라는 점이 특징이다. 그의 소설은 역사적으로 더듬어 내려온 현재이거나, 현재로부터 거슬러 올라가는 역사이지, 현재의 상황 그 자체는 아니다. 마찬가지로 과거의 역사 그 자체도 아니다. 역사와 현실을 맞물려 엮어낸 분단시대의 비극, 옛것과 오늘의 것을 대조시켜 엮어낸 산업화시대의 열망, 정한숙의 소설은 최소한 그 두 개의 올과 날로 엮어 짠 비단이거나 아니면 삼베 가닥임에 틀림없다.

그 가운데 〈고가(古家)〉, 〈도정(道程)〉, 《암흑의 계절》, 《끊어진 다리》, 〈닭장 관리〉, 〈성북구 성북동〉, 〈산동반점(山東飯店)〉은 전쟁체험을 통한 분단시대의 비극이고, 〈전황당인보기(田黃堂印譜記)〉, 〈백자도공 최술(白磁陶工崔述)〉, 〈금당벽화〉, 〈거문고 산조〉, 〈금어(金魚)〉는 전통적 예인의 예술적 고뇌를 통한 현대의 비극이다.

2

같은 논리로 《끊어진 다리》는 분단의 현실이자 불구의 역사라는 점에서 한국 현대사의 현장에 우뚝 서 있다. 이밖에 그는 단편 〈도정〉, 《애정지대(愛情地帶)》, 〈고가〉, 《암흑의 계절》 등을 통하여 민족과 개인이 불구가 되는 과정을 일관되게 그려왔다. 처음부터 그는 불구화된 인물을 제시하지 않는다. 그들은 하나같이 역사의 부침 속에서 불구화된 인물들이다. 그 불구화되는 과정이 정한숙의 소설이다.

〈도정〉의 황병수, 〈고가〉의 태식과 길녀, 《암흑의 계절》의 경옥은 모두 역사의 부침 속에 붕괴된 인물들이다. 황병수는 '뱃속에 똥만 가득 찬 모리 간상배'이다. 그는 역사의 격랑 속을 한없이 떠밀려 다니면서도 교활한 변신을 통하여 권력과 부를 누린다. 《끊어진 다리》의 '최상훈과 여두삼'도 같은 인물이다. 최상운은 '일제 앞잡이 – 깡패 우두머리 – 국회의원'으로 변신을 거듭하면서 온갖 패륜과 치부를 일삼는다. '여두삼'도 해방 전에는 친일 앞잡이로 거들먹거리다가 해방이 되자 애국연설을 하고 돌아다니는 정치 모리배가 되었다. 〈고가〉의 '태식과 길녀'도 교활한 변신을 모른다는 점에서 황병수류의 기회주의와 다르지만, 역사의 부침에 따라 함몰되기는 마찬가지다. '종의 자식이 세상에 났다가, 공산당을 하지 않으면 무엇을 하며 살겠느냐'던 태식의 신념도 부침하는 현대사의 한 단면이었다. 그들은 처음부터 불구화된 인물이 아니다. 모두가 역사의 부침 속에서 불구화된 인물들이다. 정한숙의 소설 속에는 그만큼의 역사가 들어있다.

그렇지만 그 역사가 곧 정한숙 소설의 전부는 아니다. 그의 소설이 역사소설 같으면서도 역사소설이 아닌 까닭은 그 때문이다. 정한숙의 역사는 언제나 그의 현실을 받쳐주는 밑그림일 뿐이다. 《끊어진 다리》의 6·25 뒤에는 반드시 '태평양 전쟁 – 8·15 해방'으로 이어지는 역사적 사건이 받쳐주고 있다. 그리고 그 안에서 '세찬 소용돌이 속을 헤어나지 못하고 휩쓸려 다녀야 했던 담수어(淡水魚)' 같은 사람들을 그는 주목한다. 이 '담수어 캐릭터'들은 다 같이 역사의 부침에 따라 굴절되고 불구화될 수밖에 없었다는 점에서 역사적 인물일 수밖에 없다. 그리고 그들은 우리 현대사의 울혈과 깊이 맞물려 있다는 점에서 또한 비극적이다.

〈고가〉의 6·25 뒤에는 조선시대 장동 김 씨 세도가로부터 일제시대, 해방기 좌우 대립으로 이어지는 오랜 역사가 밑그림을 그려주고 있다. 이토록 긴 역사 속의 '담수어 캐릭터'들을 현대사의 암각 속에 조명했을 때 제시되는 구원의 방식은 긍정적이다.

〈고가〉에서 종손(宗孫) 필재와 서삼촌 태식, 그리고 종의 딸 길녀와의 관계는 중층적이다. 그 사상적 갈등에 6·25라는 역사적 사건이 걸쳐 있고, 애정의 갈등에 적서(嫡庶)와 노비라는 신분제도가 얽혀 있다. 그런가 하면 '종의 자식이 세상에 났다가 공산당을 하지 않으면 무엇을 하며 살겠느냐'는 식의 태식의 관점에서 볼 때, 6·25는 신분제의 와해를 위한 전쟁이기도 하다.

관계가 중층적인 만큼 전란의 폐허 속을 헤쳐 나가는 방법도 여러 가지다. 태식과 길녀는 그 방법을 '공산당을 하는 것'에서 찾고 있었다. 그러나 필재의 방법은 다르다. 그는 6·25라는 역사적 소용돌이를 겪으면서, '어둠이 가시면 새 아침이 오듯이 종가도 종손도 허물어짐'으로써 진정한 새 역사가 창조된다는 인식에 이르게 된다.

고가의식(古家意識)의 청산, 그것은 '황병수 – 최상운 – 여두삼'과 같은 기회주의적 변신을 통해 생성된 '담수어 의식'의 청산이기도 하다. 결국 필재는 종친들의 간곡한 권유에도 불구하고 출마를 고사하고, 종가까지 팔아치울 결심을 하게 된다. 그렇지 않고는 '진정 길녀나 태식이나 자기 같은 사람이 행복하게 살 수 있는 날'이 오지 않는다고 믿기 때문이다. 그날은 종가와 종친과의 결별, 즉 고가의식과의 단절 행위를 통해서만 온다는 믿음, 그 믿음이 곧 작가의 역사인식이다. 정한숙 소설의 현실이 언제나 역사 속에서 파악될 수밖에 없었던 것은 바로 이 방법론에 문제를 제기하는 일이었다.

〈닭장 관리〉는 분단현실에 대한 또 다른 상징적 표현이다. 우화 형식을 빌린 이 소설도 일제강점기부터 6·25가 끝나고 남북 간의 이데올로기가 심화되는 시기의 역사적 부침기를 배경으로 하고 있다. 닭장과 닭은 분단된 조국과 민족에 대한 우화적 표현이다. 닭을 관리하는 관리인은 당연히 외세가 될 수밖에 없다. '우직하고 음흉한 관리인' 소련과, '능글맞은 관리인' 미국이 그 닭장을 위아래로 나누어 관리하고 있다. 물론 그 이전에는 '포악한 관리인' 일본이 관리하다가 패가망신은 물론이거니와 막대한 빚까지 짊어진 다음에 물러났다.

닭장 안의 몇몇 정치지도자들은 수탉이었다. 그 와중에 북쪽 닭장의 닭들이 남쪽 닭장으로 넘어와 한바탕 난리를 일으키다가 쫓겨 갔고(6·25동란), 그러자 그 가운데 '붉은 칠을 한 수탉'(박헌영) 한 마리는 북쪽 관리인에 의해 숙청되고 만다. 닭장이 위아래로 나뉠 수밖에 없었던 것은 '관리인의 상반된 이해관계' 때문이었다. 〈닭장 관리〉는 일제강점기로부터 6·25 동란에 이르는 부침기의 역사에 대한 해석이다. 그 해석을 그는 우화라는 방법으로 포장되기를 바랐고, 그 현실을 역사라는 밑그림으로 받쳐주었다.

〈닭장 관리〉는 처음부터 역사에 대한 상징이자 우화일 뿐 행동하는 인물이 없다. 인물 대신 전설 한 토막을 삽입한 점은 이 소설의 큰 특징이다.

> 나날이 불어만 가는 많은 닭 속에서 한 쌍의 학이 날아올라 그 학이 푸른 하늘빛을 받아 닭 모양을 한 한 쌍의 봉황새가 되어 다시 날아 내려 어둠이 깔리는 오동나무 가지에 앉아 울면 날은 새어 마을엔 새 아침이 온다고…… 터무니없는 소리 같지만 누구나 그것이 자기 소망이었던 까닭에 이 전설을 믿었다.
>
> —〈닭장 관리〉, 《현대문학》, 1963. 5, 128쪽

전설은 민중적 소망에 값하는 기능을 갖는다. 육사(陸史)의 〈청포도〉나 〈광야〉에서 민족의 소망을 읽듯 〈닭장 관리〉에서 우리는 작가의 비슷한 소망을 읽는다. 전설이 주저리주저리 열리는 마을에 '손님이 올' 것을 믿고, '백마 타고 올 초인'을 기다리던 육사처럼, 정한숙은 어둠이 내리 깔린 마을에 '봉황새가 날아 내릴' 것을 믿고 있다. 육사의 '손님과 초인'이 이번에는 '봉황새'로 바뀌었다. 육사의 '손님'이, 청포도처럼 주저리주저리 열리는 전설의 마을로 찾아오고, '초인'이 눈 내리고 매화향기 아득한 마을로 찾아오듯, 그의 '봉황새'는 어둠이

깔린 마을로 찾아올 것을 그는 희망한다. 그러나 지금 '봉황새'가 찾아올 마을은 일제강점기를 지나 동족상잔의 난리를 겪고 서로 마음을 단절하고 사는 시기의 한반도이다. 다만 '누구나 그것이 자기 소망이었던 까닭'에 터무니없는 소리 같지만 이 전설을 믿는다고 그는 말한다.

〈성북구 성북동〉에서도 정한숙의 이와 같은 믿음은 나타난다. 주인공 '나'는 일제강점기와 6·25를 '낙후된 현대 문화의 뒷전에 앉아 병들기 시작한 지 이미 오랜' 성북구 성북동에서 나고 자란 토박이다. 토박이들은 사회적으로나 역사적으로 그다지 중요한 존재도 아니었으며, 오히려 상처받은 역사적 고통 속에서 신음하는 인물들이다.

전후 세대의 피해의식과 산업화 시대의 소외의식은 이런 데서도 엿보인다. 토박이들이 모여 살던 성북구 성북동은 이제 역사적 공간이 되어 소외된 지 오래다. 그것은 '하루살이와 모기와 불나방들의 성충이 우글거리는' 절망의 공간이다. 성북구 성북동은 이제 '의족(義足) 부대와 정치인과 목사'와 같은 불나방들이 소외된 이방인인 토박이들과 뒤섞여 '어두운 밤'만 계속 이어갈 뿐이다. 일제강점기가 지나고 전쟁이 끝나도 암울한 역사적 현실은 계속 이어지고, 그 역사적 부침 속에서 성북동 토박이들은 '생명을 잃었고 재산을 잃었고 형제를 잃었고 믿음'을 잃었다. 그들에게 남은 것이라고는 이제 '알몸' 하나뿐이다. 주인공 '나'가 60고개를 넘어선 오늘도 성북구 성북동은 여전히 '시간과 공간을 초월한 18세기 로빈슨 크루소가 표류했던 무인도에 표박한 것 같은 불안을 안고 별이 보이지 않는 하늘'을 떠받고 있다.

'별이 보이지 않는 하늘 – 어두운 밤'은 한반도 상황에 대한 상징적 표현이다. 하루살이와 모기와 불나방이 우글거리는 절망적인 현실,

새로운 역사에 대한 전망이 부재하고 오직 생존을 위한 악다구니만 존재하는 현실, 그곳을 그는 성북구 성북동으로 규정한다.

3

전쟁체험 소설 외에 전통적 예인의 예술적 고뇌를 다룬 작품에서도 정한숙의 중층적 발상법은 비슷하게 나타난다. 전후사회의 비극적 현실을 역사적으로 조명하듯, 그것들은 산업화 시대의 또 다른 비극적인 문제들을 전통적 예인의 정서와 대조시켜 엮어내고 있다.

〈전황당인보기〉에서 그는 물질적 욕망에 눈이 어두운 시속의 인심에 착안한다. 그것은 정신적 가치를 상실한 산업화 시대의 또 다른 비극이다. 이런 비극을 일깨우는 데에 그는 전통적 예인의 예술적 고뇌를 대조시키는 것이다. 그의 현실은 지금 예술적 가치를 지닌 전황석이 한낱 쓸모없는 돌멩이로밖에 여겨지지 않는 가치 상실의 시대다. 이런 물질만능시대의 전도된 가치를 일깨우면서 그는 옛 조상들의 정서에 기대기를 좋아한다. 그의 소설이 가치상실의 현재가 아니라, 옛 전황석의 시대로 착각되곤 하는 이유가 거기 있다.

〈전황당인보기〉는 수하인 강명진과 평소 문방사우(文房四友)를 가까이 하며 이십여 년 간을 벗으로 지내던 석운이 관직에 오르는 현재 물질문명시대의 현장으로부터 시작된다. 수하인 강명진은 평생을 서화와 전각 속에서만 묻혀 지내온 전통적인 예인이다. 관직에 올라 현대 물질문명 사회의 현장으로 돌입하는 석운과, 그대로 전통적인 예인의 자리에 남게 되는 수하인과의 대조는 전환기 시대의 가치 대립을 의미한다.

수하인 강명진은 관직에 오르는 친구를 위하여 전황석 인장을 선물하기로 한다. 그러나 수하인의 깊은 뜻은 곧 거절당하고, 석운은 이제 야인시절 문방사우를 벗 삼아 국화주 부일배로 한담소일하던 선비가 아니었다. 수하인에게는 그토록 소중하기만 하던 전황석도 석운에게는 한낱 쓸모없는 돌멩이에 지나지 않는다.

오늘을 살아가는 현대인을 중심으로 시속에 민감한 인물과 낙후된 인물을 대조시킨 점은 역사에 기대어 현실을 그리던 그의 중층적 발상법과 일치한다. 그는 오늘의 타락한 인심을 꼬집으면서 옛 조상들의 정서를 갖다 대고 싶어 한다. 석운에게 수하인의 세계란 이제 '도저히 돌아갈 수도 없고, 돌아가면 안 될' 그런 '낡은 세계'지만, 우리에게 석운은 어느덧 세속과 타락의 인물일 수밖에 없다. 그런가 하면 수하인은 탈속과 고결의 인물이 되는 것이다. 수하인에게 전황석 인장은 '아(雅)하고 담(淡)한 것'으로, 그것은 수하인의 '절정에 이른 품(品)이요 지(志)'이지만, 석운에게 그것은 한낱 돌멩이에 지나지 않는다. 산업화 시대의 타락한 인간성에 대한 고발일 수도 있는 이 소설이 정서적인 예술소설로 승화될 수 있었던 것은 오로지 그것들을 전황석 인장의 '아운(雅韻)과 그 고졸(古拙)한 품'이라는 옛 정서로 감쌌기 때문이다.

〈거문고 산조〉도 오늘의 세태를 옛 정서로 감싼 점에서 〈전황당인보기〉와 다르지 않다. 전황석과 거문고는 다 같이 옛 정취를 지니고 퇴영적인 오늘을 살 수밖에 없는 가치전도의 유물들이다. 그 옛 정취를 이어 사는 수하인과 강월여사가 또한 현대의 그늘에 가린 불행이라는 점에서 유사한 인물이다. 강월여사는 '기울어져 가는 낡은 기와집 안방'에 앉아서 거문고를 고르고 있는 중이다. 옷차림새도 '흰 모시 치마 저고리'이다.

그러나 대청에 앉아 있는 문하생들은 '강월여사의 옷차림새와는 거리가 멀다. 그들은 정강이가 보이는 미니스커트에 머리는 단발도 아닌 머슴애들 머리모양 깎아 올렸는가 하면 기를 대로 길러 풀어헤친' 현대판이다. 이런 현대판 여성들은 몰지각한 옛 정서라는 점에서 석운과 같은 인물에 비유될 만하다. 동일선상의 현실 속에 과거와 현재가 공존하는 정한숙의 소설은 이 점에서 새로운 것과 옛것이 교차하는 지점인 동시에 혼재된 가치의 현장이기도 하다.

강월여사는 그동안 수많은 제자를 길러냈다. 그러나 그들은 한결같이 '이해타산이 어찌나 빠른지 얕은 재주를 들고 돈'을 찾는다. 그들은 거문고의 줄도 제대로 갈라 짚지 못하면서 무대에 나서기를 꺼려하지 않는다. 그들은 손끝이 수없이 곪아 터지고 목이 터지는 고통스러운 수련을 하려 들지도 않는다. 그들에게 거문고와 창은 오직 돈과 명리의 수단으로 전락한 지 오래다. 그 때문에 강월여사는 섣불리 제자들을 무대에 세울 수가 없는데, 그런 강월여사를 또 세상은 '젊은 사람들의 길을 열어주려 하지 않고 오히려 막으려 든다'고 비난한다. 참다운 예인으로서 오늘을 살기가 그만큼 지난하거니와, 시속에 민감한 오늘의 세태가 그만큼 혼탁함을 동시에 말하는 수법이다.

〈백자도공 최술〉은 이런 옛 정서와 현실의 간극을 훨씬 예술적으로 승화시킨 작품이다. 주인공 '최술'은 '고려 사람은 푸른 하늘의 아름다움은 느꼈어도 흰 구름의 빛남은 알 수 없었다'는 데 착안하고 그 흰빛을 재생하고자 하는 데서부터 예술적 고뇌가 시작된다. 동료 도공들에게 시기의 대상이 되어 뭇매를 맞아가면서도 최술은 이 창조적 열정을 포기하지 않는다. 태토를 주무를 때마다 꿈틀거리는 '흰 구름'에 대한 인식이 바로 그의 예술적 고뇌의 요체가 된다.

> 그를 희롱하던 사기장이들은 물론 사옹원에서 내려왔던 관원의 일행도 가마에서 꺼낸 기물들을 보고 놀랐다. 소박하고 묵직하면서도 그것은 태가 있었고 격이 흘렀다. 잡부들에 의해 하나하나 꺼내는 기물들을 바라보고 있는 최술의 표정은 무엇인지 모르게 흡족 못 했다. 그러나 그의 가슴속엔 지금까지 느껴보지 못했던 희열이 스쳐 흘렀다. 같은 흰빛이면서 청백(靑白)과 황백(黃白)과 담백(淡白)의 그릇이 구름이 흘러가는 가마 속에서 나왔다.
>
> ―〈백자도공 최술〉, 《현대문학》, 1969. 12, 530쪽

최술은 '흰 구름의 빛남'을 구현하고 싶었던 것이다. 이는 고려청자의 단순한 재생이 아니다. 고려청자의 '푸른 빛'에 이조백자의 '청백(靑白)과 황백(黃白)과 담백(淡白)'을 더하려는 것이다. '푸른 하늘 위의 흰 구름'은 최술의 예술적 정취다. 푸른 하늘만 있어도 안 되고, 흰 구름만 있어도 안 된다. 완전한 아름다움이란 푸른 하늘과 흰 구름이 조화를 이룬 상태여야 한다. 고려 사람들은 푸른 하늘의 아름다움은 느꼈어도 흰 구름의 빛남은 알지 못하였다. 여기에 흰 구름의 아름다움을 발견한 것이 조선시대의 백성들이다. 그것은 오로지 고려청자에 대한 비판적 인식과 준엄한 자기혁명을 통해서만 획득될 수 있는 것이었다. '인간은 하늘의 섭리에 그 목숨을 걸고 살아가는 것이다. 하늘의 섭리를 지배하는 것은 푸른 하늘이 아니라 흰 구름이다'라는 비판적 인식이 그것이다.

〈전황당인보기〉, 〈거문고 산조〉, 〈백자도공 최술〉이 예술과 현실 사

이의 간극을 딛고 예술적 성취에 이르는 과정을 그린 작품이라면, 〈금당벽화〉, 〈금어〉는 〈백자도공 최술〉과는 달리 '현실'의 문맥이 약화되기보다는, 오히려 '현실'의 문맥이 '역사적 현실'로 확장되는 작품이다. 즉 역사적 현실이 개입되어 예술적 정열과 충돌된다.

〈금당벽화〉의 담징은 붓을 들고 벽면을 향할 때마다 열반의 환상이 아닌 피비린내 풍기는 조국의 현실이 떠오른다. 염불을 하면 할수록 꼬리를 물고 일어나는 잡념 또한 누를 길이 없다. 담징은 불승과 화공, 그 어느 하나에도 마음을 열어놓을 수가 없는 상태가 된다.

담징은 마침 수양제의 이백만 대군이 을지문덕 장군의 고구려 병사에게 패주하였다는 소식을 접하게 되고, 그로부터 그의 죄책감과 번뇌는 사라진다. 살생의 피비린내가 사라지자 가슴에 희열이 북받쳐 오르고, 그것은 어느새 예술적 정열로 이어진다. 담징은 마침내 '속세에 대한 마지막 미련인 듯 그 미간에 일점(一點)을 찍어' 지상열반의 세계를 구현한 벽화를 완성한다.

그의 예술가적 인물들도 어느덧 개인적 차원의 정서를 넘어 시대와 민족적 인물이 되어간 것이다. '조국의 승전의 쾌보를 받지 못했던들 금당벽화는 한낱 승 담징의 관념의 표백에 그쳤을 것'이라는 〈금당벽화〉의 진술은 '그것이 개인적이면서도 또한 사회적인 시대성(時代性)을 띤 인물'이어야 한다는 평소 작가의 믿음에 대한 약속 이행이었다.

예술가의 창조적 열정이 역사적 현실, 곧 시대의 현실과 무관하지 않다는 생각은 정한숙의 일관된 믿음이었다. 정한숙의 이러한 믿음은 〈금어〉에서도 그대로 나타난다. 나당연합군에 장렬하게 전사한 장군과 동료들의 넋을 위로하고 그들의 극락행을 축복하기 위해 삼존천불상을 새긴 석공 임실이나, 6·25 전란 중에 전사한 약혼자 김동성의 넋을 위로하기 위해 탱화에 착수하는 아심 스님의 예술적 열정은 모두 전란이라는 역사적 현실이 창작의 계기가 된다. 또한 〈금어〉의 액자 속의 주인공 임실과 액자 밖의 주인공 아심 스님이 전란이라는 역사적 현실이 야기한 상흔을 예술의 경지로 승화시키는 데에 있어서 그 매개가 되는 것이 종교적 법열이었다는 점에서도 이 작품은 〈금당벽화〉와 같은 계열이다. 결국 〈금당벽화〉의 '담징'이나 〈금어〉의 '임실과 아심 스님'은 모두 '주인공은 시대성을 띤 인물'이어야 한다는 작가의 믿음을 구현한 인물들이다. 또한 그들은 모두 예술과 현실의 간극을 이기고 예술적 승화의 경지에 이르는 예인들이라는 점에서 예술과 현실과 종교가 서로 분리될 수 없다는 작가의 소설미학을 구체화한 인물들이기도 하다.

4

이 밖에도 정한숙의 문학적 관심은 다양하다. 다양한 관심이란 결국 현대인의 다양한 삶에 그의 관심이 걸쳐 있음을 의미하는데, 그리고도 그의 시선이 긍정적이라는 점에서 하나로 압축된다.

첫 창작집 《묘안묘심(猫眼猫心)》에서부터 '술'은 현대인의 황폐한 삶을 야기하는 상징물이다. 술 때문에 부부관계가 파탄지경에 이르고, 또 그 술 때문에 정신적으로 황폐해진다. 그것은 현대인의 불안한 모습에 대한 상징적 표현이다. 이런 현대인의 황폐한 내면풍경은 〈낙산방춘사(駱山房椿事)〉, 〈평창군수〉, 〈맥주홀 OB키〉에서도 지속적으로 나타난다. 밤마다 꿈에 부친을 죽인 사형수가 나타나 괴로움을 겪고 있던 판사 '원구'가 결국 사형수 노이로제를 이기지 못하여 자기집 이층에서 떨어져 죽게 되는 〈낙산방춘사〉, 한 지방도시의 세 인물이 보이는 치기를 그린 〈평창군수〉, 술집 아가씨들과 술손님들의 황폐한 생활과 내면을 그린 〈맥주홀 OB키〉는 모두 황폐한 현대의 모습이다.

〈안개거리〉에서 자살을 꿈꾸는 소녀와, 낙태 문제로 고민하는 가톨릭 신자 중년부인, 74세의 노인과 재혼하고도 밤마다 불륜을 저지르는 여자는 현대인에 대한 작가의 절망적인 인식이다. 구제되어야 하지만 구제될 길이 없는 '박제(剝製)로 된 표본'이다.

그런가 하면 〈첫사랑〉, 〈해후〉, 〈황혼〉, 〈새끼고무나무〉는 인간의 '사랑'에 의미를 부여한 작품들이다. 처녀시절 교회에서 만난 '유동춘'과의 사랑을 잊지 못하고 홀로 술집을 경영하며 살아가고 있는 '혜자'의 지순한 사랑을 그린 〈첫사랑〉, 남녀의 만남과 헤어짐이 과연 인간에게 어떤 의미로 다가오는 것인가에 대한 천착이 돋보이는 〈해후〉, 30년 전의 기생 '금홍'과의 사랑을 잊지 못하고 있는 퇴임 공무원의 쓸쓸한 노년의 사랑을 그린 〈황혼〉 등은 모두 남녀의 '만남 – 헤어짐 – 기다림'의 구조와 담담한 문체를 통해 사랑의 의미를 묻고 있는 작품들이다.

이 밖에도 정한숙의 소설은 끊임없이 인간의 좌절과 사랑을 그려낸다. 〈새벽 소묘〉에 오면 불량식품에 관한 기사 때문에 배달을 거절당하는 신문배달부와 우유배달부의 좌절이 보이고, 죽은 남편의 유품을 정리하다 본 남편의 일기 때문에 돌이킬 수 없는 회한과 질투의 감정에 사로잡힌 여자의 얼굴도 보인다. 〈석등기(石燈記)〉에서는 주인공 '강완'이 집터를 장만하고 정원을 만드는 과정과 함께 권력과 부를 동원하여 자신의 집을 매입하려는 송의원에 결연히 대응하는 의지적 인간의 모습도 보인다. 〈대학로 축제〉에 오면 이제 '유동춘 – 송의원 – 바람난 젊은 재혼녀'와 같은 썩어 문드러진 어른들의 모습이 아니라, '동민 – 인묵'과 같은 문제 청소년의 모습이 보이기 시작한다.

정한숙의 소설에서는 이렇게 수많은 인간 군상들이 '부패와 정화'를 반복한다. 그리고 그 '부패와 정화'의 반복을 통해 그들은 마치 〈IYEU도(島)〉의 '나'와 '순복'과 '상운'이 바다와 역사에 갇혔다 풀려나듯 정한숙의 그물에 갇혔다, 다시 풀려난다.

> 그 후 나는 군대 생활을 비롯하여 내가 살아가는 데에 있어서 그때처럼 헤어날 수 없는 절망 속에 빠진 채 자신을 버리다시피 한 적은 없었다. 그러나 그러한 절망 속에서도 한 가닥의 희망을 가진 것은 마을로부터 반드시 어선들이 나오리라는 가냘픈 생각을 잊지 않았던 것이다.
>
> —정한숙, 〈IYEU도〉, 《자유문학》, 1960. 12, 24쪽

정한숙의 그물이란 다름 아닌 '인간에 대한 믿음'이다. 〈IYEU도〉의 '나'가 난파라는 절망적인 상황에서도 희망을 잃지 않았던 것은 '마을'에 대한 믿음 때문이었다. 그 마을은 '사람들의 집합'이었다. 그 마을에 대한 믿음이 곧 '사람들의 집합'에 대한 믿음이었고, 사람들의 집합은 다름 아닌 '역사'였다. '역사에 대한 믿음'이란 다름 아닌 '인간에 대한 믿음'이다.

이상, 정한숙의 소설에 나타난 가장 큰 특징 가운데 하나는 역사와 현실의 간극이라는 시간의 문제였다. 그는 언제나 현재적 공간을 다

루면서도 과거의 시간으로 돌아간다. 그의 현실은 과거라는 시간의 연장선상에 놓여 있으며, 그러면서도 그의 과거는 현실의 밑그림이 되어 준다. 그것들은 역사소설이 아니면서도 역사를 다룬 소설처럼 보인다. 그의 소설은 언제나 역사라는 보자기로 포장되어 있으며, 역사의 무게만큼이나 그의 소설은 중후함을 더한다. 보자기 속을 들여다보면 그 안에 오늘의 현실이 들어있고, 그 현실은 작가의 예리한 비판과 부정임에 틀림없는데, 왠지 역사라는 보자기로 포장되기만 하면 그것들은 다시 긍정적인 옹호를 받게 된다. 정한숙의 소설에서 역사가 중요하게 다루어지는 이유가 거기 있다. 인간과 역사, 정한숙의 소설은 아무래도 그 올과 날로 엮어 짜낸 결 고운 삼베이거나, 아니면 무명 조각이라도 좋다.

예술가 소설과 인간상(人間像)의 탐구
정한숙론

최동호

1

일오(一悟) 정한숙(鄭漢淑,1922-)은 〈흉가(凶家)〉를 《예술조선》(1948)에 발표한 이후 40여 년이 지난 80년대에 이르기까지 왕성한 창작활동을 해온 현역 작가이다. 그러나 그의 작품에 대한 포괄적인 고찰은 산발적으로 있었지만 그가 추구하고자 하는 소설적 세계를 집약적으로 밝히려는 접근이 드물었던 것이 사실이다. 편의상 그의 소설을 다음 몇 가지로 나누어 볼 수 있다. 혼란된 시대에 가능한 윤리의 추구와 현대인이 지닌 분열된 의식의 묘사, 그리고 예술인의 수련 과정을 통해 전통적 예인의 창조적 가치의 조명, 마지막으로 지나간 시대의 인물에 대한 현대적인 의미부여 등 세 가지 흐름으로 가름할 수 있을 것이다. 그가 비록 다양한 제재와 기법을 사용했다 하더라도, 특히 이러한 주제의 유형화를 통해서 우리는 어떤 일관된 작가의식을 조망할 필요가 있을 것이다. 위에서 예거한 흐름 중 세 번째 거론한 예술인의 수련과 창조적 가치의 조명은 문학이 예술이란 점에서 그가 여러 갈래의 소설들에서 펼치고 있는 다양한 세계를 투시할 수 있는 작가 의식의 중심적인 의미망이 될 수 있을 것이다.

이런 관점에서 그의 작품 중 관심의 대상이 될 수 있는 것으로 대략 다음 다섯 작품을 들 수 있을 것이다. 〈전황당인보기(田黃當印譜記)〉(한국일보, 1955.1), 〈금당벽화(金堂壁畫)〉(사상계, 1955.7), 〈백자도공최술(白磁陶工崔述)〉(현대문학, 1969.12), 〈거문고 산조(散調)〉(현대문학, 1970.10) 그리고 〈금어(金魚)〉(지성, 1971.11) 등이 그러한 작품들이다. 이상의 소설들은 예술인들의 창조과정을 소재로 취급하고 있을 뿐만 아니라 그의 작품 전체가 지향하는 다층적 의미망이 궁극적으로는 일정한 흐름을 형성하면서 전개되어 나가고 있음을 보여주는 예가 될 것이다.

필자는 위에 거론한 일련의 소설들을 일종의 예술가 소설(novel of artist)이라 부르고자 한다. 댄지거(M. K. Danziger)는 《문학비평 입문(An Introduction to Literary Criticism)》에서 조이스의 〈젊은 예술가의 초상〉, 토마스 만의 〈파우스트 박사〉, 모음의 〈달과 육펜스〉 등을 예로 들면서 교양소설(敎養小說, Bildung roman)과 유사한 또 하나의 범주로서 예술가 소설을 설정하였다. 예술가를 소설의 주인공으로 내세운 예를 우리는 김동인(金東仁)의 〈광염(狂炎)소나타〉(1930), 〈광화사(狂畵師)〉(1985) 등에서 찾을 수 있는데, 예술가의 광기와 천재성을 극단적으로 다루었다는 점에서 우리는 김동인의 소설가적 개성을 엿볼 수 있다.

정한숙이 그의 예술가 소설에서 추구한 것은 일차적으로 인간적인 삶과 예술의 창조 사이에 놓여져 있는 예술가적 고뇌이며 여기서 한 걸음 나아가 개인과 국가의 문제까지 포괄하는 비판적인 시대 인식의 드러냄이다. 그의 작품을 추진시키는 동력은 세속적인 삶을 극복하려는 예술가적 열정이다. 이로 인하여 예술의 수련이나 창조적 과정에 긍정적 의미가 부여되며, 그가 형상화한 독자적인 인물도 창조된다고 하겠다. 그의 특징적 일면은 예술 그 자체에만 탐닉하지 않는데 있다. 민족이나 국가와 같은 보다 큰 단위의 삶에 예술이 긍정적으로 기여할 수 있는 것이어야 한다는 작가 의식이 그의 작품 속에 숨쉬고 있다는 사실을 우리는 그의 예술가 소설을 통하여 접할 수 있을 것이다.

2

〈전황당인보기〉는 주인공 수하인(水河人) 강명진(姜明振)이 벼슬한 옛 친구 석운(石雲) 이경수(李慶秀)에게 정표로 주려고 하였던 전황석 인장을 매개로 전개된다. 야인 시절 수하인과 더불어 문방사우(文房四友)를 가까이 하던 석운이 벼슬을 한 다음 세속적인 명리에 이끌려 친구의 정리를 저버리게 된다는 줄거리를 바탕으로 한 이 소설에서 부각되는 것은 세속적인 것과 인간적인 것의 대립이다.

정리의 표현으로 실용성은 물론 아취도 있는 인장을 택하는 것부터 수하인의 선물은 세속적인 물품과 다르다. 게다가 희귀한 석재인 전황석을 잡상인들이 벌여놓은 쇠붙이 속에서 발견하였을 때 수하인이 느낀 기쁨은, 자신이 마음으로 선물하려던 바로 그런 물건을 얻게 되어 갖는 순수한 만족감의 표현이다. 오십 평생을 시속에 물들지 않고 살아온 수하인은 금값의 열 배가 넘는다는 전황석에 손수 인장을 새겨 친구에게 정표로 주려고 했던 것이다.

그가 정성을 기울여 도장을 새기며, 기쁨에 침잠하는 것은 그 나름의 멋이며 흥의 세계이다. 서화의 즐거움 속에서 오직 의리와 인정으로 살아온 수하인에게는 이 기쁨이야말로 예술인이 지니는 무상의 즐거움이라 하겠다.

그러나, 이 작품을 끌어가는 중심적인 갈등은 수하인의 즐거움이 즐거움으로 끝날 수 없다는 점에 있다. 수하인이 단순히 정표로 가지고 간 선물을 석운의 부인은 무슨 거북한 부탁을 하기 위해 가지고 온 뇌물로 받아들인다.

"내 석운에 대한 정표니, 웃고 받으시라고 전해 주시우."

"서로 이럴 세가 아니실 텐데, 무슨 말씀이 없으실까요?"

"무슨 말씀이 있겠어요? 친구가 선사하는 것인데…… 별 게 아닙니다."

별것이 아니라면서도 얌전하게 싼 것이 석운의 아내 맘을 끌었다.

무엇이냐고 덤벼드는 큰 것과 작은 것을 물리치고 잠자리에 누워 풀어본 석운의 아내는 기대했던 바와는 딴판인 물건에 놀랐다.

빈궁했던 시절에 남편과 절친했던 옛 친구가 오랜만에 찾아온 것을 무슨 청탁이나 하러 온 것으로 석운의 부인이 판단하는 것도 문제이려니와 수하인의 선물이 세속적인 금붙이가 아닐까 하고 은근히 기대했다가 실망하는 그녀의 심리적 반작용은 이 작품의 등장인물들이 빚는 첫 번째 갈등이다. 이 내적 충돌을 발판으로 수하인의 선물은 당사자인 석운에게도 달갑게 여겨지지 않는다. 수하인의 선물에 대해 석운의 부인이 가졌던 실망감은 은연중에 불쾌감으로 변하고, 이 부인의 불쾌감이 석운에게까지 번져나가 전황석 인장은 볼품없이 눈에 들지 않는 선물로 변해 버린다.

부인의 이러한 심리적 반발로 인하여 내키지 않은 마음으로 인장을 들고 나온 석운이 벼슬한 이후 자신의 안팎살림을 돌봐주는 친구인 오준(吳俊)에게 그 인장을 내주었을 때 다음의 대화와 같이 그들은 하나의 일치점에 도달한다.

> "글세, 무슨 돌이든 간에 돌이야 돌이겠지, 금이 될 수 있겠소? 값이라면 새긴 정성이겠지요……"
>
> "돌이야 좋은 것이라면 몰라도 도장이야 어디 쓸모가 있어요?"

인장을 새긴 석재가 얼마나 귀한 것인가를 그들이 모르는 것은 어느 면에서 당연한 일이겠지만, 이 작품의 중심 줄기가 되는 것은 "새긴 정성"까지도 쓸모가 없는 것으로 평가되어 결국에는 인장이 도장포에 싼 값으로 넘어가게 된다는 사실이다. 세속적인 가치기준으로 다루어질 수 없는 것이 인간의 우정일 터인데, 이 작품의 구성은 그 우정이 상대방으로부터 철저히 배격당하면 당할수록 탄력적으로 전개되어 내재적 갈등을 드러내도록 짜여져 있는 것이다. 석운과 오준 사이에 오고 가는 청탁과 거래는, 야인 시절 석운이 수하인에게 배워 가까이 접하게 되었던 세속적인 명리를 초월한 서화의 세계와 날카로운 대립을 이룬다.

오준은 석운에게서 인장을 받아 들고 결재 도장을 새로이 새기기 위해 도장포로 나간다. 도장포에서 수하인이 새겨온 인장을 헐값에 넘기고, 새 도장을 새기기 위해서다. 이 도장포의 주인은 서법(書法)과

도법(刀法)은 물론 돌을 다루는 솜씨까지 수하인에게서 배운 그의 제자로서 전황석 인장의 글씨가 수하인의 솜씨임을 알아차리고 내심으로 크게 놀란다. 도장포 젊은 주인 자신도 그 인장의 석재가 무엇인지 알지 못할 처음 보는 귀한 것이기도 했다. 도장포 주인에 의해 다시 돌아온 인장을 받아든 수하인은 버릴 수 없는 친구에게 버림 받은 듯싶어 한없는 섭섭함을 느낀다.

젊은 친구는, 오준이라는 작자가 그 도장을 갖고 와서 결재 도장으로선 어울리지 않는다고 하던 말에서부터 낱낱이 일러바쳤다.

"자네 복일세…… 술을 좀 하련가?"

조용히 묻고 난 수하인은 술상을 청했다.

술을 들면서도 아무런 말이 없는 것이 마음의 동요를 누르려고 애쓰는 것같이 보여 젊은 주인은 오히려 미안스러웠다.

"그것이 전황석일세, 자네 처음이지?"

"네?"

젊은 주인은 정황석이라는 말에 주기가 훅 위로 오르는 것 같았다.

"원정 민영익씨가 쓰던 인장이지…… 그것이 어쩌다 거부 이모가 갖고 있던 것을 우연스레 구했기에, 석운이 벼슬을 했어도 선사할 것이 있어야지. 그래 보냈더니 마음에 들지 않았던 모양이구만. 자네 손에 들어갔으니 이제야 제값을 불러줄 사람을 찾은 셈일세."

수하인은 전황석에 훨씬 못 미치는 계혈석 도장을 새겨 주는 대가로 전황석 인장을 도장포 주인의 권유로 억지로 돌려받는다. 허무한 인정에 실망했음인지 전황석을 새기던 그의 솜씨는 어디로 가고 계혈석을 다듬어 포자(布子)를 쓰는 그의 글자는 자꾸 흐트러지기만 한다. 수하인이 마음속에서 느끼는 허무함이란 결코 쉽게 지울 수 없을 것이다. 그러나 그가 전황석 인장을 다시 꺼내어 볼 때, 돌에 묻어 있는 손때의 아운(雅韻)과 그 고졸(古拙)한 품에, 수하인은 손끝에 새로운 흥분을 스스로 느낀다. 그가 참지를 접어 한 권의 책을 만들어 천을 헤아리는 인장을 연대순으로 배열하고, 전황석 인장 한 방을 마지막 찍은 다음 그 표지를 '田黃當印譜'라 했을 때 그는 자기가 살아온 삶의 보람을 처음 느낀다. 세속엔 배신당했지만, 자기 작품에서만은 참다운 삶의 실현이 가능하였기 때문일 것이다. 이는 전황석 인장을 다시 손에 쥐었을 때의 허망함과 선명한 대조를 이루는 부분이다.

전체적으로 보아 이 작품은 그 소재가 특징적이어서 복고 취향이나 전통 지향의 가치 의식을 드러낸 듯하지만, 작가가 암암리에 표출하고자 하였던 것은 단순히 그런 배경적인 분위기에 머무르는 것이 아니다. 그것은 석운과 그의 부인 그리고 오준 등이 공통적으로 보여준 행동은 가치 질서가 혼란된 세속의 인물을 대변하는 것이며, 속화된 물질로 거래될 수 없는 정신적 가치를 지닌 인물로서 수하인을 내세웠다는 점에서 우리는 현실의 명리를 뒤쫓는 자들에 대한 작가의 비판적 인식이 감추어져 있음을 볼 수 있다. 수하인이 어떤 면에서 과거의 인물로 독자에게는 느껴진다고 하더라도 현재의 인물인 석운 등이 이에 대비되면서 세속의 가치와 예술가적 삶이 충돌하지만 궁극에는 인간의 삶이 어떤 것이어야 하는가가 묵시적으로 제시되고 있다는 것이다.

물론 이 작품에서 이런 작가 의식이 두드러지게 느껴지지 않는 까닭은 작품에 배어 있는 정감적 분위기가 독자로 하여금 수하인에게 심리적으로 기울어지게 만들기 때문일 것이다. 이 점에서 위에서 말한 비판적 의식을 잠재적인 것이라고 말할 수 있을 것이다.

위의 작품에 뒤이어 6개월 후에 발표한 〈금당벽화〉에는 보다 분명한 작가 의식이 드러난다. 〈전황당인보기〉가 개인과 개인 사이에서 일어나는 명리와 인정의 문제를 다루었다면, 〈금당벽화〉는 민족과 개인, 예술과 종교 사이에서 발생되는 갈등을 고구려인 담징(曇徵)을 통하여 형상화하고 있다. 그는 수 양제(煬帝)가 이백만 대군을 거느리고 조국 고구려를 침범하여, 북방 오랑캐들의 말발굽 아래 조국이 휩쓸려 들어가려는 시기에 일본에 건너가 불화를 그리는 종교적 보시(布施)를 하게 된다. 그러나 그는 그것이 하나의 도피임이 틀림없다는 강박관념으로 번민한다. 불전(佛前)에 서면 승(僧)이요 화필을 잡으면 속(俗)으로 돌아가는 화공(畵工)이었지만 조국의 품에 안길 때 조국의 방패이어야 할 몸이라는 자책감이 그를 괴롭힌다. 국제적 신의와 조국의 안위 사이에서 번민하면서 담징은 화필을 잡지 못한다. 그가 일본 법륭사의 금당벽화를 그리기로 약속한 지 칠팔 삭이 지났지만 도저히 일을 잡지 못했던 것은 이런 갈등 때문이었다. 붓을 들고 벽면을 향하면 열반의 환상이 아니라 피비린내 풍기는 조국의 현실이 그에게 떠오를 따름인 것이다.

> 담징은 그냥 금당 마룻바닥에 주저앉아버리고 말았다.
>
> 동포들의 신음 소리가 가슴을 두들겨 놓았고 오랑캐들의 말발굽이 등어리를 밟는 것 같았던 까닭이다.
>
> 합장한 손끝엔 눈물이 젖어들었다.
>
> 아, 조국의 현실……

조국의 진통……

조국에의 고민……

담징은 도저히 자기로선 금당벽화를 착공(着工)할 도리가 없을 것만 같았다.

불승으로서 담징의 고민은 자비의 불심과 민족적 의분 사이의 괴리감에서도 찾을 수 있다. 그러나 조국의 멸망을 보고만 있을 순 없다는 담징의 의지는 그의 민족의식을 분명히 드러내 주는 것이다. 길게 꼬리를 끌며 사라지는 유성(流星)을 보며 불길한 예감을 느끼다가 담징은 어느 틈에 잠이 들어 꿈속에서 왜승들에게 쫓긴다. 그들에게 몽둥이를 얻어맞아 쓰러지는 순간 그는 심한 갈증을 느끼며 잠에서 깨어나자, 때는 이제 막 동이 터오는 무렵이었다. 아직도 그의 코끝에는 살생의 피비린내가 스며들고, 귓가에는 오랑캐들의 말발굽 같은 소리가 웅성거린다. 살기가 돌아 충혈된 눈으로 그가 금당 밖으로 나오려 할 때 법륭사 주지는 기쁜 소식을 전해 준다. 양제의 이백만 대군이 을지문덕 장군의 고구려 병사들에게 패주하였다는 것이다. 이 희소식은 축적된 번민을 종교적 열반으로 승화시켜 담징이 금당벽화를 착공하게 되는 결정적 전기가 된다. 그의 번민과 갈등은 아침 이슬이 풀잎에 굴러 스며들 듯 깨끗이 사라지고, 세상은 황홀하고 찬란하게 빛나며, 내심에서 솟아오르는 희열은 그에게 불심의 자비를 느끼게 한다.

푸른 빛은 아침 볕을 받아 더욱 빛나고 있었다.

황홀 찬란한 이 모든 빛에 눈부셔 담징은 눈을 뜰 수가 없었다.

가슴에 복받쳐 오르는 희열(喜悅)……

조국에 대한 끝없는 감사의 염(念)……

북녘 하늘을 향하여 몇 번이나 합장 재배해도 복받쳐 오는 환희(歡喜)는 가라앉을 줄 몰랐다.

그제야 비로소 담징은 합장한 손 끝에서 불심의 자비도 느낄 수 있었다.

담징은 다시금 금방 벽면을 향하여 섰다.

벽면엔 아침 햇빛이 훤히 들이비치고 있었다.

살기가 돌던 충혈된 시선은 사라지고, 터져오르는 환희는 경건한 불심으로 바뀌어 담징은 드디어 벽화에 착수한다. 그의 벽화는 고구려 남아의 의연한 기상과 백제의 따사로운 꿈이 깃든 남국적 정열의 풍윤함 그리고 오랑캐들의 죽음을 조상하는 불심의 자비가 응축된 것이다. 국난을 막기 위해 단결한 고구려인의 정성이 관음상의 목에 걸린 구슬에서 알알이 빛나고 있었던 것이다.

지상열반의 세계를 구현한 담징의 금당벽화는 그를 비방하던 법륭사 왜승들의 숭배의 대상이 되었으며, 이는 조국에 대한 담징의 충혼이 승화되어 벽화를 생동하는 것으로 만들었기 때문일 것이다. 여기서 우리가 간과할 수 없는 것은 개인과 국가, 예술과 종교는 혼연일체의 것이며, 어느 하나만을 위해 존재하는 것이 아니라는 작가의 의식이다. 국난의 시기에 조국을 떠났다는 자책감은 담징으로 하여금 도피했다는 강박관념에 사로잡히게 만들지만, 그가 이 자책감을 극복할 수 있었던 것은 끓어오르는 애국심이 있었기 때문이다.

이런 점에서 정한숙은 예술이 예술만으로 끝나는 것이 아니며, 개인의 삶은 민족이나 국가와 더불어 시대적이며 역사적인 삶과 필연적으로 결속되어 있다는 것을 강조하고 있으며, 바로 이 점에서 예술과 현실을 바라보는 그의 시선을 분명히 확인할 수 있을 것이며. 6·25 후의 시대적 혼란 속에서 발표된 것으로 보아 이 작품은 역사와 현실의 문제를 접합시켰다고 볼 수 있을 것 같다. 작품에서는 고구려의 국난을 다루고 있지만, 〈전황당인보기〉에서 보인 현실비판적 의식이 〈금당벽화〉에서는 국가와 민족으로 확대 제시되어 도피의 강박관념을 국난극복으로 승화시켜 표현하였기 때문이다. 담징이 벽화를 그렸다는 사실과 수양제의 침략으로 위난에 처한 조국을 연결시킨 것은 역사적 사실 그대로가 아니며, 이를 결합시켜 허구화한 것은 바로 작가적 상상력의 표현이며 이 점에서 작가의 보이지 않는 비판의식이 담겨 있는 것이다.

3

〈백자도공최술〉은 고려청자의 명맥이 끊어지고, 조정 제요직(諸窯直)의 지시에 따라 습관적으로 도기를 만들고 있는 도공들과는 달리 창조적 열정으로 이조 백자를 만들어낸 도공 최술(崔述)을 주인공으로 삼고 있다.

구성상으로 보아 이 소설은 액자소설 형식을 취하고 있는데 크게 아홉 단락으로 나뉘어 있다. 1단락과 9단락은 이 작품을 싸고 있는 외곽의 틀과 같은 것으로 도자기 연구가 곽성석이 어느 주막 할머니로부터 최술에 대한 이야기를 듣고 기록한 것으로 서두와 결말로 처리되어 있다. 2단락에서는 최술이 어떻게 광주 땅에 옮겨왔으며, 8단락에서는 그가 개인적인 갈등은 물론 여러 사람들의 방해에도 불구하고 이조 백자를 만들어낸 것을 말하고 있다. 2단락과 8단락은 1단락과 9단락이 싸고 있는 또 하나의 틀의 역할을 한다. 이중의 틀에 싸인 3단락부터 7단락에 이르는 과정은 최술의 출생과 결혼 그리고 우연히 고려청자 조각을 발견한 다음의 그의 예술적 번민을 다룬 부분으로 2단락과 8단락을 연결시키고 부각시키는 역할을 한다. 이런 구성 방식은 현재로부터 과거로, 그리고 그 과거의 어느 때부터 소급되는 어떤 지점까지 나아갔다 되돌아오는 과정을 자연스럽게 유도하는 방법이라 하겠다.

우리가 최술에게 창조적 예술인이라는 이름을 사용할 수 있다면, 그것은 당시의 도공들이 단순히 관(官)의 지시에 따라 그들이 요구하는 물품을 만드는 기능인에 불과하였으나 그는 거기에 머무르려 하지 않았다는 점 때문이다. 이 창조적 노력으로 인하여 도자기에 있어서 새 시대를 여는 창조적 작품을 만들 수 있었던 것이리라. 백자 도공 최술은 비판적인 정신과 창조적인 열정에 의하여 새로운 독창성이 실현된다는 사실을 보여주는 대표적인 도공이 될 터이다.

> 부모가 세상을 떠났을 때도 그랬고 동생이 죽었을 때도 눈물을 흘리며 울기는 하였지만 슬픔이란 별로 느끼지 못했다. 그러나 이즈음 최술은 까닭 없이 침울해지기 일쑤였고 침울해진 뒤끝엔 까닭 없이 마음이 슬퍼지곤 했다. 이토록 침울해지고 슬퍼지는 마음을 최술은 스스로 달랠 길이 없었다. 산 속을 메아리치고 돌아다니는 바람이 신선해 질수록 구월산은 붉게 단풍이 물들었다. 산과 들이 단풍이 붉게 물들수록 푸른 하늘은 더 높아지고 흰 실구름은 가볍게 떠 흘렀다. 그 하늘 밑

을 솔개가 날기도 하고, 한 쌍의 학이 춤을 추며 떠돌기도 했다.

최술은 이러한 개인적 고민으로 허전한 마음을 달래기 위해 술을 마시게 되고, 아내와의 관계도 소원해진다. 그의 장인이며 화청장(畵靑匠)인 박고남(朴高男)은 최술의 이런 번민을 어렴풋이 짐작한다. 그러나 최술의 번민을 장인인 박고남이 어떻게 해결해 줄 도리가 없다. 최술은 어느 날 장인 박고남에게 그가 12살 때 구월산 중턱에서 우연히 주웠던 청자 부스러기를 내보인다. 이미 백 년 전에 명맥이 끊긴 기물(器物)의 형태며 색깔을 보면서도 두 사람이 취하는 태도는 전혀 다르다. 사기그릇이란 사기장이의 취미로 만들어지는 것이 아니라는 박고남의 주장과, 관의 지시를 따르지 않아 불량품으로 낙인이 찍히는 자기를 만들어 책임추궁을 당하면서도 독자적인 것을 만들어보려는 최술의 노력은 선명한 대조를 이룬다. 근원적으로 보자면 옛날에 있었던 고려청자의 형태와 빛깔을 되찾는다고 하더라도 그것은 있었던 것의 재생이지 창조적인 작업은 아니다. 환원이고 복구일 따름이다. 태토(胎土)를 주무르는 최술의 의식 속에 꿈틀거리는 것은 푸른 하늘 위에 떠가는 흰 실구름에 대한 새로운 인식이다. 푸른 하늘이라는 배경은 이 흰 실구름이 있음으로써 가능한 것이라고 그는 통찰하였던 것이다.

"기물의 색조나 형태란 언제나 시류를 따르는 법일세, 사기장이나 화청장이는 그것을 명심해야만 하네……"

최술은 뜨거운 것이 가슴 속에서 꿈틀거렸지만 숨결을 가다듬으며 꾹 참아냈다. 장인 박고남의 모습이 이 순간에 있어선 그지없이 초라해 보였고 불쌍한 느낌마저 들었다. 도대체 장인도 자기 모양 송화골 사기장에서 낳아 사기장에서 평생을 보내고 있는 몸인데 무슨 보람을 느끼며 살아왔다는 것인가……

"이 사람아, 기물이 형태가 변하고 색조가 달라진 것은 조정에 매여 있는 사람들의 마음이 그렇게 달라졌기 때문일쎄. 이 나라 하늘빛이 천 년을 두고 변하지 않듯이, 사기장이나 화청장이의 뜻이야 변할 리 있었겠나……"

천 년을 두고 변하지 않는 사기장이나 화청장이의 마음이야말로 최술이 만들어내고 싶은 도자기 형태와 빛깔이 아닌가. 그럼에도 송나라와 원나라의 지배를 받았던 고려조가 기물의 형태나 빛깔을 그들의 지시에 따르지 않을 수 없었으며, 사기장이나 화청장이는 또 그 지시에 따라 기물을 만들어내는 것일 뿐이었다. 조정이 싫어하는 것을 고집하면 역적으로 몰린다는 불문율은 그들이 결코 깨뜨릴 수 없는 금기였다. 고려가 무너지고 이태조가 등극하자 제요직에서 관리하던 관요는 사옹원(司饔院)에서 관장하게 되었으며, 조정은 새로운 기풍을 불러일으키기 위해 노력한다. 최술도 송화골 관요를 떠나 경기도 광주 땅으로 옮겨 온다. 그는 이미 나이 스물다섯, 슬하엔 형제가 딸려 있었다. 송화골에서 최술은 비교적 높은 대우를 받았지만 광주 땅에서는 말할 수 없이 궁핍한 생활을 하게 된다. 이 어려움 속에서도 최술은 자신의 꿈을 실현하려는 의욕 속에 바쁜 하루하루를 보낸다. 그의 꿈은 이미 퇴폐해 가고 있는 고려청자를 단순히 재생하려는 것이 아니다. '고려 사람은 푸른 하늘의 아름다움을 느꼈어도 흰 구름의 빛남은 알질 못했다'고 생각한 최술은 바로 이 흰 구름의 빛남을 그의 자기 속에 구현하려고 하였던 것이다. 그것은 단순한 모방이 아니라 새로운 창조였으며, 이는 고려청자에 대한 그의 비판적 인식에 바탕을 둔 것이었다고 하겠다.

이러한 최술의 노력은 동료 사기장이들에게 시기의 대상이 되어 그들에게 뭇매를 맞기도 한다. 최술은 이런 난관에 굴하지 않고 꿋꿋이 자신의 의지를 키워나간다. 그러던 중 최술의 이야기를 전해 들은 어느 관원이 최술 전용의 각령(閣令)과 가마를 마련해 주어 그가 소원하는 기물을 만들어내도록 명한다. 그가 일을 시작한 지 꼭 백 일이 되던 늦가을 그의 가마에서 나온 기물들은 전에는 볼 수 없었던 새로운 것들로서 사람들을 놀라게 한다.

> 소박하고 묵직하면서도 그것은 태가 있었고 격이 흘렀다. 잡부들에 의해 하나하나 꺼내지는 기물들을 바라보고 있는 최술의 표정은 무엇인지 모르게 흡족 못했다. 그러나 그의 가슴 속엔 지금까지 느껴보지 못했던 희열이 스쳐갔다. 같은 흰빛이면서 청백(淸白)과 황백(黃白)과 담백(淡白)의 그릇이 구름이 흘러가는 가마에서 나왔다.

최술의 가슴 속을 스쳐가는 희열은 창조적 예술인의 순진무구한 기쁨이며, 이 기쁨이야말로 인간의 역사를 전진시키는 원동력이다. 단순히 고려의 청자를 재현하는 것이 아니라, 새로운 시대인 이조를 맞아 새로운 자기의 창조에 초점을 맞춘 것은 정한숙의 비판적이며 전진적인 자세를 드러낸 것이다. 〈전황당인보기〉나 〈금당벽화〉와 같은 작품도 그 소재에 있어서는 회고적인 것이거나 과거의 시대를 배경으로 하고 있지만, 그가 진심으로 드러내고자 한 것은 바로 〈백자도공최술〉에서 볼 수 있는 바와 같은 예술인의 전진적이며 창조적인 노력에 있었으며, 이 작품에서 그의 작가적 안목의 핵심이 분명하게 드러내고 있는 것이다.

4

〈거문고 산조〉는 세대와 세대의 엇갈림에서 야기되는 불화와 갈등을 다루고 있다. 명창과 명율로 이름을 날리던 강월 여사는 은퇴 공연을 끝낸 후, 자기의 뒤를 잇게 하기 위해 문하생을 가르치기 시작한 지 삼 년이 지났지만 그의 마음과 뜻을 배우려는 제자를 좀처럼 만나지 못한다. 경술국치 이후에 가내 수공업을 하다가 몰락한 강월의 아버지는 민족기업의 기술자로 근무하다 엄청난 홍수를 만나자 위험을 무릅쓰고 회사를 구하려다가 순직한다. 이때 강월의 나이 열다섯으로, 강월은 어머니마저 잃고 한성 권번에 들어간다. 10년의 각고의 노력으로 강경사람 홍씨에게서 율과 가곡을 익힌다. 얼굴값으로도 이름을 날릴 텐데 가곡이니 거문고니 하는 것을 고생해 익혀 무얼 하려느냐고 주위에서 말하지만 이에 반발하는 강월의 마음에는 남모를 긍지와 자부심이 내재해 있었던 것이다. 강월이 처음 무대에 선 것은 수재민을 돕기 위한 부인관 공연에서이며, 그곳에서 단소의 정악과 단소 산조를 엄격히 구분하여 부르던 청년에게 강월은 매료되어 첫사랑이자 마지막 사랑을 바친다. 강월이 주위의 유혹을 뿌리치며 환거 삼십 년이 되어도 외로움을 모르고 자신의 긍지를 지키고 살 수 있었던 것은 그에게서 거문고와 더불어 살 수 있는 예도(藝道)를 배웠기 때문이다.

정악과 산조를 엄격히 구분하여 연주할 뿐 아니라 자신의 외로움을 술과 여자로 바꾸려 하지 않았던 첫사랑의 연인은 강월의 예술적 세계를 비춰주는 한 지표가 된다. 강월에게 진정한 외로움이 있다면 세태가 바뀌어 국악을 외면하는 세상이 되었다는 것이다. 많은 제자를 가르쳤지만, 그들은 이해타산이 빨라 얕은 재주를 돈과 바꾸려고 하였다. 세상 사람들은 오히려 강월의 엄격한 음률 수업을 탓하고, 제자들은 도무지 고생스런 수련을 하려 들지 않는다.

은퇴 공연을 하고 제자들을 가르치기 시작한 지 삼 년, 고되고 힘든 수업 과정으로 인하여 강월의 제자는 스물에서 열다섯으로 줄었고 열로 준 것이 올 들어선 다시 절반으로 줄어들었다. 남아 있는 제자들마저도 마음속으로는 거문고나 창을 하는 사람이 적어서 출세가 쉽고 돈벌이가 빠르다는 계산이 있어 그에게 창과 거문고를 억지로 배운다. 세태가 달라지고 세대가 바뀐 것이 분명하지만 세대와 세대가 서로를 이해할 수 없을 때 야기되는 깊은 단절감이 강월 여사를 허전하고 외롭게 만든다. 여기서 정한숙은 다분히 강월 여사 편에서 세상을 바라보고 있다. 그는 어린 제자들에게 익숙해져 있는 혼란한 리듬과 난잡한 선율에서도 어떤 조화를 인정하지만 그것이 정말 올바른 것인가에 대한 회의를 쉽게 거두려 하지 않는다.

> 경월은 벽에 걸어 놓았던 거문고를 내려 무릎 위에 올려놓았다.
>
> 잔주름이 잡힌 손끝이 가늘게 떨렸다. 산조의 첫머리인 진양조는 언제나 녹음을 스쳐가는 바람 소리인 양 잔잔하였다. 강월은 부드럽고 잔잔한 이 진양조 속에 추억을 불러일으켰다.
>
> 강월의 귓전엔 맑고 구슬픈 단소 소리가 들렸다. 강월은 그 단소의

가락에 맞추어 숫대질을 하며 줄을 내려짚었다. 가락은 중모리를 거쳐 중중모리로 접어들었다.

거문고 소리는 유현하다. 그러나 강월의 귀에 들리는 단소 소리는 거문고 소리에 싸여 더 고고하게 들렸다.

유현한 거문고 소리에 싸여 들리는 고고한 단소 소리는 강월이 갈고 닦고 지켜온 예술적 세계의 정수를 보여준다. 정신적 가치가 물량화 되고 예술마저 상품화된 시대에 예술의 정도를 반추해 본다는 것은 우리의 현재를 돌이켜 반성하는 일이 될 것이며, 세대와 세대는 결코 단절될 수 없는 것이라는 작가적 인식이 깊이 배어 있는 것이라 하겠다.

그럼에도, 세대와 세대의 단절을 바라보는 정한숙의 작가적 시선은 음울하다. 그것은 강월이 거문고 산조를 한바탕 짚고 나면 후련해지던 울적함이 오늘따라 풀리지 않는 것과 유사하다. 쉽게 해결되지 않는 세대 사이의 문제, 즉 세상이 자기를 외면하는 것에 대한 노여움이 강월의 뇌성벽력 같은 거문고 소리로 울리고 있음을 뜻하는 것이리라. 이와 같은 단절감은 아마도 시대적 상황의 급격한 변화에 기인한 것이다. 〈거문고 산조〉가 발표된 연대로 보아, 이 작품은 70년대의 급격한 사회구조 변동에 대한 작가 나름의 깊은 우려감의 표현이었을 것이라고 볼 수 있다는 것이다.

그리하여 이러한 주제가 거시적으로 뻗어나갈 때 6·25라는 민족사적 비극이 새롭게 제기될 것이다. 따라서 〈거문고 산조〉에 뒤이어 〈금어〉에서 전쟁의 상흔을 불교적 자비로 승화시키려고 한 작품을 발표하여 70년대 문학적 주제의 하나인 6·25 소설의 단초를 그 나름으로 형상화하였다는 사실은 결코 우연이 아니다. 실상 〈금어〉는 〈금당벽화〉에서 표현되었던 주제가 발전적인 모습으로 새롭게 제시된 것이라고도 볼 수 있다. 구성에 있어서 〈금어〉는 복합적인 병렬형식으로 이루어져 예술의 형상화 과정을 다룬 정한숙의 작품 가운데 가장 완미한 형태를 취한다. 이 작품에서 작자는 천년의 세월을 사이에 둔 두 개의 커다란 전란을 하나로 결합시키고 있다. 나당연합군과 싸우는 백제의 무명 소년 임실과 6·25동란의 송악산 전투에서 약혼자가 전사한 후 불문에 귀의한 아심 스님이 그 비극적 주인공들이다. 이 두 사람은 처참한 전쟁의 상흔을 예술적으로 승화시켜, 임실은 삼존천불상을 아심은 부처님의 탱화를 각각 완성했다는 점에서 일치하고 있다. 전쟁이 끝난 지 이십여 년, 나이도 오십을 바라보는 아심 스님이 불화에 몰두하게 된 동기는 여름방학을 이용하여 그의 암자를 찾아와 머물다 간 불화와 불상을 연구한다는 여대생 때문이다. 자기가 본 불상 가운데 가장 감명적이었다는 공주박물관에 있는 삼존천불상에 대한 소개와 더불어 이 불상의 유래에 대한 자신의 추리로 그 여대생은 아심 스님을 이십여 년 전으로 되돌려 놓는다. 추억 속에 잠들어 있던 옛 약혼자 김동성 소위의 넋을 탱화로써 위로해 주고자 하는 충격을 아심에게 주었던 것이다.

이 작품은 여덟 단락으로 구성되어 있으며, 시간상의 시점은 현재를 중심으로 하고 있으면서도 천 년의 시공을 왕복하여 펼쳐 보이는 임실 소년에 얽힌 고사는 액자형 구성의 중심축이 되어 아심이 탱화를 완성하는 과정을 이끌어내고 있다. 삼존천불상에 관한 여대생의 이야기를 듣고 난 이후, 세 번째 여름에서야 완성되는 아심의 불화에는 종교적 구원은 예술적 승화를 통해서 가능한 것이며, 그것은 중생의 고통을 포용하는 부처님의 대자대비한 미소 속에 이루어지는 것이라는 뜻이 담겨 있다.

스님은 수건으로 콧등과 손잔등에 내솟아 있는 땀방울을 닦고 나서 다시 붓을 들었다. 아심 스님이 든 붓은 부처님의 눈매를 그리고 있었다. 그 가는 붓이 오고 갈 때마다 부처님의 표정은 달려져 갔다.

개안미소(開眼微笑)……대자재비의 부처님이 비로소 눈을 뜨고 중생을 향해 가는 미소를 띠었다.

아심 스님은 붓을 놓았다. 그리곤 자기가 그린 여래상 앞에 배례하였다. 여래상은 지금까지 있어온 부처님의 모습이 아니라 새로운 부처님의 얼굴이었다.

아심 스님이 완성한 부처님의 모습은 세속의 인간이 현실의 삶을 영위하기 때문에 겪어야만 하는 모든 번민과 고통을 승화시킨 것이며, 이 지점에서 예술과 종교의 가장 근원적인 주제가 만나는 것이라고 정한숙은 믿고 있는 듯하다. 정한숙이 일련의 작품에서 지속적으로 추구해 온 문제는 예술과 종교를 통한 자기구제의 문제였으며, 이는 때로 이해가 엇갈릴 수 있는 개인과 국가 또한 민족의 상호관계가 결국은 서로가 발전적으로 극복되어야 한다는 작가의 예술관을 반영한 것이었을 것이다.

이 작품에는 표면적으로 진행되는 두드러진 사건이 일어나진 않는다. 천 년 전의 임실 소년이 아로새긴 부랑이나 이십 년 전에 전사한 애인이 탱화를 그리는 동기가 되기 때문이다. 천 년 전이나 오늘이나 근원적으로 동일한 주제가 반복되고 있다고 보는 정한숙의 작가적 안목은 〈금당벽화〉를 쓰던 시기나 이십 년에 가까운 세월이 지난 이후 〈금어〉를 발표한 시기에 있어서 커다란 차이가 없는 듯하며, 여기서 그가 그의 작품에서 시도하는 주제의 중심 줄기가 구체적으로 부각된다.

예술이란 시대의 고통을 승화하는 작업이며, 이 작업은 창조적 열정에 의한 각고의 노력을 통해 가능한 것이라는 그의 일관된 견해는 조금도 흔들림이 없는 것이다. 그가 〈금어〉에서 반복하여 제시하고 있는 것처럼 나라의 위기는 왕위를 다투는 왕자들이나 출세를 꿈꾸는 장군들에 의해 극복되는 것이 아니라 자기희생을 결심하는 이름 없는 백성들의 힘에 의해서만 극복될 수 있다는 작가적 신념을 속물적 이기주의에 중대한 경고가 되며 이러한 관점은 시대를 바라보는 그의 작가적 시선의 중핵을 이룬다고 여겨진다. 임실이 삼존불을 세기고 나서 그 앞면과 측면 그리고 뒷면에 새긴 작은 여래상들은 짚신팔이를 하던 무덕이를 비롯한 그의 이름 없는 동료들의 얼굴이었으며, 그것은 그대로 고통받는 모든 한국인의 얼굴이기도 한 것이다.

5

정한숙은 〈한국적 인간상의 창조〉(1965)라는 글에서 "해방 후 한국의 작가들은 그 어떤 인물을 묘사해 보거나 또는 새로운 인간형의 창조에 부심했다기보다는 거센 현실에 빠져들어 현실을 생활하기에 바빴던 것 같다."고 강조하고 독자들의 요구도 사회현실에 민감해지려던 나머지 문학적 현실이 아닌 '여실한 현실', 곧 현실 그대로의 현실을 문학작품에 요구해 왔다고 진단한 바 있다. 이것은 현실과 허구의 차이에 대한 지극히 일반적인 지적이다. 그럼에도 현실에 대한 과도한 집착이 작품을 통해서 하나의 습관적 편향처럼 즐겨져 왔는데 작가에 의해 창조된 문학적 현실이 지닌 깊고 넓은 지평이야말로 우리 문학이 개척해야 할 중요한 영역일 것이다. 문학이 역사보다 더 보편적이고 구체적이라는 아리스토텔레스의 강조는 극단으로 나뉘어 있는, 그리고 그것이 마치 문학적 신념의 표명인 것처럼 잘못 통용되는 우리의 문학적 현실을 깊이 반성하게 한다.

우리가 위에서 거론한 다섯 편의 소설들은 모두 예술가들을 주인공으로 하여, 인간형의 창조를 추구해 온 정한숙의 작가적 노력을 가장 잘 반영하는 작품들이라 할 수 있다. 그들은 세속적인 물질이나 권력은 물론 자기 개인의 번민을 극복하려는 창조적 인물들이었으며, 그들의 갈등이나 번민을 예술적으로 승화시킨 창조적 인간상이라 할 수 있을 것이다. 뿐만 아니라 이들의 인간형들은 개인과 국가, 신앙과 예술은 상호보완적이며 발전적인 의미망을 이루어 혼란한 시대를 사는 독자들에게 분명한 가치관을 제시하였다. 위에 거론한 다섯 작품의 중심인물들을 하나로 묶는다면, 〈전황당인보기〉의 강명진은 〈거문고 산조〉의 강월 여사의 다른 얼굴이며, 〈금당벽화〉의 담징은 〈금어〉의 아심 스님의 다른 얼굴이다. 물론 다른 얼굴이란 동일한 인간형의 다른 측면을 지칭함이다. 〈백자도공최술〉에서 최술은 강명진과 담징 그리고 강월과 아심 스님 모두를 포괄하는 전형적 인물형이다. 단순히 고려의 청자를 재생하려는 것이 아니라 푸른 하늘을 흘러가는 흰 구름의 세계, 곧 백색의 세계는 정한숙의 예술가 소설에서 찾을 수 있는 독자적인 인간상일 것이다. 그에게는 불교라는 정신적 지주가 있었던 것도 아니며 그는 강명진처럼 멋스러운 예인도 아니다. 새로운 것을 창조하려는 예술적 열정이 태토를 주무르던 최술의 마음속에서 꿈틀거리던 것은 기존의 것을 그대로 답습하지 않으려는 비판적 예술적 인식이 있었기 때문일 것이다. 여기서 우리는 현실비판자로서 그리고 이상주의자로서 일관하는 정한숙의 작가적 면모를 가늠할 수 있다. 물론 그의 이상주의에는 보수적 성향이 배어 있는 것이 사실이다. 아마도 이는 그가 지닌 중용적 삶의 태도 때문일 것이다. 그가 예술인을 중심으로 한 소설에서 극단으로 치달리지 않고 예술가들의 극기적 삶에 초점을 맞추고 있다는 점은 흥미 있는 사실이다. 이 극기와 조화야말로 그가 40여 년 동안 지속적으로 작품을 생산하는 힘이 된다고 여겨진다. 이에 비해 예술가 소설의 극한을 보여준 김동인의 〈광화사〉나 〈광염소나타〉를 읽을 때 우리는 예술적 충동의 광기에 접하는 충격적 아름다움을 느끼기도 하지만 한편으로는 그 극단이 파멸적인 자의식의 반영에 있었다는 사실에도 눈길을 돌려야 될 것이다. 정한숙이 중용적 보수주의를 딛고 나아갈 때 그의 작가적 시선은 단순히 개인의 차원에서 머무르지 않게 될 것이다.

정한숙이 〈금어〉에 임실 소년을 통해 강조하고 있는 것처럼 백성들은 한결같이 나라를 위해 싸웠건만 권좌에 앉은 사람은 그 권좌를 남에게 넘겨주지 않으려고 싸운다는 그의 통찰은 〈전황당인보기〉 이후 줄기차게 계속되어 온 비판적 작가 의식의 표현이라 하겠다. 아울러 이러한 그의 시선에는 지나치게 분명한 주제와 정형화된 인물 설정으로 인하여 단순하게 유형화될 염려가 있으나, 이는 예술의 정도를 되새기고 인간의 삶을 돌이켜 보게 하는 소설적 성과에 비기어 볼 때 그다지 커다란 약점이랄 수는 없을 것이다. 70년대의 사회적 문학적 상황을 〈거문고 산조〉와 〈금어〉로써 예견하고 극복하려 하였던 그가

80년대에 그의 문학적 세계를 어떻게 펼쳐나갈 것인가 하는 것은 지금도 쉬지 않고 작품을 발표하는 몇 안 되는 원로작가 중의 한 사람인 그에게 기대를 거는 많은 독자들의 관심의 대상이 될 것이다.

현실 그대로의 현실이 아닌 문학적 현실의 창조라는 그의 작가적 목표는 새로운 예술적 인간형의 추구를 통하여 보다 원숙한 형태로 드러날 것이라는 점을 우리는 위에서 거론한 일련의 작품들을 통하여 예견할 수 있을 것이다. 그리고 실상 예술로서 문학의 가치도 진정한 인간상의 탐구에 근거한다는 점은 의심할 여지가 없는 것이라 하겠다. 현실의 개혁이나 역사의식의 강조도 궁극적으로는 인간성의 옹호와 고취에 있다는 것은 분명한 사실일 것이다. 정한숙의 예술가 소설들은 격동하는 과도기적 시대를 헤쳐 가며 가쁜 숨을 몰아쉬듯 현실에만 집착하며 살아온 우리에게 다시금 삶과 예술이란 무엇인가 하는 의문을 새롭게 되새겨 보게 하는 것이라 말하지 않을 수 없는 것이다.

분단현실의 소설적 형상화와 역사의식

정한숙의 《끊어진 다리》론

윤석달

1. 문제의 성격

소설은 어떤 형식의 것이라도 작가의 세계관에 대한 진술과 관련이 있다. 그리고 한 작가가 진술하는 내용은 하나의 질서 속에 내재되어 있게 마련이다. 독자들이 발견하든 못 하든 관계없이 그 진술은 모두 작가가 중요하다고 여긴 선택들이다. 대체로 역사의 격동기를 지나온 작가들은 자신들의 진술 체계 안에 그 시대의 모습들을 담는다. 거기서 관찰되고 제기되는 여러 문제들에 대한 이해는 바로 독자들의 몫이다. 작가는 수많은 가능한 질서들 가운데서 적절한 하나의 질서를 선택하고, 독자는 그 질서들 속에 내재되어 있는 수많은 관계의 얽힘을 제대로 풀어내는 일이 소설의 바른 독서라 할 수 있다. 본고는 바로 이와 같은 소설 읽기로부터 출발하고자 한다.

격동기를 체험한 작가가 선택하는 소설의 질료들은 대개 삶의 절실한 문제와 접맥되어 있고, 그것은 곧 작가가 역사에 대해 관찰하고 생각하고 제기하고자 하는 문제들과 상당한 관련이 있다. 그가 어떤 질서를 선택하여 독자에게 보여주고자 하더라도 소설이라는 형식 속에 담아 독자에게 보여주는 내용은 대개는 사회적이며 역사적이다. 특히 일제강점기를 거쳐 해방 전후에서 한국전쟁기에 이르는 시기는 한국현대사에서 가장 급변하던 시대였으며, 많은 작가들의 작품 속에서 구체적으로 그 상황을 보여주고 있다. 그럼에도 아직 많은 작품들이 작품의 구조적 해명은 미진한 채 남아 있으며 작품을 통해 나타난 작가의 역사인식이나 사회의식을 드러내려는 노력은 미약한 편이다.

격동의 현대사를 그려내고 있는 작품 가운데 본고가 텍스트로 삼은 소설은 정한숙의 《끊어진 다리》이다.[1] 이 소설은 우선 현대사의 현장이라고 할 수 있는 일제강점시대 말기부터 해방과 미군정기, 한국전쟁 이후, 4·19와 5·16 이후의 시기까지 다루고 있다는 점에서 선택되었다. 또 하나는 작가의 문제인데 작가로서의 정한숙은 1950년대 중반부터 현대사에 관한 관심을 꾸준히 보여주었는바 《끊어진 다리》를 쓰기 이전에도 〈도정(道程)〉, 《애정지대(愛情地帶)》, 〈고가(古家)〉, 《암흑(暗黑)의 계절(季節)》등과 〈닭장 관리〉, 〈어느 소년의 추억〉 등 일련의 작품에서 한결같이 현대사의 대한 총체적인 추적을 보여주었다는 점에서 이 작품을 통해 작가가 지니고 있던 역사의식의 한 면모를 살펴볼 수 있다고 생각했기 때문이다. 또 다른 하나는 작가의 체험과 관련된 문제로서 연보에 의하면[2] 그는 1922년 평안북도 영변에서 태

---

1 이 작품은 1962년 10월, 을유문화사에서 간행되었다. 당시 을유문화사에서는 《한국신작문학전집》의 발행을 기획하고 10명의 작가로부터 작품을 받아 10편의 전작 장편을 발간하였다. 정한숙의 《끊어진 다리》는 그 중 세 번째 권으로 나왔다.

어나 청년기까지 그곳에서 일제시대를 살았으며 해방 직후 북한생활을 경험하였고, 월남하여 미군정기를 보냈으며 물론 한국전쟁도 체험한 세대라는 점이다. 이는 바로 그가 격동의 현대사, 그 현장의 중심에 위치했었다는 경력으로 미루어 그의 작품 속에 내재되어 있는 역사의식을 파악함은 바로 작가와 작품 이해에서 간과할 수 없는 일이라는 점 때문이다.

작가 정한숙에 관해서는 그의 다작에 비해 작가, 작품론이 많이 이루어졌다고 볼 수 없다. 그동안 오탁번,[3] 최동호,[4] 이주형,[5] 한승옥,[6] 등에 의해 정한숙론이 쓰여지긴 하였으나 이들도 부분적으로 혹은 몇 작품에 국한하여 쓰여졌을 뿐이다. 이들 연구에 의하면 정한숙의 작

---

2 연보에 의하면(1982년 9월, 고려대학교 국어국문학연구회에서 발간한 《어문논집》 제23집 소재) 정한숙 교수는 1922년 11월 3일 평안북도 영변에서 출생하였으며 1948년 《예술조선》지에 단편 《흉가(凶家)》가 당선되어 문단생활을 한 것으로 되어 있다. 이후 15편의 중·장편소설과 150여 편의 단편, 2권의 시집과 수필집, 《소설기술론》을 비롯한 수권의 논저 등을 간행한 바 있다. 한국현대 소설가 중 가장 왕성한 작품 활동을 하여온 작가 가운데 한 사람으로 손꼽을 만하며, 특히 50년대 중반부터 현대사에 대한 관심을 소설화하여, 민족사의 현장을 정면으로 다룬 여러 편의 작품을 남기고 있다.

3 오탁번, 〈끈질긴 탐구정신의 소산〉, 《한국현대문학전집》 25(삼성출판사, 1978). 작가 해설로 쓰여진 이 글에서 정한숙의 작품군을 크게 분류하여 1) 역사장편 소설 2) 현대인의 방황과 좌절 3) 사라져가는 전통미에 대한 향수 4) 고전의 현대화 내지 역사의 우의화 5) 민족사의 현장을 다룬 것 등으로 나누고 있다.

4 최동호, 〈예술가 소설과 인간상의 탐구〉, 《정통문학》 1집(1985. 12). 이 글에서는 주로 예술가 생애를 다루었다고 생각되는 소설만을 골라(〈전황당인보기(田黃堂印譜記)〉 〈금당벽화(金堂壁畵)〉 〈백자도공 최술(白磁陶工崔述)〉 〈거문고 산조(散調)〉 〈금어(金魚)〉 등) 작품에 투영된 인간상을 탐구하고 있는데, 개별 논의에 앞서 정한숙의 전체 작품을 나누어 1) 혼란된 시대에 가능한 윤리의 추구 2) 현대인이 지닌 분열된 의식의 묘사 3) 예술인의 수련과정을 통해 전통적 예인의 창조적 가치의 조명 4) 지나간 시대의 인물에 대한 현대적인 의미 부여 등의 작품군으로 나누기도 하였다(278쪽).

품은 작품 분류를 쉽게 할 수 없을 정도로 다양한 제재와 주제를 추구한 작가였다.

또 하나 이 작품을 통해 작가의 역사의식을 파악해보고자 하는 의도는 이 소설에 대해 작가 자신에 의해 해부된 바 있었기 때문이다. 정한숙은 〈한국 전후소설의 양상〉이라는 논문을 통해 6·25전쟁을 소재로 한 여러 편의 장편소설을 그 주제면에서 고찰한 바 있다. 정한숙이 다루고 있는 소설은 황순원의 《나무들 비탈에 서다》, 최인훈의 《광장》, 김의정의 《목소리》, 그리고 자신의 작품인 《끊어진 다리》였다. 정한숙은 이 소설들의 양상을 주로 주제와 관련하여 고찰하면서 이들 작품의 성격을 두 가지 특징적 면모로 밝히고 있다. 하나는 전쟁을 아픔 그 자체로 보고 그로부터 파멸하는 인간의식을 다룬 작품이며, 다른 또 하나는 그 아픔을 딛고 일어나 광명을 되찾고자 하는 의지의 인간을 다룬 작품으로 구분한 점이 바로 그것이다.[7] 이 둘을 나누어 정한숙은 전자를 '부정의 윤리'로 규정하고 《나무들 비탈에 서다》와

5 이주형, 〈정한숙 소설에서의 한국 현대사 인식〉, 《한국현대작가연구》(민음사, 1989), 29-43쪽. 이 논문에서 필자는 현대사의 현장을 다루고 있는 소설, 특히 《끊어진 다리》를 집중 분석하여 〈정한숙론〉을 쓰고 있다. 이주형은 정한숙이 '그의 다양하고 절실한 체험에 걸맞을 만한 심도 있는 현실투시, 발전적 역사인식을 그의 작품에서 보여주었다고 하기는 어렵지만' 그러나 이 작가가 '우리의 어두운 역사의 현장을 객관적으로, 구체적으로 그러면서 포괄적으로 그려 보임으로써 한 시대의 증인 역할을 충실히 수행하려 한 점 높이 평가받을 만하다'고 하였다.

6 한승옥, 〈한국 전후소설의 현실극복의지〉, 《숭전어문》(숭실대학교 국어국문학회) 제3집(1986. 6), 21-49쪽. 이 논문은 전후소설 가운데 선우휘의 〈불꽃〉, 황순원의 《나무들 비탈에 서다》, 정한숙의 《끊어진 다리》를 집중 검토하면서 전쟁을 보는 시각, 전후 상실의 양상, 극복의 실상을 비교하여 문학사적 위치까지 해명해보고 있다.

7 정한숙, 〈한국 전후소설의 양상〉, 《현대한국소설론》(고려대학교출판부, 1977), 149-212쪽.

《광장》이 이에 속한다고 보고, 후자를 '긍정의 윤리'로 규정하고《끊어진 다리》와《목소리》를 동궤의 작품이라고 분석하였다.

본고는 이러한 기왕의 연구를 바탕으로 해서 작품 해석을 해나가고자 한다. 작품의 이해에서 중요한 것은 하나의 소설작품이 어떤 짜임새로 되어 있으며, 그 짜임새를 통해 소설의 주제가 어떻게 수용되고 있는가를 밝히는 작업이다. 이 작업이 선행되지 않고서는 작품의 평가는 결국 보류할 수밖에 없으며 문학사에서의 자리매김도 타당한 것이 아니라고 생각한다.

그런 점에서 본고에서는 이 소설의 특징적인 면모와 함께 작가의 역사인식의 태도를 파악하는 데 주안점을 두었다. 작가의 현실인식이나 역사의식은 어떤 것이든지 모두 작품의 구조 속에서 포괄적으로 포함되어 있는 것이므로 소설의 구조를 제대로 해명해나가기만 하면 작가의 역사의식은 자연히 밝혀지게 될 것이다.

2. 소설기법과 회상구조

이 작품의 전체적인 틀을 살펴보기 위해 먼저 이야기의 진행에 따라 몇 개의 단락으로 나누어 상고하기로 한다. 이렇게 하는 데 특별한 이유는 없다. 다만 작가가 선택한 소설의 짜임새를 살펴보면, 작가가 우리에게 제시하고 있는 수많은 가능한 질서들 가운데서 우리가 발견해내는 질서가 가장 독단을 피할 수 있는 한 방편은 될 것이다.

이 소설의 첫 번째 특징으로 들 수 있는 것은 기술 형식이다. 우리는 이 소설을 읽기 시작하자마자 작가가 작품을 창작하면서 몇 가지의 선택적 기술 방법을 동원하고 있음을 알게 된다. 그것은 사건이 어디에서 시작하는가, 어떠한 관점에서 그 사건을 보는가, 어떤 관습을 사용하는가 하는 문제들과 부딪칠 때 우리는 쉽게 하나의 논리를 발견하게 된다는 점이다. 그것은 단선적인 것이 아니라 복합적이며 전체적인 체계를 갖고 있음도 알게 된다.

이 작품은 장면의 연속구조로 이루어져 있으며, 그 장면들은 모두 회상형식으로 되어 있다. 현재의 시점에서 이야기가 진행되고 있으나 수시로 회상기법이 동원되어 현재와 과거가 뒤엉켜 진행되고 있다. 이런 수법을 동원하여 진행되는 장면을 교체시키거나 중단시키거나 새로운 장면으로 넘어가기 위해 화자는 언제나 현재 시점에 머물고 있다. 전체를 다 읽고 난 후 연대기적 시간을 재구성해보면 다음과 같다.

1) 현재의 나(이 소설의 화자이며, 주인공, 이름은 '연')는 일제와 해방과 전쟁을 겪고 4·19의 격동기를 거쳐 새로운 시대가 열리고 있는 한 시대에 위치해 있다. 나는 정치적 이념이나 시대의 갈등에는 관심 없다. 오직 가난을 떨치기 위해 개척단의 일원으로 가족과 함께 야산의 개간지에서 시간을 보낸다. '가난'을 몰아내는 것만이 '나'의 자유의 획득이라는 신념을 갖고 있다. 나는 지금 태평양 전쟁 직전에 헤어진 존 모리스라는 미국인 선교사 2세를 생각한다. 나의 어린 시절은 온통 그와의 추억에 관한 것이다.
2) 과거의 나는 일제시대의 소년이다. 거슬러 올라가, 오래 전에 헤어진 존을 생각하면 온통 아련한 유년의 추억뿐이다. 나의 과거는 존과의 생활 그 자체라 할 수 있다. 그 과거는 바로 '나'의 역사이며 우리의 현대사이기도 하다. 일제치하에서 겪게 되는 유년기 체험들은

고난의 역정이기도 하지만 때로 달콤한 추억이기도 하다. 태평양전쟁 말기 존의 가족이 일제에 의해 이 땅에서 추방되고 나는 존과 헤어지게 된다. 일제로부터 해방되지만 '나'는 자유를 찾아 남하를 결행한다. 그러나 6·25 전쟁이 터지고 나는 군문에 들어가 전쟁을 치른다. 남북으로 갈린 땅에서 일어난 전쟁으로 나는 다리가 잘려 불구가 된다. 그리고 역시 자유를 찾아 월남한 고향 처녀 미혜를 만난다. 그녀 역시 전쟁통에 양공주가 되고 그로 인해 병을 얻어 실명하였다. 결국 다리 잘린 나와 눈먼 그녀는 서로 불구의 몸으로써 결합한다.

3) 현재의 나는 개척단에 들어와 산지개발 작업에 착수하였으며, 이제 5년이 지나 어느 정도 자립의 기틀을 마련했다. 이 일은 오직 '나'를 자유롭게 하기 위한 일이라 믿고 시작한 것이다. 내가 꿈꾸는 '자유'는 '기아로부터의 해방'만이 달성할 수 있는 것이며 이것만이 현재 나의 소중한 일이다. 그러나 뜻하지 않은 큰 홍수를 만나게 되어 나를 비롯한 개척단원들이 망연자실하고 있다. 외부 도움을 얻을 수밖에 없다. 이때 수해 현장의 복구를 돕기 위해 외국의 구제사업단이 오며 그 보도를 위해 함께 온 '존'을 만난다.

이렇게 보면 이 소설의 골격은 지극히 간단한 듯 보인다. 이야기의 진행은 시간적으로 현재에서 출발하여 과거로 돌아갔다가 다시 현재로 나온다. 그러나 이 같은 진행이 일정한 틀을 갖고 있지 않다. 시제는 항상 현재이면서도 과거의 사건이 느닷없이 기술되고 혼란스럽게 진행되기 일쑤이다. 이와 같은 무작위적인 회상기법은 작가의 의도적 수법일 수도 있다. 이점을 한승옥 교수도 이 작품을 논하는 자리에서 '트릭의 사용'이라고 지적한 바 있으며,[8] 소설의 서두에서 작가 스스로 주인공 '연'을 통해 다음과 같이 진술한 바 있다.

> 이후 이십 년… 그 이십 년이란 세월은 마치 세찬 소용돌이 속을 헤어나지 못하고 휩쓸려 다녀야 했던 담수어(淡水魚)와 같은 생활이었던 탓으로, 내 지난날의 기억은 온통 뒤죽박죽이 되어버렸다. 삼 년 전 일이 십 년 전 일 같기도 하고, 십 년 전 일이 삼 년 전 일 같기도 하니 말이다.[9]

이와 같은 '트릭'의 사용은 앞으로 전개될 소설진행의 시간이 일정한 틀을 유지 않을 것을 암시한다. 작가는 주인공의 '두뇌가 명석치 못함'과 '급격한 생활환경의 영향' 때문이라고 그 원인을 밝히고 있지만 회고되는 사건들이 일정한 질서가 없음은 과거의 일이 곧 현재에도 계속되고 있음을 말해주는 일종의 '의식의 흐름' 수법을 동원한 것이라 보아도 좋을 것이다. 이 소설은 일인칭 화자인 '나'의 회고담으로 된 이야기이다. 과거의 이야기 속 시간들도 순차적인 진행순서를 따르지 않고 뒤죽박죽으로 전개되고 있다. 많은 삽화들이 현재 – 과거(대과거) – 현재 – 과거 – 현재의 일로 반복된다. 그것은 주인공이 자신의 유년생활에 대한 회상이 현재에 의한 것이기 때문에 일정한 시간적 순서에 의해 배열되지 않고 있는 것이기도 하지만 면밀히 따져보면 여기에도 이유가 있을 것이다. 그것은 어쩌면 작가 자신이 드러

8 한승옥, 앞의 책, 277쪽.

9 정한숙, 《끊어진 다리》(을유문화사, 1962), 5쪽.

내고자 하는 유년기의 체험들이 비록 토막토막 단편화되고 대수롭지 않은 것이라 해도 그것은 단지 과거의 일로서 현재와 완전히 단절되거나 관계없는 것이 아니라 현재의 일부를 이루고 있고 현재도 그와 밀접하게 관련을 맺고 있음을 드러내주는, 작가가 미리 계산한 의도적 수법의 일부라고 볼 수도 있다. 이와 같은 기법적 시험은 물론 몇 가지 약점을 수반하기도 한다. 한승옥 교수는 이와 관련하여 무엇보다도 '주제의 내면화'에서 약점을 안게 된다[10]고 지적한 바 있다.

해방을 맞아 월남한 이후 서울에서의 생활도 마찬가지로 설명할 수 있다. 인물에 따른 현재 진행 중일 때에도 그와 같은 유년기적 회상형식은 그대로 도입된다. 소설의 결말은 다시 이야기의 현재이며 맨 처음 도입부에서 회상으로 시작되었던 존 모리스와 다시 만나는 데서 이야기를 끝내고 있다.

이렇게 이야기의 짜임새는 간단하지만 도표로 간단히 설명할 수 없는 구조를 갖고 있다. 다시 말하면 이 소설은 하나의 사건이 연속적으로 다른 사건으로 이어지는 것이 아니라 과거와 현재가 서로 결합하기 위하여 과거의 사건들이 현재 속에 도입되며 그 사건들은 다시 무수하게 나눠어지고 또 다시 작은 사건이 삽입되어 반복되고 있다. 이는 이 소설의 한 특정한 구조를 이루는 것이기도 한데 이렇게 작은 사건과 현재의 이야기가 맞물려 비로소 주인공을 비롯한 인물의 성격이 하나씩 골격을 갖추게 된다.

---

10 한승옥, 앞의 책, 278쪽.

3. 주동인물의 개인사와 사회사

작가가 당대를 그리고 있는 소설에서 인물들은 그 사회의 풍속과 세태를 자연스럽게 드러내기도 하지만, 인물의 개인사를 통해 사회 역사적 배경을 암시해주기도 한다. 이를 몇 개의 관계설정에서 살펴보기로 한다.

우선 '연'의 아버지와 '존'의 아버지와의 관계를 보면 분명해진다. '연'의 아버지는 일제강점시대 북한의 한 시골에서 존 모리스 선교사가 시무하는 교회의 종지기이다. 그러나 그 집의 젖소를 기르며 자질구레한 심부름을 하는 하인이나 다름없다. 일제시대, 일제가 아닌 미국과의 종속관계가 이미 연의 선대부터 설정되고 있음은 이후 상황이 변화되었을 때에 그 관계가 어떻게 변모될 것인지 또는 '연'이 어떤 방법으로라도 타개하여야 될 과제를 주고 있다. 그러나 상황이 변해도 그러한 인식은 크게 변화되지 않았다는 것을 드러내는 데 상당한 관계가 있다.

연의 아버지는 일제 말기 전쟁에 광분한 일제가 전쟁물자 동원에 혈안이 되었을 때 생사를 걸고 교회 종을 지키려다가 결국 죽음을 당하게 되고 만다. 이 사건은 표면적으로 일제의 횡포를 그려내는 것이지만 선교사가 본국으로 돌아간 뒤에도 계속해서 교회를 지키며 종의 헌납을 반대하고, 그 종을 계속 지키려는 아버지의 의식 속에 내재되어 있는 삶의 방식은 상징적이다. 교회의 종이 인간의 구원을 상징하는 것이라면 연의 아버지의 죽음은 인간의 자유가 말살되고 말았다는 것을 의미한다. 그러나 그 이면에는 또 다른 의식의 한 면이 자리 잡고 있다. 그것은 주종의 관계에서 나타난 피해당사자가 누구인가를 보여주고자 한 점이다. 주인이 아무런 상처도 없이 돌아가고 난 뒤에도 하인은 그 뒤에 오는 수난과 희생을 감수하여야 하는 것이다. 연의 부모가 비록 기독교를 믿고, 그 아들이 유아세례를 받았다고는 하지만 그것은 '한낱 생활의 방편에서 비롯된 것'[11]이었기 때문에 동일한 시대, 동일한 장소에 살아도 역사적 현실은 완연히 다르게 수용되는 것이었다.

다음은 '연'과 '존 모리스'의 관계를 살펴보자. 아버지 대의 종속관계가 아들대에 와서 물론 그대로 존속되지는 않는다 해도 연과 존이 동일한 역사적 환경 아래 있다고는 할 수 없다. 미국인 선교사의 아들과 그 교회 종지기의 아들로 함께 어린 시절을 보내고 존이 어렸을 적 우유가 몸에 맞지 않아 연의 어머니 젖을 나눠먹기도 하지만 그 일이 이 둘의 동질성을 확인하는 것은 아니다. 기독교 정신 아래에서 연과 존이 서로 친밀감을 갖게 되고 소년적인 우정이 이들의 관계를 갈등관계가 아닌 화해관계로 유지시키고는 있지만 그러나 그것은 어디까지나 피상적이다. 어린 시절 공동의 추억과 동일한 신앙을 갖고는 있지만 연이 존을 바라보는 시선은 동등한 관계가 아니다. 이미 아버지 대에 사실상의 주종관계가 아들에게 그런 환경을 만들어주었던 것이다. 연이 '존과 나는 바탕이 달라도 어딘지 서로 같은 점이 많았다. 한 젖줄을 빨았다는 것과 같은 울타리 안에서 자란 탓인지도 모른다'[12]고 동질성을 내세우지만 이는 '바탕이 다르다'는 본질을 간과하는 것이다. 이미 어린 시절 존의 집이 '화강석으로 다듬어진 석조 건물'이며

11 정한숙, 《현대한국소설론》(고려대학교출판부, 1977), 196쪽.

12 정한숙, 《끊어진 다리》(을유문화사, 1962), 60쪽.

그 집은 쉽게 접근할 수 없는 대상이며 언제나 '푸른 빛'으로 빛나는 우러러볼 수밖에 없는 대상이라는 점이 근본적으로 자리를 잡고 있다. 그러므로 연과 존의 우정으로 맺어진 관계일 뿐 결코 동화관계는 될 수 없다.

일제의 식민지치하에서 강요된 '신사참배'로 존의 가족이 이 땅을 떠날 때에도 존은 떠날 뿐이지, 정신적 상처를 입지는 않는다. 존으로서는 연과의 헤어짐이 섭섭할 뿐이다. 그러나 그런 일조차도 연에게는 정신적 압박과 상처로 남아 존과의 헤어짐이 연에게는 엄청난 비극을 가져오게 되는 원인을 제공하게 된다. 연이 갖게 되는 피해의식은 '말하자면 나는 선교사 댁 울타리 안에서 자랐다는 그것과, 유아세례를 받았다는 것으로 해서 씻을 수 없는 죄를 저지른 것과 같은 죄의식 속에서 세월을 보내야만 했다'[13]는 진술로도 확인된다. 선교사가 떠나가고 아버지가 죽은 뒤 연은 신(神)의 존재에 대해 회의하기 시작한다. 연이 일으키는 신앙의 혼란은 곧 '정신적 혼란'[14]이며 달리 표현하면 개인의 상처가 민족의 수난이기도 한, 민족정신의 갈등을 말해주는 것이다. 존에 대해서 연은 언제나 평등관계의 우정을 희구하지만 현실은 그것을 용납하지 않는다. 전쟁이 일어났을 때 미국은 원조자의 입장으로 들어오고, 자유를 지키는 용사로서 존재한다. 연의 미국에 대한 태도는 분명하다. 그들이 가져온 밀가루와 설탕과 레이션박스와 그리고 구제품 보따리가 우리들의 정신생활에 어떤 영향을 주었는지를 준엄하게 묻고 있다. 존에 대한 연의 기억 속에 자리 잡고

---

13 위의 책, 74쪽.

14 이주형, 앞의 책, 36쪽.

있는 미국에 대한 인식은 다음과 같은 말로 분명히 드러내주고 있다.

> 같은 젖을 나누어 먹고 자란 존, 성경얘기보다도 우리 어머니의 옛날 얘기를 더 즐겨 들으려던 존, 그 존도 한국전선에 참전하고 있을 것인가. 한국에 묻어지기를 원하던 모리스 선교사. 그러나 그 부인은 왜 존이 우리나라 풍습에 젖어 동화되는 것을 그렇게 두려워하였을까? 나는 존의 어머니가 그것을 가장 경계하고 있던 것을 어린 소견에도 어렴풋이 알고 있었다. 그러고 보면 하나님의 복음도 우리들을 위한 것이 아니라 아메리카라는 나라를 위한 선교는 아니었을까?[15]

> 1950년 6월 25일, 우리는 공산군의 남침을 막기 위해 같은 전선에 섰던 자유의 용사요, 자유의 형제였던 것이다. 존! 그러고 보니 너의 조부가 묻혀 있는 나의 조국의 해방사란 병든 역사로 꾸며지고 말았다. 존! 언젠가 나는 지금 내가 자리하고 있는 땅에서 너와 만날 수 있게 될 것을 믿어.[16]

그러나 연이 기대하고 희망하는 대로 역사는 진행되지 않는다. 대등의 관계에서 만나기를 기대한 것과는 달리 수해를 당해 추위와 굶주림의 폐허 위에 서 있는 연에게 존은 날씬한 세단차를 몰고 와서 수해의 참상을 보도하기 위해 나타난다. 현실적인 분명한 대조이다. 연은 존에 대해 수평적 우정을 기대하며 원조를 바라지는 않는다. 그러

---

15 정한숙, 《끊어진 다리》(을유문화사, 1962), 112-113쪽.

16 위의 책, 218쪽.

나 연의 태도가 단호하지 않다. 앞으로 어떻게 할 것인가에 대해 존이 물었을 때 연이 대답한 말에서 존에 대한 연의 태도는 이를 잘 보여준다.

"자네 조부와 부친께서는 천국의 사업을 도우러 이 땅에 오셨고, 존은 다시 미국 정부의 일을 도우러 나오지 않았나."[17]

"아무리 많은 구제품과 레이숀 박스라 해도 헐벗음과 굶주림을 막을 순 없을 거야. 공연히 인심만 사납게 하기가 쉽지."[18]

한편으로 미국의 원조를 당연한 것으로 받아들이면서 원조가 최상이 아님을 진술하는 것은 무엇인가. '연'이 어릴 적 별명이 '양거지'였으며 이에 대한 의문을 가진 적이 없었고 '새로운 역사를 창조'하기 위해 황폐한 땅을 일구어 낙토로 가꿔야 한다고 주장하면서도 한편으로 미국의 정치적 경제적 도움에 기대를 걸고 있는 것과 무관하지 않다. 이 점이 바로 연의 현실감각인데, 이는 어릴 적에 겪은 '정신적 혼란'과 무관하지 않을 것이다. 그렇다면 이에 대해서는 다시 점검해 보아야 하는 연의 역사인식의 방향감각이라고 할 수 있다.

'연'과 '미혜'의 경우에서도 작위성이 강하기는 하지만 현실적 상황의 여러 모습들이 노정된다. 현재 이들은 부부이지만 이들이 부부로 맺어지기까지는 아픈 과거와 운명적 시련이 있었다. 연이 전투에 참

17 위의 책, 405쪽.
18 위의 책, 405-406쪽.

가하여 다리 하나를 절단당한 것이나 미혜가 가난 때문에 양공주가 되어 결국 실명한 것이 모두 역사의 소용돌이 속에 내동댕이쳐진 현실적 고난이다. 작가 스스로 해명하는 글[19]에서도 이렇게 눈먼 아내와 한쪽 다리가 부러진 절름발이 남편의 설정은 '분단된 절름발이 국토의 눈먼 절망을 그대로 암시'하는 것이라고 밝힌 바 있다. 작가 스스로 밝히지 않았다고 해도 이들 인물의 결합은 매우 상징적이며 우리 민족의 현실 그대로를 담고 있다고 볼 수 있다.

그러나 이들은 어두운 현실에서 절망을 딛고 밝음을 향해 발돋움하려는 의지를 갖고 있다. 그것은 연이 제대 후 미혜와 함께 산골로 들어가 황무지를 개간하며 새로운 삶을 시작한다는 구체적 삶에서 확인된다.

> 나와 미혜는 이 1960년이란 해를 맞아 완전히 흥분되어 버리고 말았다. 그러나 이러한 흥분도 내 신념을 뒤흔들어 주지는 못했다. 그것은 우리들의 현실이 너무나 벅찼던 것이다. 우리들의 개척사업은 흥분만으로는 지속될 수 없었다. 희망, 승리, 도취, 그 어느 것도 우리들을 당장에 기아로부터 건져주지 못했다. 우리들을 가난과 기아로부터 구출시킬 수 있는 힘은 우리들의 어깨와 다리를 믿는 것밖엔 없다는 신념을 스스로 습득할 수 있었을 뿐이다.[20]

물론 이와 같은 상황설정은 상당히 작위적이며 한편으로 현실도피적이기는 하지만 절망의 외침과 몸부림으로써 현실을 그려내려는 의

19 정한숙, 《현대한국소설론》(고려대학교출판부, 1977), 204쪽.
20 정한숙, 《끊어진 다리》(을유문화사, 1962), 179-180쪽.

도가 아니라 '인내와 근면'으로 꿈꾸었던 에덴을 건설하고자 하는 극복의지를 갖고 있는 인물에 작가는 더 큰 의미를 부여하고 있으며, 현실을 어떤 방법으로 극복하는가에 방향을 맞추었다고 볼 수 있다.

인물의 경우에 있어서 미국인 선교사의 아들 존 모리스를 제외하고는 모두 상처투성이의 피해자이다. 민족과 개인의 경우, 이 둘은 따로 떨어진 존재가 아니라 하나임을 드러내준다. 민족이 수난을 당할 때 개인은 결국 상처를 입고 불구의 몸이 되고 만다는 작가의 논리가 담겨 있다고 볼 수 있다.

이 소설에서는 '연'과 '미혜'가 바로 그런 인물의 대표격이지만, 역사의 소용돌이 속에서 악역을 맡게 되는 인물이라고 볼 수 있는 '최상운' 역시 상처 입은 인물이라고 할 수 있다. 일제시대에는 일제에 기대어 온갖 악행을 저지르고, 해방이 되었을 때는 월남하여 반공을 내세운 정치폭력단체의 간부가 되어 날뛰는 모리정상배인 최상운도 따지고 보면 역시 시대적 상처를 입은 역사적 인물인 셈이다. 어두운 현대사 속에서 한 개인의 삶이 어떻게 변질되어 나타나고 있는가를 잘 보여주는 인물로 그는 존재한다.

'연'과 '미혜'는 자신들처럼 불구가 되어버린 이 땅의 현실을 극복하기 위해서는 '황폐한 땅을 낙토로 만들어야 한다'는 명확한 믿음을 갖고 있다. 그들은 그것이 가능하다고 믿는다. 낙토의 건설이야말로 조국의 재건이며, 그것은 '자유'의 획득이라고까지 여긴다. 연이 추구하고 꿈꾸고 있는 이 '자유'는 구체적으로 '빈곤으로부터의 해방'이다. 공산주의를 막는 것도 결국은 빈곤 문제를 해결할 때 가능하다는 것이 연의 믿음이다. '공산주의를 막기 위해서도 그렇지만, 우리는 소중한 자유를 찾기 위해서도 빈곤에서 벗어나는 길밖에 없을 것이다',

'우리들은 빈곤에서 벗어나 자유를 누릴 수 있을 것이다'라는 연의 진술은 이를 말해준다. 그러나 이와 같은 단순한 논리로 과연 '새로운 역사'를 창조할 수 있는 것일까. 이에 대해서는 다음 장에서 다룰 문제이기도 한데 관련되는 한 가지만을 논의하자면 이주형은 '분단극복 문제의 인식'의 면에서 적극적이지 못함[21]을 지적한 바 있다.

4. 역사인식의 태도

소설이 현실과 객관적인 대응력을 유지하기 어렵다고 판단될 때 작가는 인간의 내면이나 원형의 탐구에 주력한다. 그러나 민족의 역사와 구체적인 삶의 방식의 변화를 추구하고자 할 때 작가는 현실과 역사에 대한 태도를 분명하게 하고 구체적인 삶의 방법을 증언하고자 할 때는 더욱 그러하다.

작가가 역사를 발견하게 되는 과정은 보다 확실하게 현실을 인식하는 데에서 출발하게 된다. 현실적 삶이 여러 조건을 제약하고 기대하는 희망을 차단시킨다고 여겨질 때 작가는 새로운 역사소설로서 현실을 대체시키게 된다. 이와는 반대로 현실이 삶을 편안하게 해준다고 해석될 때 작가는 역사 자체를 망각하기 쉬우며, 자신이 서 있는 시대의 본질을 파헤치는 작업에도 소홀하게 되는 법이다.

그러면 《끊어진 다리》를 통해 한 작가가 자신이 체험한 당대를 어떻게 형상화하였으며, 이에 어떤 방식으로 한 시대를 증언하고 있는지, 나아가 역사에의 관심은 어떻게 표현되고 있는지 살펴보고자

---

21 이주형, 앞의 책, 40쪽.

한다.

《끊어진 다리》는 제목이 주는 상징성과 암시가 아주 강하다. 불구가 되어버린, 분단된 현실을 그대로 나타내고 있다. 작가 스스로도 이에 대해 '상징적인 제목'으로 쓰고 있었음을 밝힌 바 있으며 '남과 북으로 갈라진 오늘의 조국현실과 남·북의 대립으로 끊어진 연의 다리와, 홍수에 밀려 끊어진 다리(橋)와, 그 '끊어진 다리' 때문에 다시 만나게 된 연이와 존의 입장은 우리 민족의 현실 그대로였다'[22]고 설명하고 있다.

그와 같은 어두운 현실 속에서 '눈먼 아내'와 '절름발이 남편'의 결합도 상징적 함축성을 지닌다. 그것은 '분단된 절름발이 국토의 눈먼 절망'을 그대로 암시했다면 작가가 어떻게 현실대응을 펴고 있는지를 짐작할 수 있게 해준다. 그렇다면 제목이 주는 복합적인 암시와 상징을 어떻게 그려내고 있는지 다시 스토리의 전개를 따라 살펴보기로 한다.

먼저 이 소설의 내용적 시간을 살펴보면 우리의 현대사 가운데 가장 중요하면서 현실인식의 전형적 태도를 보여줄 수 있는 시기인, 일제의 강점시대와 그 말기에서부터 해방과 6·25 전쟁, 전쟁 이후의 혼란기와 그로부터 10여 년이 지난 현재까지를 잡고 있음에 주목할 필요가 있다. 이 시기를 살아가는 소설의 주인공 '연'의 행적과 사고체계를 통해 작가의 현실인식은 그대로 드러난다.

식민지시대를 살아나가는 '연'은 소년이기 때문이기도 하지만 지극히 단순한 사고와 행동을 하는 인물이다. 그의 아버지는 비록 미국

---

22 정한숙,《현대한국소설론》(고려대학교출판부, 1977), 204쪽.

인 선교사 집의 머슴이나 다름없는, 교회의 종지기이지만 아들인 연은 그와 같은 종속관계를 별로 인지하지 못한 채 선교사의 아들 '존'과 격의 없는 우정을 간직하고 있다. '존'과는 '바탕이 다르다'는 것을 알긴 하지만 '어딘지 서로 같은 점이 많다'고 생각하며 어디까지나 대등한, 수평적 우정을 '존'에게서 구하고자 한다. 그러나 '연'의 부모 입장은 다르다. 그들이 기독교 신앙을 갖고 있었고, 그 신앙이 보편적 평등을 추구하고 있었다고 해도 실제로는 주종관계의 입장에 있었던 것이다. 그것은 기독신앙을 갖고 있었으면서도 그 아들에게 어머니가 해주는 이야기는 언제나 '유·불·선에 해당하는' 이야기를 해주고 있다는 태도에서도 잘 나타나고 있다. 말하자면 그의 부모가 간직한 기독교적 신앙은 '한낱 생활의 방편'에 지나지 않는 것이었다. 연의 아버지가 교회의 종을 지키려다 잡혀가 생사를 확인할 수 없게 되고, 교회 내에서도 신사참배를 해야 한다고 주장하는 장로가 있어 마침내 연으로서는 최초의 갈등이라고 할 수 있는 일종의 정신적 압박을 느끼게 된다. 선교사 집안이 자기 고국으로 돌아가고 난 후 '연'은 비로소 이 정식적 압박, 즉 신앙의 혼란이 비극적 상처가 되고 이것이 무엇인지를 어렴풋이나마 알게 된다. '말하자면 나는 선교사 댁 울타리 안에서 자랐다는 그것과, 유아세례를 받았다는 것으로 해서 씻을 수 없는 죄를 저지른 것과 같은 죄의식 속에서 세월을 보내야만 했다. 전쟁이 날로 격심해질수록 나는 심한 강박감에 사로잡혀 살아야만 했다'[23]고 되뇌는 '연'의 그 고통은 일종의 피해의식이라고 볼 수 있는데 이는 '혼란된 가치의식'[24]인 것이다. 주변사람들로부터 '양거지'라

23 정한숙, 《끊어진 다리》(을유문화사, 1962), 74쪽.

는 별명을 들으며 기독신앙과 일제가 가르쳐 준 그들의 신(神)과 어머니로부터 이어받은 전래신앙 사이에서 정신적 혼란을 겪게 되는 연은 이율배반적인 생활의 함정에 빠진다. 학교에서는 황국신민의 서사를 외우며 신사참배에 순종하는 한편으로, 교회에 나가서는 혼자 열심히 기도하는 것이 그것이다. 그로부터 20년이 지난 현재의 시점에서 듣는 교회의 종소리에도 별 감흥을 느끼지 못하는 연은 우리 역사에서 남보다 유달리 많이 가져야 했던 신(神)과 종교들이 자신을 불감증(不感症)이 되게 하였을 것이라 여기고 있는 것이다.

미국인 선교사네 집에서 소중하게 기르던 새끼괭이를 연이가 받아 기르게 된 삽화는 그와 같은 결과를 예정하고 있는 상징적인 사건이 된다. 그것은 선교사가 '연'에게 준 영향이 무엇인가를 암시한다. 괭이의 이름을 서구식으로 붙인 데 대해 연은 '자신이 길러야 하는 것이므로 우리식으로 이름을 지어줘야 한다'며 '미혜'라고 붙인다. 미혜는 이웃집 소녀이다. 그러나 괭이는 일찍 죽고 만다.

> 나는 이러한 흐리멍덩한 의식 속에서도 어떤 회한을 씹어야만 했다. 첫째는 기를 자신도 없이 존으로부터 그 괭이를 받은 뉘우침이다. 그리곤, 뒤이어 아버지가 하던 말을 생각했다. '너무 일찍 에미를 떨어지면 살지 못한다'던 말. 그런 것을 다 잘 알고 있는 아버지는 무슨 이유로 존에게 돌려줄 것을 강하게 명령하지 않았을까….[25]

---

24 신동욱, 〈자유의 신화〉, 《현대문학》 통권 127호(1965. 7), 269쪽.

25 정한숙, 《끊어진 다리》(을유문화사, 1962), 38쪽.

존과 연의 추억 어린 삽화 가운데 여치 잡던 대목이 있다. 여치를 잡으면 '그만 자기 다리를 자기가 부러뜨리는' 여치. 여치집을 만들기 위해 연이 수수깡 껍질에 손을 베었을 때 연이 존에게 이렇게 반문한다. '다리가 부러진 여치는 가엾어도 피가 나는 내 손끝은 가엾지 않니?' 미국과 우리, 선교사와 종지기, 존과 연의 관계에서 그리고 이후 전쟁과 상관하여 그들과의 관계를 놓고 볼 때 이 말은 의미심장한 대목이다. 그리고 연과 존의 여치 잡이에 대한 또 하나의 의미 있는 대목이 있다.

> 나는 고개를 돌리지 않은 채 들고 있던 여치의 집을 뒤로 내밀었다.
> "제길, 잡기만 하면 다리가 부러져 나가네."
> 존은 내가 내민 것은 받기도 전에 이런 불평을 늘어놓았다.
> "존은 왜 말로만 가엾다지?"
> "내가 부러뜨렸나… 제가 부러진 건데."
> "그러니까 잡질 말어."
> 존은 수수깡 안경을 벗어던지고 자기 집으로 뛰쳐 올라갔다. 나도 그러한 존을 부르려 하질 않았다.[26]

작은 사건이지만 이 대화에서 소년이 우리 역사를 어떻게 이해하고 있는지를 알 수 있다. 여치의 다리가 잘려나가는 것이 '자기 스스로 한 것'이라는 존의 주장과는 달리 연은 '다리를 잡기 때문에 잘려나가는 것'이라고 인식하는 것이다. 이러한 연의 의식의 근저에 자리

---

26 위의 책, 186쪽.

잡게 된 피해의식은 스스로 선택한 것이 아니라 타의에 의해 주어진 것이다. 기독신앙 아래 자리 잡은 어떤 것들은 연이 스스로 지켜나가야 하는 것이며 이런 것들은 도리어 뚜렷한 영향이 아니라 일종의 피해의식이 되었던 것이다. 이는 미국으로 대표되는 외세에 대한 비판의식의 표출로 보아도 좋을 것이다.

연은 결코 투사적 인물이 아니다. 역사적 격동기를 살아오긴 했지만 평범한 인간 군상 중에 하나일 뿐이다. 특별한 이념을 갖고 시대에 대처한 인물도 아니었으며, 또 그런 이념을 실천하지 못해 갈등을 겪었던 인물도 아니다. 자신에게 주어진 환경에 순응하며 소박하게 자기를 지키고자 했던 보통 인물의 전형이다. 그랬기 때문에 일제의 공출이나 신사참배에도 특별히 저항하지 않는다. 그렇기는 해도 상황적 변화가 일어났을 때에는 그도 정의로운 주장을 할 줄도 알고, 그로 인한 고난을 감내하기도 한다. 해방이 되기까지 보통의 인물들이 그랬듯 그도 시대적 환경 아래에서 많은 고난을 감내하며 살아가는 것이다. 때문에 그가 당한 그 고난이 특별한 의식의 형성을 의미하지는 않는다. 해방 후 소련군이 진주했을 때에는 아버지가 일제에 의해 옥사했다는 이유로 보안서원이 되는 것까지도 스스로의 선택이 아니라 모두 타의에 의한 것이라는 점에서 소극적 인물이 당하는 현실적 고난의 삶의 현상을 그려내고 있을 뿐이다.

그러한 일들은 이후에도 계속된다. 보안서원이 되어 보초를 서다 유치장에 갇혀 있는 자신의 옛 선생을 보아주었다는 혐의로 자기가 갇히게 되는 일이나, 남하하였으나 보안서원이었다는 전력 때문에 다시 청년연맹원에 의해 혼나는(그때마다 생각지 않던 도움을 받아 구출되기도 하지만) 일련의 일들도 역사의 소용돌이와 결코 무관하지 않다.

그가 월남하여 생활하게 되는 이남의 사회는 이미 자신이 막연히 꿈꾸어왔던 그런 곳이 아니었다. 무질서와 불안, 혼란과 사기와 협잡 등 온갖 악과 부도덕이 판을 치고 있었고 그와 함께 자유를 찾아 내려왔지만 그 중에는 '동향인의 재산을 탐내서 빨갱이로 몰았고, 무고한 백성들이 순순히 복종치 않는다고 좌익이라고 때려눕혔던' 사람들이 있었으며, '청년들의 순수한 정열을 농락하여 정치계에도 그 권세를 마음대로 휘두른' 사람들도 있었다. 그러므로 해방된 조국이 윤리적인 타락의 새로운 전개를 하고 있음을 목도했을 때 그가 좌절을 느끼는 것은 당연하다. 일제시대 친일해서 잘 살던, 최상운과 같은 사람은 바뀐 세상에서도 여전히 잘 살고 있다는 사실은 무엇을 말해 주는가. 그것은 결국 정당한 방법으로 살려고 노력하는 사람은 항상 역사로부터 소외되고 수단과 방법을 가리지 않고 권력과 부(富)를 좇는 사람은 언제나 편안한 삶을 살게 된다는 도덕적 타락상에 대한 고발적 증언이었던 것이다.

많은 사람들이 밀수와 불법적인 상행위로 새로운 부를 누리며, 자신이 찾아 헤맸던 것은 그 실체가 모두 허상임을 깨달았을 때, 그가 할 수 있는 일이란 어떤 것인가. 주어진 환경에 순응할 뿐, 적극적인 실천의지나 도전의식을 갖고 있지 못하던 그로서 이런 현실에서 도피하고자 하는 것은 오히려 자연스럽다.

이와 같은 추악한 사회에서 벗어나기 위해 결국 연은 국방군에 지원입대한다. 연의 생애에 가장 기구한 역사적 상황은 바로 이 시기에 일어난다. 이 일은 자신의 선택에 의한 것이었다는 데 더욱 아이로니컬하다. 이 전쟁에서 그는 다리가 절단되는 것이다. 죽음이 아니라 불구의 몸이 되었다는 것은 보다 현실적이다.

어떻게 보면 가장 중요한 대목임에도 불구하고 작가는 전쟁의 상황을 적극적으로 묘사하거나 이 과정을 비중 있게 다루지 않고 있다. 전쟁은 하나의 상황일 뿐이다. 작중 인물의 운명을 바꾸어놓거나 사건의 큰 전환을 이루는 상황에서도 이 작품이 사실적 묘사가 미흡하다고 지적받는 것은 이 소설이 갖는 큰 약점일 수도 있고, 소설적 흥미를 반감시키게 되는 요인으로 작용할 수도 있을 것이다. 그럼에도 불구하고 중요한 상황들을 추상적이거나 개괄적으로 처리한 것은 사실을 그 자체로 받아들이고, 겉으로 드러난 현상만을 이야기하며, 그 속에서 변화하는 인간적 문제들을 추구하고자 하는, 작가의도라고 여겨진다.

이 소설에서 가장 중요한 상황변화는 연의 월남이나 입대, 부상하는 과정이 아니라 이후 자신처럼 불구가 되어버린 민족현실의 척박함에 아파하고, 이를 극복하기 위한 방편으로 야산을 개간하는 개척단의 일원으로 참여한다는 데 있다. 이는 현실을 현실로 받아들이고, 극복의 한 방편을 설정한 것이라고 볼 수 있다. 이전부터 연이 갖고 있었던 두려움은, 자유를 빼앗긴다는 것이었으며, 그 자유는 빈곤에서 벗어나는 것으로부터 획득되어진다고 그는 믿고 있다. 그래서 그는 이스라엘을 표본으로 삼은 조국재건을 꿈꾸게 되는 것이다. '공산주의를 막기 위해서도 그렇지만, 우리는 소중한 자유를 찾기 위해서도 빈곤에서 벗어나는 길밖에 없을 것이다'[27]라고 진술하는 이런 소박한 그의 믿음은 이 나라의 새로운 역사 창조는 개척정신을 갖고 일하는 성실한 보통 사람에게 있다는 논리를 보여주는 것이기도 하다. 연

27 위의 책, 196쪽.

이라는 인물 설정에서 그가 지금껏 견지해왔던 시대의 조류에 따라 행동한 것으로 보아 어쩌면 당연한 귀결이지만 이와 같은 소박한 논리로써 과연 그 엄청난 불구의 민족현실을 극복할 수 있는, 새로운 역사 창조의 타개책이 될 수 있을지는 의문으로 남는다.

6·25 전쟁은 그에게 무엇인가. 이 땅의 모든 풍속과 가치관을 급격하게 변화시켰으며 모든 사람에게 크나큰 충격과 영향을 주었던 전쟁, 그 전쟁의 후방과 그 뒷이야기를 작가는 담담하게 그려내고 있다. 그러나 삶의 파탄과 윤리적 추락과 무모한 희생을 가져온 전쟁의 와중에서 그 비극적 운명을 극복해나가는 주인공에게서 우리는 작가의 적극적인 역사의식을 발견할 수 있다. 한승옥 교수는 이 작품이 보여주는 역사인식이 '거시적 파악에 의한 현실인식'이며 '한 개인의 삶은 아무리 자기가 착하게 살려 해도 역사적 소용돌이와는 무관할 수 없다'는 과정을 보여준 작품[28]이라고 분석한 바 있다.

> 무엇을 위했던 진격이며, 무엇을 위한 후퇴인지 그 의의를 상실한 나에겐 얼어붙는 듯한 추위밖에 남는 것이 없었다. 중공군의 개입으로 인한 후퇴라는 것은 전 사병에 이르기까지 다 알고 있는 사실이다. 당(唐)나라 군대와 합세하여 백제성을 쳐들어갔던 신라군…. 가깝게는 임진왜란의 전진 속에 창을 휘두르며 나왔던 명군(明軍)……, 유엔군……, 중공군…….[29]

28 위의 책, 196쪽.

29 한승옥, 앞의 책, 31쪽.

일본말을 일본사람보다 더 잘 한다던 강 선생……

만주나 중국을 떠돌아다니는 사이에 중국 사람이나 다름없이 중국 말을 쓸 뿐 아니라 호복(胡服)을 입고 중국인 행세를 하던 사람들……

게다를 끌고 하까마를 즐겨 입던 얼굴……

표정까지 닮으려는 통역장교님들……

내가 입고 있는 군복을 보았다. 그리곤 눈을 감았다. 쉽게 동화되기를 바라는 내 살 속의 피가 갑자기 증오스러웠던 까닭이다.[30]

이러한 '연'의 현실인식은 민족의 자립이 외세에 의한 것이어서는 안 된다는 자각이다. 나아가 어느 우방이라도 대등한 관계일 때 민족의 자립이 성립될 수 있다는 교과서적 인식의 틀을 보여준다. 전쟁과 구원병의 관계도 원조하는 나라의 이면에는 언제나 자국의 이익과 직결되는 것이 있기 때문이므로 우리 스스로 단일민족주의로서 자립하여야 하는 과제가 중요하다는 역사인식과 맥을 같이 한다. 때문에 모든 책임은 바로 우리 민족에게 있다는 인식에 도달한다. 그것은 지난 날 존에 대한 연의 회상의 부분에서 모리스 선교사가 '한국에 묻어지기를 원하면서'도 그 부인은 '존이 우리나라 풍습에 동화되는 것을 두려워 한' 것에 대한 어렴풋한 깨달음과 '하나님의 복음도 우리들을 위한 것이 아니라 아메리카라는 나라를 위한 선교가 아니었을까'라는 의구심을 가졌던 것과 맥을 같이 하는 것이기도 하다.

'연'의 자립의 의지는 수해현장을 찾아온 존과의 대화에서 더욱 분명해진다.

---

30 정한숙, 앞의 책, 113쪽.

존, 신경 없는 이 고무다리도, 보이지 않는 미혜의 눈도, 결국은 내 의지로서 볼 수도 있고, 움직일 수도 있는 것이야. 인간의 의지가 곧 운명이란 말이 있지 않나. 말하자면 운명이란 의지의 결정 같은 것이니까.[31]

해발 3백 미터 고지대에서 다른 피난민들과 함께 황무지를 개간하여 에덴을 건설해 보려는 소박한 꿈이 하루아침에 홍수와 산사태로 처참하게 무너졌을 때에도 남의 손을 빌리지 않고 떳떳하게 자립해 보겠다는 결심은 역사적 과오나 개인의 상처가 스스로의 치유를 통해서만이 가능하다는 것을 말해주는 것이라 할 수 있다.

5. 평가의 재검토

격동기 역사의 현장에서 다룰 수 있는 여러 문제 가운데 이 작품은 현대사를 몸으로 겪어낸 인물의 행위의 궤적을 따라 과거와 현재를 파악하려는 작가의 의도가 어느 정도 잘 드러나는 편이다. 한 개인의 경험에서 출발하여, 민족이 공동으로 겪어낸 수난의 역사에서 어떻게 하면 이 비극적 현실을 타개할 수 있는지, 그 현실극복의 의지를 보여준 점에서 이 소설은 다른 작품과 구별된다. 그것을 작가의 현실인식이라고 하든지 역사의식이라고 불러도 좋을 것이다.

이 소설은 전체를 7장으로 나누어 구성하고 있으나, 장 구분은 소설 전체의 틀로 볼 때 별 의미를 갖지 못한다. 장의 구분이 소설 맥락

31 위의 책, 405쪽.

의 단락을 형성하지도 않으며 주인공 '연'의 유년에 대한 회상장면들조차 단락에 따라 특별한 연계성을 갖고 있지 않기 때문이다. 뿐만 아니라 유년의 체험이나 또는 그 이후의 경험들까지 매 장마다 전혀 순차를 고려함이 없이 전개되고 있고, 현재로부터 과거시제로의 이행도 매 장마다 반복되어 나타나고 있기 때문에 소설진행에도 장 구분은 영향을 주지 않는다.

이 작품은 한마디로 역사의 격동기를 살아오며 숱한 상처를 입은 개인, 또는 민족의 생성의지를 담고 있는 사회사를 그리고 있는 소설이라고 할 수 있다. 소설적 형식은 개인사이지만 그가 노정하고 있는 여러 문제들은 개인의 문제로 그치지 않는다. 시대를 이끌어가는 영웅적 인물도 아니고, 역사의식이 투철한, 지적 인물도 아닌 한 소시민이 격변기를 거치면서 어떻게 상처를 입고, 어떻게 극복해 나가는지를 작가는 이 작품을 통해 표출하고자 했던 것으로 보인다. 사실 우리의 현대사를 포괄적으로 담고 있는 인물은 지식인도 아니며, 혁명가도 아니었던 것이다. 역사적 격변기를 체험한 인물의 이야기는 그것이 어떤 형태로 쓰여지든지 개인사에 그치지 않으며, 그가 아무리 평범한 소시민일지라도 그가 걸어온 역정이 곧 우리의 역사가 된다는 것을 이 소설은 잘 나타내주고 있다. 부끄러운 것이거나 슬픈 것이거나 역사의 상처 혹은 그 아픔을 감추지 않고 어두운 역사의 현장을 객관적으로, 포괄적으로 드러내는 작업[32]은 그 자체가 역사에 대한 보다 심화된 관심이며, 이에 대한 지속적인 관심을 작품으로 보일 때 그 관심 자체만으로도 높이 평가할 수 있다[33]는 주장은 설득력 있게 들린다.

이 작품에 대해 작가는 '아픔을 딛고 일어나 광명을 되찾고자 하는 의지의 인간'을 다룬 작품이라고 스스로 평가를 내리고 있다.[34] 자신의 작품에 대해 스스로 평가를 내리고 있다는 것은 퍽 이례적인 것이지만 작품에 대해 작가 스스로 문학사적인 평가를 내리고자 한 의도로 볼 수 있다. 그럼에도 불구하고 이 소설은 몇 가지 약점을 안고 있다. 그 약점은 소설구성에서 오는 것일 수도 있고, 역사인식의 철저하지 못함에서 기인되는 것일 수도 있을 것이다. 이에 그 몇 가지를 총괄적으로 살펴봄으로써 본고의 마무리로 삼고자 한다.

먼저 소설의 진행기법에서 볼 때 무작위적인 회상기법을 원용하고 있는 이 소설은 격변기 역사를 살아온 인물들의 형태를 그려내는 일에 미흡한 일면을 보인다. 작가의 의도적 수법이긴 하지만 변화에 대한 암시나 복선이 전혀 없음으로 해서 소설적 흥미를 유발시키지 못하고 있다. 더욱이 주인공 '연'이 1인칭 서술자로 등장함에도 불구하고, 전반적으로 작가의 개입이 분명하게 자주 드러나곤 하는데 이로 인한 주제의 내면화에 크게 방해를 주고 있는 점[35]도 이 소설의 취약점으로 들 수 있다.

민족현실의 어두운 역사들을 다룸에 있어 이 소설은 구체성의 생

---

32 이에 관해서는 정한숙의 다른 작품, 예를 들면 1955년에 발표된 〈도정(道程)〉과 《애정지대》를 비롯하여 56년에 발표된 〈고가(古家)〉, 57년의 《암흑(暗黑)의 계절(季節)》, 그리고 63년의 〈닭장 관리〉와 76년의 〈어느 소년의 추억〉 등을 함께 살필 때 더욱 분명해질 것이다. 이들 작품에는 현대사를 보는 작가의 관심이 집중적으로 드러나고 있다.

33 이주형, 앞의 책, 42쪽.

34 정한숙, 《현대한국소설론》(고려대학교출판부, 1977), 205쪽. 전후소설의 특징적 면모를 살피는 이 글에서 《나무들 비탈에 서다》와 《광장》의 인물이 삶의 방향을 제시해 주지 못하는 절망적 인물인 데 비하여 《끊어진 다리》와 《목소리》는 뚜렷한 방향감각을 지니고 있다고 주장한 바 있다.

략, 또는 추상적 설명에 의존하고 있어 작가가 추적하고자 하는 격변기 시대사에 대한 역사의 방향감각을 보여주고자 하는 직업에 크게 기여하고 있지 못하다. 격동기에 처한 인물의 대응방식에서도 개별적 사회구조의 현상만을 보여주는 것만으로써 충분치 못했다. 작가가 보여주고자 하는 시대상황이 어디까지나 현상만이었다고는 하지만 그 결과로 작품의 문면에는 단순논리가 지배하고 있어 보다 근원적인 극복문제의 인식은 찾기 힘들게 된다. 이에 관해 이주형 교수는 특히 인식의 결여라는 점에서 분단극복 문제와 역사에의 도전의식, 외세 및 주체성의 인식, 정치적 사회적 정의실현 문제의 인식 등에서 논의의 대상으로 떠오르지 못했다[36]고 평가하고 있다.

이 작품이 1962년 10월에 상재된 점은 시사하는 바가 크다. 특히 작품의 문면에 1960년의 4·19에 대한 인식의 일단을 보여주고 있다는 점, 특히 현대사에 대한 작가의 추적의 관심사를 보여주고 있다는 점에서 의의가 있다. 그러나 작가는 이 대목을 '마산에서 시작한 바람은 서울에까지 혁명의 바람을 불러일으켰다'고 진술하면서도 단지 '혁명의 흥분을 느끼게 하는' 것일 뿐, '자신의 신념을 뒤흔들어 주지는 못했다'고 말하고 있다. 혁명의 체험 속에서 획득한 주인공 '연'의 신념이란 무엇인가. 다만 그의 신념은 '기아로부터의 해방'일 뿐이었다. 작가가 현실극복의 의지로 표출하고자 하는 역사인식의 심도가 어떠한가를 읽을 수 있다. 작가의 역사의식은 작중 인물의 행동이나 의식으로 대체되기 마련인데 연의 행동이나 의지는 극복의 구체적인

35 한승옥, 앞의 책, 47쪽.

36 이주형, 앞의 책, 40-41쪽.

실상은 제시하고 있는 편이지만 역사인식에 있어 그 깊이의 문제와는 거리가 있는, 단순 소박한 상태에 머물러 있다고 할 수 있다.

그럼에도 불구하고 이 작품은 전후(戰後) 우리의 소설사에서 60년대 초의 문학이 담당했던 하나의 의미망을 만들고 있다. 앞에서 논의한 대로 이 작품이 '분단문학'의 표본의 하나가 되고 있기 때문이다. 그것은 또 우리의 50년대와 60년대 소설문학이 보여주고 있는 역사인식의 한계와 일치하는 것이기도 하다. 이와 같은 한계의 극복은 70년대의 소설이 등장해서야 가능한 일이었다.

인간에 대한 관심과 예술적 승화

정한숙의 단편소설

오형엽

일오(一悟) 정한숙(鄭漢淑, 1922-1997)은 전후 대표적인 신세대 작가 중의 한 사람으로서, 그리고 학문 및 후학 양성에 기여한 국문학 교수로서 큰 족적을 남겼다. 소설가로서의 정한숙은 대학 재학시절인 1948년 《예술조선》에 단편 〈흉가(凶家)〉가 당선되고, 1955년 《한국일보》 신춘문예에 단편 〈전황당인보기(田黃堂印譜記)〉가 당선된 이후 근 50년 동안 17권의 장편소설, 6편의 중편소설, 160여 편의 단편소설을 발표하는 등 소설 창작에 매진하였다. 학문 및 후학 양성에 공들인 시간 이외에는 거의 모든 자신의 생애를 소설과 합일하려 한 점에서 우리는 그를 진정한 작가라고 부를 수 있을 것이다.

정한숙의 소설 세계에 대해 그동안 많은 비평과 연구가 진행되어 중요한 성과들이 축적되었다.[1] 오탁번은 정한숙을 부단한 실험의식과 탐구 정신으로 한국소설의 새로운 지평을 개척한 작가로 평가하며, 그의 소설적 유형을 '전통의 현대적 파악, 혹은 사라져가는 전통미에 대한 향수(〈전황당인보기〉, 〈백자도공 최술(白磁陶工 崔述)〉)', '현대인의 방황과 좌절, 혹은 애정 심리(〈묘안묘심(猫眼猫心)〉, 〈닭장관리〉)', '민족사의 비극적 갈등과 좌절(〈고가(古家)〉, 〈끊어진 다리〉)', '근원적 이상을 추구하는 부재의 미학(〈IYEU도〉)', '고전 내지 역사를 현대화시킨 우의적인 것(〈쌍화점(雙花店)〉, 〈누항곡(陋巷曲)〉)', '장편 역사물(〈황진이〉, 〈처용랑〉)' 등으로 분류하고 그 특징을 서술한다. 그리고 어느 부류의 작품이나 그 근저에 깔려 있는 것은 '인간 옹호의 정신'과 '좌절을 극복하려는 의지'라고 지적한다.[2] 김인환에 의하면, 정한숙의 소설은 생활 속의 소설이어서 삶과 소설이 하나로 움직이며, 자기를 세계에 개방하여 일상생활에서 모은 자료를 소설로 변형하기 때문에 소재와 문체가 다양하다. '안목(眼目)의 조화'와 '배치(配置)의 균형'에 유의하는 정한숙의 작가정신은, 현실의 모순과 혼란을 투시하면서도 좀더 근원적인 수준에서 공동의 터전을 긍정한다. 그의 소설을 특징짓는 기초는 '인간에 대한 관심'인데, 세밀한 자연 묘사로 황폐해진 사회상을 보완하고, '시대의 의미'와 더불어 '가족의 의미'를 중시하며, '역사소설'과 '예인(藝人)소설'의 영역까지 아우른다. 이 부류들 중 가장 오래 읽힐 수 있는 작품은 아마도 예도(藝道)의 고된 수련 과정과 예인의

---

1 정한숙 소설에 대한 중요한 비평적 성과로는 오탁번, 〈끈질긴 탐구정신의 소산〉(《한국현대문학전집 25》, 삼성출판사, 1978); 김인환, 〈긍정의 미학〉(《거문고 산조》, 예성사, 1981); 정현기, 〈역사적 진술 의미와 소설적 진실〉(《한국문학의 사회사적 의미》, 문예출판사, 1986); 최동호, 〈예술가 소설과 인간상의 탐구〉(《삶의 깊이와 시적 상상》, 민음사, 1995); 윤석달, 〈역사와 인간에 대한 폭넓은 탐구〉(《한국소설문학대계 33》, 동아출판사, 1995); 송하춘, 〈결 고운 삼베, 혹은 무명 가닥〉(《금당벽화》, 고려대학교 출판부, 1998); 김인환, 〈정한숙론 서설〉(《PEN 문학》 통권 84호, 2007년 가을) 등이 있으며, 학위논문으로는 김재두, 〈정한숙 소설 연구〉(박사학위논문, 건국대학교, 2002), 정영아, 〈정한숙 소설 연구〉(석사학위논문, 고려대학교, 1998) 등이 있다.

2 오탁번, 앞의 글.

드높은 자긍심을 다룬 '예인소설'일 것이다.[3] 최동호는 정한숙의 소설을 '혼란된 시대에 가능한 윤리의 추구', '현대인이 지닌 분열된 의식의 묘사', '예술인의 수련 과정을 통한 전통적 예인의 창조적 가치 조명', '지나간 시대의 인물에 대한 현대적인 의미 부여' 등으로 분류하고,〈전황당인보기〉〈금당벽화(金堂壁畵)〉〈백자도공 최술〉〈거문고 산조(散調)〉〈금어(金魚)〉 등의 작품을 일종의 '예술가 소설'로 간주하며 면밀히 분석한다. 정한숙은 이 부류의 작품들을 통해 일차적으로 인간적인 삶과 예술의 창조 사이에 놓여 있는 예술가적 고뇌와, 한 걸음 더 나아가 개인과 국가의 문제까지 포괄하는 시대 인식을 드러내려 했다. 주인공인 예술가들은 세속적 물질이나 권력은 물론 자기 개인의 번민을 극복하려는 창조적 인물이었으며, 작가는 이를 통해 개인과 국가, 신앙과 예술을 상호 보완적이며 발전적인 의미망으로 포착하여 혼란의 시대를 사는 독자들에게 분명한 가치관을 제시하였다.[4] 송하춘은 정한숙의 문학적 관심이 남북 분단의 비극적 현실과 산업화 시대의 인간성 상실 혹은 소외라는 문제에 닿아 있는데, 그것들이 전통적 삶과 깊은 관계를 맺고 있는 점에서 역사적 현재에 초점을 맞춘다고 지적한다. 따라서 그의 소설은 '역사와 현실을 맞물려 엮어낸 전쟁 체험 및 분단시대의 비극', '옛것과 오늘의 것을 대조시켜 엮어낸 산업화 시대의 열망', '전통적 예인의 예술적 고뇌를 통한 현대의 비극' 등을 형상화하며, 역사의 부침 속에서 굴절되고 불구화될 수밖에 없는 '담수어(淡水魚)' 같은 사람들을 주목한다. 결국 정한숙은 '역

3 김인환, 앞의 글.
4 최동호, 앞의 글.

사와 현실의 간극'이라는 시간의 문제를 '인간에 대한 믿음'에 근거하여 중층적 발상법으로 형상화하는 것이다.[5]

이처럼 선행 연구들의 중요한 성과로 인해 정한숙의 소설적 특성들이 심층적으로 규명된 상황에서, 이 글은 선행 연구들을 토대로 160여 편에 이르는 그의 단편소설들을 유형별로 분류한 후 각 유형에서 대표작으로 간주될 수 있는 작품들을 논의하는 방식으로 전개하고자 한다. 따라서 이 글은 정한숙의 단편소설들을 〈전황당인보기〉〈금당벽화〉〈백자도공 최술〉〈거문고 산조〉 등의 '예인소설' 유형, 〈고가〉로 대표되는 '민족사의 비극과 세대 간 갈등' 유형, 〈묘안묘심〉으로 대표되는 '현대인의 방황과 분열된 의식' 유형, 〈예성강곡(禮成江曲)〉〈쌍화점〉 등의 '고전의 현대적 변용, 혹은 우의적 소설' 유형으로 분류하고 각 작품에 대한 분석 및 해석을 시도하려 한다. 물론 이 작품들은 필자의 개인적 판단에 의해 선정된 것이며, 이외에도 정한숙 단편소설의 대표작이 될 만한 작품들이 많이 존재할 수 있을 것이다.

〈전황당인보기〉는 '예인소설'의 주요 모티프가 원형질로 배태되어 있는 작품이다. 주인공 수하인(水河人) 강명진(姜明振)은 친구 석운(石雲) 이경수(李慶秀)가 관직에 진출하자 전황석 인장을 새겨 정표(情表)로 전달한다. 야인 시절 수하인과 더불어 문방사우(文房四友)를 가까이 하던 석운은 세속적 명리에 눈이 어두워 그 가치를 하찮게 여기고 만다. 수하인이 예술의 고유한 가치를 소중히 여기고 그것을 보존하려 한다면, 석운은 세속적 가치체계에 물들어 버린 일상적 인물이다. 석운의 편에 서서 세속적 가치를 부추기는 오준은, 수하인과 우

---

5 송하춘, 앞의 글.

정을 나누던 석운의 과거의 인격과 현재의 인격을 대비시키는 역할을 담당하며 수하인과 상호 대칭적 관계망을 형성한다. 도장포에 팔려나간 전황석 인장은 산업사회의 물신주의적 흐름 속에서 소외되는 순수한 인간관계를 상징하는 동시에 뒷전으로 밀려나는 전통 예술의 가치를 상징하기도 한다. 이 작품의 중심 갈등인 세속적 가치와 예술적 가치, 혹은 산업화 시대의 삶과 전통적 삶 사이의 갈등은 작품의 후반부에서 예인의 정신적 승리로 마무리된다. "끝으로 전황석 한 방만은 수하인으로서도 나무랄 점이 없었다. 아(雅)하고 담(淡)한 것이 산홍의 숨길이라면 뭉친 획은 수하인의 절정에 이른 품(品)이요 지(志)였다./산홍이를 옆에 앉히고 그와 더불어 살아온 일생을 그린 인보(印譜)를 바라보는 순간, 그는 처음 자기가 살아온 보람을 느꼈다." 라는 구절은 세속적 현실에 부딪혀 상처받고 좌절하면서도 끝내 예술적 품격과 자긍심을 지키는 주인공의 모습을 부각시킨다. 주인공의 정신적 승리가 현실적 좌절과 누추함에도 불구하고 격조를 지킬 수 있는 것은 작가가 발휘하는 고도의 문체 미학 때문이다. 즉 현대적 문체가 아니라 국한문을 혼용하는 고졸(古拙)한 문체를 활용하여 수하인의 정신세계를 묘사함으로써, 소멸되어 가는 전통적 가치 및 예술정신에 쓸쓸하지만 품위 있는 아우라를 부여하는 것이다.

〈금당벽화〉는 〈전황당인보기〉와 유사하게 세속적 가치와 예술적 승화 사이의 갈등을 형상화하지만, 세속적 가치가 인간적 애정과 민족적 현실의 문제로 세분화되고 종교적 가치까지 개입되면서 한층 복합적인 갈등 구조를 형성한다. 화공이면서 수도승인 주인공 담징은 일본 법륭사의 초대를 받아 금당에 벽화를 그려야 하는 입장이지만, 수나라가 조국 고구려를 침범하는 위태로운 국난으로 인해 마음을 잡지 못한다. 번뇌하던 중 법륭사 주지로부터 조국의 승전보를 전해 듣은 담징은 마음을 정화하고 화필을 잡는다. 열정과 기량을 다하여 관음보살을 그렸지만, 보살의 얼굴이 조국에 두고 온 이름 모를 여인의 얼굴과 중첩되어 완성에 이르지 못한다. 그러나 담징은 혼신의 힘을 다해 관음보살의 이마 가운데 화룡점정(畵龍點睛)을 함으로써 예술적 완성에 이르게 된다. "그리운 사람의 환상(幻想)마저 잊으려는 담징의 각고(刻苦)의 노력에 의하여, 열반의 상징, 보살이 이루어졌도다."와 "조국의 군난이 없었던들… 조국의 승전의 쾌보를 받지 못했던들…/금당 벽화는 한낱 승 담징의 관념의 표백에 끝였을런지도 모른다."라는 두 문장은 인간적 애정과 조국애라는 두 가지 현실적 차원이 다만 거부와 저항의 대상이 아니라 예술적 승화의 원천으로 제시된다는 사실을 알려준다. 담징의 예술정신은 조국애와 인간적 애정이라는 현실적 가치를 원천으로 삼아 그것을 정화시키고 종교적 경지로까지 승화시킬 때 숭고한 작품으로 결실을 맺는 것이다. 여기서 주목할 점은 정한숙이 기본적으로 타락한 세속적 가치에 맞서는 예술적 가치를 추구하지만, 민족이나 국가라는 역사적이고 공동체적인 현실의 가치까지 부정하고 오로지 예술만을 초월적 가치로 추구하지 않는다는 점이다.

〈백자도공 최술〉은 예인의 이상과 고뇌의 편력을 통해 전통적 예술의 숭고한 가치를 부각시킨 작품이다. 액자소설의 형식으로 이루어진 이 소설은 도자기 연구가 곽성식이 이조 도자기에 대한 연구를 위해 답사를 하던 중 광주의 사기장이에 대한 이야기를 듣게 되면서 시작된다. 이야기 속 주인공인 최술은 도공의 아들로 태어나 어릴 때부터 태토를 주무르며 자라났다. 최술은 열두 살 때 고려청자의 비색(秘

色)과는 다른 색채를 띤 사기 조각들을 발견하는데, 그것은 푸른 하늘을 흐르는 흰 구름의 색채를 띠고 있었다. 이 형상은 최술에게 예술적 열정을 자극하는 원형적 심상이자 지향점으로 자리 잡는다. 열일곱 살이 된 최술은 바뀐 시대의 흐름에 뒤지지 않으면서도 변함없는 하늘의 구름 색깔을 빚어내고자 한다. 조선 초기에 고려 상감청자의 빛깔은 분청자의 빛깔로 퇴색했고, 도공들은 사옹원의 지시에 따라 관습적으로 도기를 만드는 데 급급했다. 관(官)이 요구하는 대로 도기를 만들어낸 당시 도공들과 달리, 최술은 관요의 도공이면서도 예인의 창조적 열정을 발휘하여 독창적인 도기를 만들어 내려고 고심한다. "인간은 하늘의 섭리에 그 목숨을 걸고 살아가는 것이다. 하늘의 섭리를 지배하는 것은 푸른 하늘이 아니라 흰 구름이다. 구름이 개이면 해가 비쳤고 구름이 몰려들면 비를 뿌린다. 풍운(風雲)의 조화(造化)야말로 전의 조화요 조물 옹의 의지인 것이다. 이 속에 나서 이 속에 살아 이 속에 죽는 것이 인생이다. 그렇듯 조화무쌍한 흰 구름, 그렇듯 아름다운 흰 구름…, 최술은 그런 빛의 자기를 구워내고 싶었던 것이다."에서, 우리는 최술의 예술혼이 순수한 아름다움에 대한 추구뿐만 아니라 하늘의 섭리를 따르는 인생관에 의해서도 뒷받침된다는 사실을 확인할 수 있다. 하늘의 섭리를 지배하는 풍운의 조화 속에서 살아가는 인생관은 우주 혹은 자연과의 조화를 숭상하는 전통적 사유체계와도 상통한다. 최술은 고려청자의 기법을 연마하였지만, 그 전통을 뛰어넘어 새로운 전통을 창조하는 데까지 나아가 조선백자를 만들어내게 되는 것이다.

〈거문고 산조〉는 세속적 가치와 예술적 가치의 갈등에 현대적 삶의 태도와 전통적 삶의 태도에서 빚어지는 세대 간 갈등까지 중첩시킨 작품이다. 강월의 아버지는 경술국치 후 전통 수공업이 공장 공업으로 전환되는 과정에서 사업에 실패해 공원이 되었다가 공장에서 순직한다. 이 바람에 주인공인 강월은 권번에 들어가 기생이 되었지만, 강경사람 홍씨에게 거문고와 가곡을 사사하여 명창의 자부심을 가지고 살아간다. 부민관 공연 때 만난 단소 부는 청년에게 마음을 준 강월은 사라져가는 전통예술을 지키겠다는 신념을 가지지만, 진정한 예도(禮道)를 아는 제자는 한 사람도 없다. 제자들은 거문고의 희소가치 때문에 오히려 상업적 이득이 있으리라는 계산적 속셈으로 강월의 문하생으로 남아 있는 것이다. "물결치듯 우람한 소리다. 아니 격랑(激浪)이 바위를 때려 부수는 소리다. 그것은 거문고의 소리가 아니라 세상이 자기를 외면하는 데 대한 참을 수 없는 노여움의 격정(激情)이 저렇듯 뇌성벽력 같은 소리를 내게 하는지도 모른다."라는 대목은, 강월의 외로움과 공허감 속에 세속적 가치가 넘쳐나는 현대적 삶과 젊은 세대의 태도에 대한 강한 분노가 깃들어 있음을 느끼게 한다. 정한숙은 주인공 강월의 입장에서 산업화 시대의 물질적 가치관과 창조적 예술을 타산적으로 접근하는 현대인의 경박성을 질책하는 듯이 보인다.

〈고가〉는 가부장제로 대표되는 전통적 가족체계와 그것이 가진 종손제 및 적서차별 등의 문제를 해방 후 전쟁과 분단에 이르는 격심한 이데올로기 대립의 상황과 결부시켜, 민족사의 비극과 세대 간 갈등의 문제 등을 복합적으로 형상화한 문제작이다. 가족사 소설의 유형에 포함시킬 수 있는 이 작품은, 장동 김씨 집안의 세대 간 갈등의 문제를 이데올로기 대립과 전쟁으로 얼룩진 민족사의 문제로까지 확대시킨다. 필재의 할아버지는 쇠락해가는 전통적 삶의 형태를 고수하려는 종가의 어른으로서 가부장제를 대표하는 인물이고, 필재의 숙부는 개화사상에 눈을 뜬 지식인을 대표하는 인물이며, 주인공 필재는 양자 사이의 중도적 인물로서 설정되어 있는 듯하다. 숙부는 필재의 땋은 머리를 잘라주고 보통학교에 입학도 시킨다. 필재는 배다른 동생 태식을 포용하여 영락한 집안을 일으켜 보려 하지만 뜻대로 되지 않고, 결국 종가의 집과 땅을 내놓고 가부장제의 사슬에서 해방되려 한다. 종손 집안의 복잡한 알력 다툼을 목격하면서 전통적 가치와 근대적 가치를 동시에 경험하는 그는 격변기의 혼란을 몸소 체험하는 과도기적 인물인 것이다. 작가는 종의 자식으로 태어나 천대받는 태식, 종의 딸인 길녀, 종손이지만 길녀를 사랑하는 필재 사이의 관계망을 통해 이 젊은 세대에 가부장제의 갈등뿐만 아니라 이데올로기의 갈등까지 삼투시킨다. 태식과 함께 공산당 활동에 가담한 길녀는 현실의 벽에 막혀 자살하고, 집안사람들의 연이은 죽음에 좌절하는 필재는 가부장제의 상징인 종가를 팔아치울 결심을 하게 된다. "밖은 그대로 어둡기만 했다. 이 어둠이 가시면 새 아침이 오듯이 종가도 종손도 허물어짐으로 하여 진정 길녀나 태식이나 자기 같은 사람들이 행복하게 살 수 있는 날이 올 것만 같았다."라는 결말 부분은 이 작품의 중심선이 종손제와 적서차별로 이루어진 가부장제의 구습을 타파하는 것이 인간적 해방을 가져오리라는 기대에 놓여있음을 알게 한다. 정한숙은 '예인소설'에서 주로 예술적 창조성과 결부된 전통적 가치를 소중히 생각하고 보존하려 하지만, 이 작품을 통해 가부장제로 대표되는 구습이 이데올로기의 대립에 의한 전쟁과 분단을 낳은 원인이라고 간주하고, 그것을 극복하는 것이 가족적 비극 및 민족적 비극을 해소하는 방법이라고 생각하는 것이다. 이런 차원에서 전통 및 역사와 현대를 바라보는 정한숙의 시선은 단순하지 않고 복합적이며 입체적이라고 볼 수 있다.

〈묘안묘심〉은 의처증이 있는 주인공의 도착적인 애정 심리를 묘파하여 현대인의 불안한 내면의식을 파헤친 작품이다. 술고래인 황옥찬은 의처증으로 인해 아내가 세 번이나 바뀐 후 네 번째 아내를 맞이한다. 새 출발의 다짐으로 술을 끊은 그는 친구인 김중식과 오세득이 강권에 못이겨 술을 마시고, 집에 들어가 고양이 울음소리를 낸다. 방에 아내가 없는 것을 보고 의심한 그는 마당을 배회하며 고양이 소리를 내고, 고양이가 무서운 아내는 화장실에 갇혀 있다가 남편이 잠든 후에야 잠자리에 든다. 이튿날 깨어난 황옥찬은 아무 것도 모른 채 자고 있는 아내를 온갖 의심으로 추궁하며 내쫓는다. "양-오"하는 고양이 울음소리는 아내의 행실을 의심하는 주인공의 불안 심리의 소산이지만, 그것을 가장 두려워하는 아내의 불안 심리와 상극을 이루어 현대인의 도착적 애정 심리와 불신 풍조를 풍자하고 있다. 이러한 상징성은 "지금 뚫어진 창구멍으로 노리고 있는 황옥찬의 눈알은 분명 사람의 눈이 아니었다./아내를 찾으려고 노리는 그것이 쥐를 덮치려는 도둑괭이의 마음 그것이라면 창구멍을 드려다보는 두 눈알도 또한 그것과 같아 뵈었다."에서 보듯, 고양이 울음소리뿐만 아니라 고양이의 눈을 닮은 주인공의 눈을 통해서도 극적으로 형상화된다.

〈예성강곡〉과 〈쌍화점〉은 표면적인 소재 선택 및 변형의 관점에서 〈누항곡〉과 함께 '고전의 현대적 변용' 유형에 해당하는 작품이지만, 이야기의 중심선은 인간의 부조리한 애정심리나 맹목적 욕망의 비극을 묘파한 점에서 〈묘안묘심〉과 함께 '현대인의 방황과 분열된 의식' 유형에도 포함시킬 수 있다. 〈예성강곡〉은 외화(外話) 속에 내화(內話)

가 자리잡고 있는 액자소설의 구성을 보여준다. 외화의 주인공인 국문학도 오식은 영문학도인 정의 유학행에 맞추어 교환교수로 함께 갈 것을 결심하지만, 정은 영어회화를 배우던 미국인 케일대위를 따라 미국으로 떠나버린다. 오식은 고전 작품 〈가시리〉가 〈예성강곡〉의 전곡(前曲)이라는 가설을 학회에서 발표한다. 그 발표 내용인 내화는 송나라 거상(巨商) 하두강의 속임수에 놀아난 왕호가 내기 바둑에 져서 아름다운 부인을 빼앗긴다는 이야기이다. 예성강에서 호곡하며 부르는 '가시리'는 왕호의 비극을 오식의 현재적 비극으로 연결시킨다. 이 작품의 묘미는 고전과 현대의 조화나 전통의 현대적 복원에 있기보다는, 외화의 주인공 오식이 겪는 부조리한 비극과 내화의 주인공 왕호가 겪는 어처구니없는 비극을 상호 침투시켜, 인간의 맹목적 욕망과 인생의 비극적 부조리를 극적으로 노출시키는 데 있다고 볼 수 있다. "밑도 끝도 없는 소리다. 예성강곡의 전곡이면 어떻고 아니면 어떻단 말이냐. 그야말로 데데한 소리였다."라는 문장과, "그러면서도 오식은 정이가 진정 가시는 듯 돌아와 주었으면 하는 터무니없는 생각만이 앞섰고 자기가 왕호와 같은 잘못을 저질렀다면 그놈의 부질없는 교환교수의 스칼라쉽이 원망스러울 뿐이었다./오늘따라 내려쪼이는 볕이 양 어깨에 무거운 것 같았다."라는 문장이 이 점을 암시한다.

〈쌍화점〉은 '장님'과 '벙어리'라는 불구(不具)의 두 주인공을 등장시켜 인간의 맹점을 우의적으로 풍자하는 작품이다. 어질고 착한 주인을 찾아 대낮에 초롱불을 들고 길을 걷는 '사나이'는 일종의 구도자를 상징한다. 그는 맹종의 미덕만을 요구하며 가려듣고 가려보며 가려 말하라고 구속하는 주인을 떠나서 길을 가던 중 같은 방향으로 향하는 장님과 벙어리를 만난다. 서로 부딪힌 장님과 벙어리가 시비하다가 싸우는 것을 사나이는 말리고, 이들은 함께 길을 가다 '경춘옥'에 들른다. 벙어리는 주모에게 수작을 거는 장님이 못마땅하여 실갱이를 하다가 술값을 따지겠다고 우기고, 장님은 밤의 외나무다리에서 길을 안내하겠다고 앞장을 선다. 결국 세 사람은 다시 '쌍화점'이라는 술집에서 색씨의 노래를 들으며 술을 마시게 된다. 못 보는 것을 자랑하는 '장님'과 말 못 하는 것을 자랑하는 '벙어리'가 서로 고집을 부리는 것은, 맹목적인 고집과 자기중심적인 주장을 일삼는 인간의 내면적 약점을 우의적으로 풍자한다. 결국 구도의 길을 가던 '사나이'는 자신의 내면을 표상하는 두 분신인 '장님'과 '벙어리'를 만나 인간의 본질적 얼굴을 목격하는 것이다. "관용이 없는 고집은 벙어리와 장님의 주장과 같다. 장님은 눈을 자랑하고 벙어리는 입을 자랑한다."라는 서두의 문장은 이 소설의 여정을 안내하는 이정표가 된다.

정한숙은 〈전황당인보기〉 〈금당벽화〉 〈백자도공 최술〉 〈거문고 산조〉 등의 '예인소설'을 통해 인간적 애정, 민족적 현실, 종교적 가치까지 중첩시키며 세속적 가치와 예술적 승화 사이의 갈등을 형상화하고, 전통을 뛰어넘어 새로운 전통을 창조하는 예술적 열정을 숭상하며, 산업화 시대의 경박한 물질적 가치관을 질책한다. 그리고〈고가〉로 대표되는 '민족사의 비극과 세대 간 갈등' 유형을 통해 가부장제로 대표되는 전통적 가족체계의 문제를 해방 후 이데올로기 대립과 결부시켜 민족사의 비극과 세대 간 갈등의 문제를 복합적으로 형상화한다. 또한 〈묘안묘심〉으로 대표되는 '현대인의 방황과 분열된 의식' 유형을 통해 도착적인 애정 심리를 묘파하여 현대인의 불안한 내면의식을 파헤치고, 〈예성강곡〉 〈쌍화점〉 등의 '고전의 현대적 변용, 혹은 우의적 소설' 유형을 통해 인간의 맹목적 욕망과 인생의 비극적 부조리를 극적으로 노출시키며 풍자한다. 우리는 이처럼 다양한 소재와 문체와 유형을 넘나들며 인간과 역사와 사회의 겉과 속을 입체적으로 묘파하는 정한숙 소설의 근저에 놓인 공통분모를 '인간에 대한 관심'과 '예술적 승화'라고 요약할 수 있을 것이다.

훼손된 기억의 구조와 복원 방식
정한숙, 《끊어진 다리》의 서술 방식을 중심으로

주영중

1. 감각과 기억의 재현

프루스트의 소설《잃어버린 시간을 찾아서》에서 주인공은 마들렌의 맛을 통해 거대한 콩브레를 떠올리고 잃어버린 시간을 되살려낸다. 감각이 한 개인의 기억의 근원으로 돌아갈 수 있다는 명징한 실례 하나를 우리는 이 소설에서 얻게 되었다. 우리가 잃어버린 시간 속에서 진실을 찾게 되는 계기는 주체의 자발적인 의지—순수 지성—에 의해서가 아니라 오히려 비자발적인 요소들—우연한 것이면서 피할 수 없는 것—에 의해서 이루어지고는 한다. 그것은 과거를 사유하게 하며, 그곳에 숨겨진 기호의 의미를 재해석하게 만든다.[1] 이처럼 비자발적인 요소로서의 감각은 우연한 것이면서도 피할 수 없는 과거와 조우하는 계기로 작용하며, 주체는 그 비밀 속으로 미끄러져 들어

1 들뢰즈,《프루스트와 기호들》, 서동욱·이충민 옮김(민음사, 1997), 34-41쪽.

갈 수 있게 된다. 들뢰즈는《잃어버린 시간을 찾아서》의 기호들을 분석하면서 감각적 기호가 우리로 하여금 잃어버린 시간의 한복판에서 시간을 되찾게 해주며, 그 시간을 우리에게 되돌려준다고 말한다.[2] 이 글은 감각에 의한 기억의 재현 문제를 중심으로, 정한숙의 장편소설《끊어진 다리》에 나타난 독특한 서술 방식에 대해 밝히려 한다.

우연한 자극에 의해 잃어버린 감각과 기억을 되찾는 순간이 도래할 때, 이때 떠오른 감각과 기억은 우연이란 이름으로 우리에게 다가오지만, 실은 언젠가 필연적으로 되돌아올 그 무엇이었기에 되돌아온 것이라 말할 수 있다. 되찾은 감각과 기억은 주체의 무의식이나 내면에 숨어 있던 은밀한 욕망일 수도, 은폐된 진실일 수도 있다. 우리가 종종 만나게 되는 감각의 이면에는 즐거움 또는 고통의 정서가 내재한다. 내밀한 복합 정서가 무의식 속에 잠재해 있다가 감각에 의해 다시 환기되고 복원되고 귀환하는 순간을 주체는 경험하게 되는 것이다.《끊어진 다리》의 비극성과 서정성, 즐거움과 고통의 기억이 한 순간 감각에 의해 기억의 형태로 복원되는 순간, 주체는 그 이중적이고 모순적인 현상의 내밀한 진실 속으로 들어갈 수 있는 가능성을 얻게 된다.[3]

이처럼 감각은 주체의 개별적 기억과 깊이 연관되어 있다. 그런데

---

2 위의 책, 51쪽.

3 《끊어진 다리》에 나타나는 비극성과 서정성, 즐거움과 고통은 쉽게 분리될 수 없는 속성을 지니고 있다. 오탁번은 이 소설이 처절한 비극을 다루면서도 온후한 인간애의 정신이 서정적인 어법에 담겨 전달되며, 주제에 비해 어조나 분위기가 서정적이라는 점을 들어 놀랍다고 보았다(오탁번, 〈끈질긴 탐구정신의 소산〉,《한국현대문학전집25》, 삼성출판사, 1978, 436쪽). 류지용은 소설에서 현실적인 절망과 이상적인 희망의 양가적인 의미를 읽어낸다(류지용, 〈60년대 전후소설에 나타

만일 개별 주체의 감각이 거대한 사건—침략 또는 혁명—과 관계할 때, 이는 개별 주체의 문제로만 국한되지 않고 이를 유사 경험한 집단 주체의 문제로 확대될 여지를 지니게 된다.[4] 《끊어진 다리》의 주인공 연은 식민과 해방, 6·25와 4·19와 같은 굵직굵직한 역사적 사건을 경험한 인물이다. 그는 4·19 이후 시점에서 이들의 의미를 되짚어낸다. 개별 주체로서의 자신과 집단 주체로서의 타자가 경험한 삶의 편린들을 기억 속에 불러낸다. 연이 기억해내는 그것은 그러므로 개인뿐 아니라 집단의 문제, 개인사만이 아닌 역사의 문제를 거느린 그 무엇이 된다.

개인의 기억이 역사적 사건에 의해 훼손되는 모습을 우리는 자주 접하게 된다. 감각은 훼손된 기억을 다시 불러내는 주요한 동인으로 감각에 의한 기억의 복원은 훼손된 정체성을 재구성하는 작업을 수행한다. 이때 필수적인 것은 과거의 감각 경험을 떠올리게 하는 현재의 감각 경험이다. 기억은 언제나 현재와 관련된다고 할 수 있다. 감각 경험은 과거로 향해 있으면서도 또한 현재와 미래를 향해 있다. 《끊어진 다리》에서 우리는 거대한 역사의 소용돌이 속에서 개체성을 위협받는 인물들을 종종 만나게 된다. 전체주의가 휘두르는 폭력이 개인이나 집단에게 영향을 미칠 때, 기억은 온전한 형태를 취하지 못한 채 혼돈 속에 빠지게 된다.

난 유토피아 이미지〉, 《우리어문연구》 18집[2002], 285쪽). 이 두 가지 차원은 사실 주체의 경험 속에서 서로 분리될 수 없는 것으로, 동시에 작용한다. 감각이 과거 기억으로 진입하는 순간, 그것은 서정성-비극성, 즐거움-고통의 양면적인 모습을 환기시킨다고 할 수 있다.

4 Jacques Le Goff, *History and Memory*, trans. Steven Rendall and Elizabeth Claman(New York: Columbia University Press, 1992), p. 146.

개인과 역사의 기억이 어떻게 형성되고 서술되는가 하는 곳에 이 소설의 특징이 잠재되어 있다. 또한 개인에서 집단으로 시선이 확장되는 지점, 구체성이 보편성으로 전화(轉化)하는 지점을 작가가 어떻게 파악하고 있는가의 문제 또한 이 소설적 특징을 읽어내는 단초가 된다. 특히 이 글이 주목하는 점은 바로 이야기의 서술 방식이다. 결론부터 말하자면 이 소설은 역사소설적 성격을 띠는 장편소설임에도 감각의 층위(이미지, 묘사)와 비유의 층위(은유, 상징)에 의한 서술 방식을 전면화한다. 이러한 감각과 비유 층위에 의해 서술되는 문학의 역사는 닫힌 역사를 열린 관점으로 바라보게 하며, 개인과 집단의 정체성을 개별성의 입장에서 되찾게 해주는 계기가 된다.

2. 《끊어진 다리》의 서술 방식과 기억의 매개로서의 감각

《끊어진 다리》는 감각적이고 주관적인 기억을 전면에 배치하면서 집단의 기억 또는 집단의 역사로 나아가는 지점을 마련한다는 점에서 독특한 위치에 서 있는 작품이다.[5] 이 소설은 개별적 감각을 통해 개인 기억과 집단 기억을 복원하고 재인식하려는 의도를 가지고 있다는 점에서, 집단의 객관적 기억과 거대한 이데올로기가 중심이 되는 소설들과 변별된다. 개별적 기억은 집단적 기억과 무관한 채로 흘러가지 않는다. 두 영역은 서로 뒤섞이고 부딪히면서 흘러가게 된다. 이 소설은 감각적 연상과 기억의 다층 구조를 주된 서술 방식으로 삼

5 이 글은 객관적이거나 집단적인 역사를 서술하는 일반화된 역사 서술 방식 속에 틈을 내는 지점에서 감각에 의한 기억의 복원 방식이 소설의 핵심적인 서술 방식으로 자리하고 있다는 관점을 취한다.

는다.

정현기는 이 소설의 문체적 특징을 의식의 흐름에 따른 회상 형식이라고 정의하면서, 주인공이자 화자인 연의 현재 상황 속에 돌발적으로 과거가 끼어드는 현상에 주목한 바 있다.[6] 한승옥 또한 이 소설의 무작위적인 회상 기법에 대해 언급하고 있다. 한승옥은 소설의 시제가 항상 현재이며, 과거, 대과거, 현재, 미래가 하나의 시제로 엉켜 소설이 혼란스럽게 진행되며 독자는 소설의 연대기적 시간을 재구성하는 데 애를 먹는다고 보았다.[7] 윤석달 또한 의식의 흐름 수법, 무작위적인 회상 기법에 대해 언급하면서 회고되는 사건들이 일정한 질서가 없음은 과거의 일이 곧 현재에도 계속되고 있음을 말해준다는 시각을 견지한다.[8] 기존 연구들에서 《끊어진 다리》의 서술 방식에 대한 언급이 없지는 않았지만, 이러한 서술 방식이 소설 내에서 어떤 역할을 하며 왜 이러한 서술 방식이 소설의 중요 요소로 자리 잡고 있는지에 대한 적절한 해석을 논리적으로 규명해내고 있지는 못한 것으로 판단된다. 무작위적인 회상 기법에 의한 의식의 흐름을 소설의 형식적 특성으로 바라보는 이러한 시각에 대해서는 일면 동의할 수 있지만, 무작위적이라는 것의 성격이 어디에서 연원하는가 하는 문제와 그것이 과연 전적으로 무작위적인가 하는 문제에 대해서는 충분한 해명이 이루어지지 못했던 게 사실이다. 무작위성, 즉 우연이 오히

---

6 정현기, 〈역사적 진술의미와 소설적 진실〉, 《한국문학의 사회사적 의미》(문예출판사, 1986), 119-120쪽.

7 한승옥, 〈한국 전후소설의 현실극복의지〉, 《숭전어문》(숭실대학교 국어국문학회) 제3집(1986. 6), 10쪽.

8 윤석달, 〈분단현실의 소설적 형상화와 역사의식〉, 《한국항공대학논문집》(한국항공대학교) 28집(1990. 8), 245-246쪽.

려 필연적인 그 어떤 속성과 연결되어 있다는 측면으로 보면, 그것은 우연과 필연의 동시적 감각을 동반한 것으로 설명하는 것이 더 올바른 해석의 방향이라 할 수 있을 것이다. 이 글은 소설의 내적 형식을 드러내는 주요 지표가 되는 감각에 의한 기억의 복원 방식에 주목하면서 그것이 왜 그렇게 될 수밖에 없었는지에 대해 상세히 분석하고자 한다.

소설에 나타난 감각적 기억의 복원과 그 발견의 지점을 예시적으로 나타내면 다음과 같다.

> ① 우리가 앉아있는 이 산 중턱에도 때로는 교회의 종소리가 들려온다. 그러나 종소리만 들어도 설레던 우리들의 마음 속에 간직되었던 순진성은 누가 빼앗아갔는지 이제는 별 감흥도 없이 무감각하기만 하다.(80-81)[9]
>
> 종이 울린다. 그 옛날 우리들이 듣고 즐겨 달려가던 그 교회의 종소리가 울리고 있다. 그러나 우리들의 마음의 귀는 멀어버린 채 아무런 감흥도 없다.(82)
>
> 종소리에 귀를 기울이고 있는 내 넓은 시야엔, 고향의 거리와 들과 산이 다시금 번져 흐른다.(83)
>
> ② 미혜가 볶아준 콩을 씹고 있으면서도, 내 미각은 그 옛날 그 메주콩을 씹던 날 아침으로 돌아갔다.(193)
>
> 이런 날 밤이면 동치미 국에다 메밀 국수를 말아 먹으면 추위가 확

9 이하 본문에서 소설을 인용할 경우《끊어진 다리》(을유문화사, 1962)의 쪽수로 표기.

풀릴 것이지만.(194)

③ 코끝이 아릿하다. 밤이 깊어갈수록 냉랭해지는 방안의 공기의 탓이 아니라, 지금 내 코 끝에 서리는 아릿한 냄새는 송진 냄새다.(199)

아직도 내 손 끝에는 그 때의 감각이 남아 있었다. 하얀 그 내피를 찌르면 칼 끝에까지 배잦아 송진이 흘러내렸다.(200)

① 종소리를 들은 현재의 '나'는 유년 시절의 교회당 종소리를 떠올린다. 유년에 듣던 교회의 종소리는 마음을 설레게 하는 그 무엇이었지만, 힘든 세파를 겪은 지금에 이르러서는 감흥을 불러일으키지 않는다. 종소리는 유년 시절의 종과 교회당을 불러내는 모티프가 된다. 종소리의 청각적 기호는 유년의 공간 속에 살아 숨 쉬던 가족들에 대한 기억과 순수한 어린 시절, 그리고 삶의 터전으로서의 교회당을 불러내는 모티프로 작용한다. 덧붙여 종은 '나'에게 하나의 상징물로 각인된다. 종은 종지기였던 아버지의 삶과 죽음을 환기시킨다는 점에서 소설의 중요한 상징물이라 할 수 있다. 종과 종소리 속에는 과거 '나'의 즐거움과 고통의 감정이 겹쳐져 있다.

② 배고픔을 해소하기 위해 볶은 콩을 먹으면서 현재의 '나'는 유년 시절 학교 가던 길에 미혜와 함께 먹던 메주콩을 떠올린다. 여기에서의 콩은 황무지를 개간하며 가난하게 사는 현재의 삶의 모습을 강화하면서, 한편으로 과거의 유년 공간을 불러내는 매개물로 작용한다. '나'의 현재는 힘겹고 고단하며, 어린 시절 미혜에 대한 기억은 순수하고도 따스하다. 콩에 대한 기억은 어린 시절 맛보던 동치미 메밀국수에 대한 기억으로 이어지며, 이러한 기억들은 정겨운 고향과 이웃을, 즐거운 명절을 떠올리게 하는 매개 또는 현재의 힘겨운 삶을 견디

는 힘으로 작용한다. 미혜와 '나'는 그렇게 미래의 행복한 날을 꿈꾸며 지금을 견뎌내고 있다.

③ 현재의 송진 냄새가 과거 마을에 있던 울창한 송림 숲으로 '나'를 이끈다. 물론 '나'의 기억 속 그 공간은 일제의 침략 전쟁에 필요한 물자를 채취하기 위해 강제로 동원되어 노동을 해야 했던 장소 이미지로 남아 있다. 강제 동원에 대한 기억은 아름답고 울창한 자연을 향한 어린이다운 모험심을 꺾어버린 부정적 기억으로 연결된다. 후각에 의해 환기된 기억은 촉각의 기억으로 전이되며, 촉각에 대한 기억은 좀 더 강렬한 환각을 환기시키며 돌출된다. 벗겨진 껍질과 흐르는 송진, 상처 입은 소나무의 모습에서 '나'는 사람의 피부와 피, 그리고 해골의 모습을 떠올렸던 당시의 강렬한 환각 체험을 기억해낸다. 강렬한 기억을 떠올린 현재의 '나'는 그때를 '암흑의 계절', '지상의 연옥'으로 표현하기에 이른다.

사례처럼 현재 '나'에게 우연히 감지된 다양한 감각들(청각, 미각, 후각, 촉각, 환각; 시각의 예는 본론에서 구체적으로 다룰 예정)은 유년 시절 과거의 공간을 불러내는 매개가 된다. 힘겨운 역사적 사건들을 겪으며 현재에 다다른 '나'에게 과거 기억은 쾌와 불쾌의 감정을 동시에 불러일으킨다. 감각과 그것에 부착된 감정들은 단일하지 않은 복합 감정들로 채색되어 있다. '나'는 감각에 의해 떠올라온 기억들 속에서 과거 일들을 재체험하며 그 경험들을 의미화·상징화하면서 새롭게 기억을 구성해낸다. 그것은 기억을 통한 일종의 배움의 과정이며, 재인식의 과정이라 할 수 있다.[10] 이러한 재인식의 과정이 개인을 넘어 집단의 문제로 확대되며 역사에 대한 새로운 인식에 눈 뜨게 된다. 이때 감각 층위의 서술은 한 개인의 개별적 기억 구조를 드러내는 계기로 작용하며, 비유 층위의 서술은 타자 혹은 집단의 비극적 체험과 만날 수 있는 가능성으로 작용한다.

3. 감각적 연상 체계와 기억의 다층 구조

1) 불연속적 서술과 기억의 분절

《끊어진 다리》의 서술자는 기억의 연쇄를 논리적인 인과성으로 연결하지 않고 혼재된 상태로 분절시킨다. 서술자는 과거의 문제적 장면으로 독자를 이끌어 가지만 그 장면의 전후 맥락을 쉽게 풀어 내놓지 않는다. 문제적 장면이 지닌 의미나 맥락은 해소되지 않은 채 지연되며 새로운 이야기와 기억들이 이야기 중간중간에 배치된다. 기억들이 비인과적으로 나열되고 시간의 일정한 흐름에 관계없이 뒤엉키는 현상을 우리는 소설을 읽으며 종종 만나게 된다. 이러한 현상이 일어나는 이유를 추정해보자. 기억이 종종 우회로를 거치게 되는 이유는 한 개인이 질서화할 수 없을 만큼 혼란스러운 상황 속에 놓여 있기 때문이거나, 어떤 요인들에 의해 그 기억의 끈이 끊어져 있거나 훼손되어 있기 때문일 수 있다. 이럴 때 개인이 진정한 기억을 되찾는 작업은 생각만큼 간단한 작업이 아니다. 개인에게 있어 기념비적인 사건을 다시 복원시키는 일이란 매우 지난한 일이다. 진정한 기억의 복원은 복잡하고도 힘겨운 우회로를 거쳐야 비로소 솟아나올 수 있는

---

10 "배우는 것은 다시 기억해 내는 것이며, 기억은 배움의 도구로서 작용할 뿐 수단인 기억을 넘어선다. 찾기는 과거가 아니라 미래를 향하고 있다"(들뢰즈, 앞의 책, 22쪽).

것이라 할 수 있다. 그것이 억압되어 주체의 내면 깊은 곳에 숨어버린 비밀이거나 정신적 상처와 관련된 것이라면 더욱 그러할 것이다.

존 모리스와 헤어진 것은 태평양전쟁 직전…….

존과 나는 동갑이었다.

모리스 일가는 그날을 마지막으로 조부 때부터 정들여 살아온 땅을 떠난 채 오늘에 이르렀다.

나는 그날 오후 세 시쯤 집으로 돌아왔다. 보통 때 같았으면 대개 두 시쯤 집에 돌아오는 것이지만, 그날은 도중 마냥 장난을 치며 돌아왔던 탓에 한 시간은 더디었다.

이후 이십 년……. 그 이십 년이란 세월은 마치 세찬 소용돌이 속을 헤어나지 못하고 휩쓸려다녀야 했던 담수어와 같은 생활이었던 탓으로, 내 지난날의 기억은 온통 뒤죽박죽이 되어버렸다.

삼년 전 일이 십년 전 일 같기도 하고, 십년 전 일이 삼년 전 일 같기도 하니 말이다.

두뇌 속에 차곡차곡 정리되어 있어야 할 모든 기억들이, 이렇듯 질서를 잃고 갈피를 잡을 수 없게 된 것은 급격한 생활환경의 영향도 있지만, 그실 타고난 내 두뇌가 명석치 못했다는 것이 가장 큰 원인이어야 할 것이다.(5)

(…)

내가 여기 기록하려던 것은 존 모리스와 헤어지던 날의 일을 몇 시간째 벼르고 앉아 있으면서도 또 그만 엉뚱한 소리를 써놓고야 말았다.

지금 존 모리스와 헤어지던 날의 기억을 나는 머리 속에 선명히 되

살릴 수 있다.(14)

존과 모리스 일가[11]가 떠나던 날의 장면으로 시작되는 소설은 이와는 직접 관련 없는 내용들로 보이는 기억의 편린들로 전개되고 이어진다. 그리고는 한참이 지나서야 다시 존과 모리스 일가가 떠나던 날에 대한 이야기로 회귀한다. 독자는 서술자가 풀어놓는 여러 층위의 복잡한 기억의 우회로를 거치며 혼란스러움을 경험하게 된다. 하나의 기억이 지연되고 또 다른 기억이 복잡하게 끼어든다. 서술자가 과거 기억과 이야기들을 끄집어내고자 하나 여러 기억이 간섭을 일으키거나 이야기 전개 시 질서화시킬 수 없는 기억들이 불쑥불쑥 떠올라오거나 기억 속에 아직 파악할 수 없는 그 어떤 것들이 내장되어 있기 때문에 어쩔 수 없이 이러한 서술 방식을 택했는지 모른다. 일종의 간섭이나 회피, 지연 현상이 일어나고 있는 것이다. 존 모리스와 헤어지던 날의 문제적 장면으로 돌아오기까지, 서술자는 학교생활과 육군병원 퇴원 관련 이야기, 집으로 돌아오다 만난 목사와 뽕나무밭 이야기, 존과 고양이와 얽힌 이야기, 장로와 댕기장수 늙은이에 대한 이

11 텍스트 속에서 존과 모리스 부부, 교회당은 '나'의 유년기에 있어 핵심적 기호로 작용한다. '나'와 아버지·어머니는 존과 모리스 부부가 사는 교회당에서 얹혀 살아가는 존재이며, 아버지는 교회당 관리인이면서 종지기로 살아간다. 어려서부터 형제처럼 지내던 존과 '나'는 시혜를 주는 자와 시혜를 받는 자 혹은 언제든 떠날 수 있는 자와 한 곳에 묶여 있는 자의 입장을 대변한다. 둘의 차이는 소설 후반부에서 좀 더 명료하게 드러난다. 존이 떠나는 것으로 시작된 소설이 존이 한국으로 돌아와 '나'를 만나는 장면으로 끝나는 것 또한 '나'에게 그들이 중요한 지점을 형성하기 때문이라 할 수 있다. 그러므로 이 소설에서 그와 그의 가족, 교회당, 종 등은 '나'에게는 중요한 의미를 가진 어떤 것이라 할 수 있다.

야기, 모리스 부인에 대한 이야기 등과 같은 다양하고도 연관성이 멀어 보이는 기억들을 소환해낸다.

아버지의 죽음과 관련된 이야기 또한 유사한 형태의 서술 방식을 취한다. 아버지는 선교사 머슴 노릇을 했다는 이유로, 교회의 종을 지키려 후루가와 일본 고등계 형사와 대면했다는 이유로 감옥으로 끌려가 죽게 된다. 그런데 교회 종지기였던 아버지의 죽음을 이야기하기까지 여러 우회로를 거치며 서사의 흐름은 지속적으로 지연된다. 교회와 신사 사이에서 느끼던 혼란스러운 감정에 대한 이야기, 어머니가 들려주던 옛날 이야기, 현재의 미혜와 나의 가난한 현실 이야기, 해방기 소련군 이야기 등 현재와 과거의 갖가지 이야기들을 전개한 이후에야 서술자는 아버지의 죽음에 대해 이야기한다.

서술자는 하나의 문제적 장면을 던져놓고 그 문제적 장면으로 직접 들어가지 않는다. 이는 서술자의 의도와 무관하게 안 하는 것이 아니라 못하는 것일 수 있다. 서술자는 감각적 기억의 격랑에 자신을 내맡긴 채 과거와 현재를 넘나드는 데에 많은 부분을 할애한다. 그렇다면 서술자는 왜 논리나 인과적 언어를 배제하고 감각적 연상의 언어들을 택한 것일까. 서술자는 왜 서술의 시간을 혼란스럽게 배치하고 있는 것일까.

예로 든 존과의 이별, 아버지의 죽음과 관련된 서사는 서술자에게 한마디로 정의될 수 없으며 간단히 요약되거나 설명될 수 없는 거대한 심연과도 같은 것일 수 있다. 자기 어린 시절의 정체성에 대한 의문들이 풀리지 않은 상태 속에서 존과 아버지는 그 의문의 한가운데를 관통하고 있는 존재들이며, 자신의 개인적 트라우마와 어떻게든 관계하고 있는 존재들이라는 점에서 그렇다. 그러므로 서술자의 기억 속에서 그들은 손쉽게 혹은 단번에 호출될 수 있는 존재가 아닌 것이다. 그들을 둘러싼 거대한 관계망들에 의해 기억을 방해받거나 간섭받을 수밖에 없는 이유는 그러한 이유 때문이며, 기억이 불연속적일 수밖에 없는 이유 또한 그러한 이유 때문이라 할 수 있다.

여기에서 불연속적 기억 서술은 흥미롭게도 두 가지 중요한 기능을 수행한다. 우선 불연속적 기억 서술은 개인의 기억을 변형시키고 왜곡시켰던 외부 요인들을 객관적으로 다시 바라볼 수 있게 한다. 또한 서술자는 이러한 불연속적 기억 과정에서 과거의 기억을 복원해내고 과거를 재경험하며 과거를 다시 바라볼 수 있게 된다. 서술자는 감각의 언어를 발견해낸다.

개인의 과거는 역사의 객관적 시선에 의해 왜곡되거나 변형되어 나타날 위험성이 있다. 서술자는 기억의 왜곡을 피하기 위한 방법으로 언어의 체계를 기존의 소설 문법과는 다르게 사용한다. 그것은 일상적 언어 문법에 대한 일종의 뒤틀음이다. 그것에 동화되거나 속아 넘어가지 않기 위해 의식적으로든 혹은 무의식적으로든 서술자는 기존의 문법 형식을 뒤틀어 놓아야 했던 것이다.[12] 이는 몸이 체득한 언어가 경험의 진실성을 높일 수 있는 방법이다. 서술자는 감각적인 이미지 연상이라는 기법을 사용하여 기억 속으로 진입하며, 인과적 논리가 아닌 시간의 혼란스런 배치 속으로 진입하게 된다. 이와 같이 우연적 기억은 애초에 필연적으로 되돌아올 가능성을 가진 그 무엇이

---

12 유년의 '나'는 무엇인가에 동화된다는 사실에 일종의 두려움을 느낀다. 일제의 식민 논리를 교육받으며 그 논리에 동화되어 가는 듯하던 자신의 모습, 아들 존이 한국적인 것에 동화될까 두려워하던 모리스 부인의 모습, 일제에 협력하고 동화되던 기회주의적인 인물들의 모습 속에서 '나'는 동화의 위험성을 감지한다.

라는 점에서 필연적 회귀 가능성을 부여받게 되는데, 이 지점에서 우연적이고 무의식적인 기억 행위는 동시에 필연적이고 의식적인 기억 행위와 어떻게든 관계를 맺게 된다.

2) 감각적 서술과 기억의 복원

정한숙의 《끊어진 다리》는 서술자 '나'(연)가 4·19를 얼마 지나지 않은 시간대에서 자신의 과거를 더듬어 나가는 이야기 형식을 취하고 있다. 서술자는 일제 강점기의 어린 시절과 해방 후 그리고 6·25와 4·19를 경험하며 현재에는 황무지를 개간하며 '미혜'와 함께 가난하게 살고 있다. 이와 같이 이야기를 하나의 연대기적 시간으로 펼쳐놓게 되면 이야기의 구성은 단순해질 수밖에 없다. 그런데 독자는 작품을 읽어가는 동안 이와 같은 단순한 방식이 아닌 조금은 복잡한 방식으로 얽혀있는 시간 구조와 만나게 된다. 서술자는 과거의 기억을 일관된 시간의 흐름이나 인과적인 논리로 엮어내지 않는다. 기억은 어떤 필연적 이유 없이 과거와 현재를 넘나들고, 과거와 또 다른 과거로 넘나드는 듯이 보인다. 독자는 서술자가 이야기의 과거와 현재를 넘나들면서도 그것을 마구 흩어 놓고 있다는 인상을 받게 되며, 어떠한 고리를 발견하기 힘들게 된다.

> 이 뽕나무 밭은 지금도 내겐 많은 추억을 갖고 있게 한다. 봄 한철은 갈 때 올 때마다, 이 뽕밭에서 한 시간쯤은 으레 지체하곤 했다. 그것은 아침이슬이 마르지 않은 자줏빛 오디를 따 먹고 가기 때문이다. (……) 그러나 나를 괴롭힌 것은 그 오디물이다. 그것이 옷에 한 번 들면 영 빠

> 지질 않았다. 옷에 든 오디물로 해서 어머니한테도 퍽 많은 걱정을 끼쳤고, 그것을 따먹기에 열중한 나머지 나는 온통 얼굴에 광대를 그리다 시피 하고 학교엘 가면 누구나가 나를 쳐다보고 웃어댔다. (……) 선생님은 이러한 내 얼굴을 가리켜 남방 토인같다 하여 동급생들로부터 검둥이란 별명이 붙게 했다. (……) 선생님으로부터 받았던 선입감을 완전히 씻을 수 있었던 것은 六·二五동란을 계기로, 내가 군문에 뛰어들어가서 그들과 전우의 우정을 맺으므로부터다. (16-17)

인용문에서 우리는 서술자의 기억이 어떠한 방식으로 기술되는지에 대한 단서를 발견할 수 있다. 서술자는 인용문 앞 문단에서 어린 시절 하교길에 보았던 뽕나무밭을 기억해낸다. 뽕나무밭에 대한 기억은 오디와 관련된 추억으로, 다시 '나'의 별명에 대한 이야기로, 6·25 시절 만났던 흑인 장교에 대한 이야기로 이어진다. 이야기들은 어떤 질서도 없이 무작위적으로 이루어지는 듯 보인다. 이야기 사이에 고리가 없는 것 같은 인상을 받게 되는 것이다. 하지만 기억에 대한 '나'의 연상은 나름의 체계 속에서 움직인다. 고리는 바로 '나'의 감각이다. 이 부분에서 오디의 맛과 색감, 즉 미각과 시각은 과거의 기억을 되살리는 기호가 된다.

'오디 – 얼굴색 – 검둥이(별명) – 흑인 장교'로 이어지는 연상의 흐름은 모두 검은색의 이미지로 연결되어 있다. 오디 이미지의 경우, '검정빛 오디'라고 명시하고 있지는 않지만 오디를 따먹은 후의 얼굴색과 이를 통해 형성된 별명(검둥이)까지 오디 이미지가 이어지고 있는 것으로 보아 오디 이미지에 '검정빛 오디'의 느낌이 생략되어 있음을 알 수 있다. 동시에 '자줏빛 – 빨강'은 피의 이미지, 전쟁의 이미지, 희생의 이미지로 상징화된다.

이러한 감각들은 어떤 운명적이고 비극적인 느낌을 불러일으키고 강화시키는 촉매 역할을 한다. 이같이 서술자는 자신의 과거를 서술할 때 혹은 여러 겹의 기억(서로 다른 과거의 시간)을 펼쳐놓을 때 대체로 감각과 감각적 이미지에 대한 연상의 흐름에 의존한다. 그렇다면 우연히 등장한 것 같은 혹은 무작위적으로 선택된 것 같은 오디에 대한 추억과 그에 연계되는 기억들이 과연 우연의 결과물인가를 생각해볼 필요가 있다. 그 우연 속에서 발화한 감각 속에는 실제로는 개인의 과거 경험 속에서 느꼈던 강렬한 정서와 감정, 의식들이 살아 꿈틀거리고 있다.

검은색의 이미지는 6·25 시절 군대에서 만난 흑인 장교 케리에 대한 연상에 이르러 지배자와 피지배자가 인종과 국가에 따라 결정될 수밖에 없는 역사적 현실에 대한 사유로 이어진다. 이렇게 보면 검은색이 가진 이미지는 열등감과 치욕감, 그리고 굴욕감과 같은 감정들과 긴밀히 연결된다. 검정의 이미지는 무덤과 죽음, 공포와 불안의 감각을 환기시키며 과거의 진실에 가까이 다가가는 계기가 된다. 이렇게 볼 때 연과 흑인 장교 케리는 비극적 역사를 살아가는 동질적인 존재라 할 수 있다.

① 벌써 싱싱한 풀숲에선 여치란 놈이 울기 시작한다.

② 나와 존은 이 무렵이면 그 무성한 풀숲에서 여치를 몇 마리씩 잡아내곤 했다.

③ 큰 눈에 겁이 많아 여치란 놈은 누가 다치지 않아도 그렇게 잘 울었는지도 모른다.

④ 이때 내가 손에 쥐고 있는 일이란 수수깡으로 여치를 잡아넣을 집을 만드는 일이다.

⑤ 존은 내가 만들어준 안경을 으젓이 쓴 채 내가 만들고 있는 여치의 집을 구경하였다.

⑥ 나는 그렇게 앉아있는 존의 얼굴에서 그의 아버지인 모리스 선교사의 모습을 연상했다.

⑦ 손끝으론 숲속을 헤치면서도 나는 우리 고을에서 안경 쓴 사람들을 하나하나 머리속에 그려보았다.

(181-187)

기억은 감각 자료에 의할 때 좀 더 명료해진다. 신체가 갖는 기억, 즉 외부의 사물이나 자극에 의해 획득된 기억은 그만큼 강렬하게 각인되어 자극이 주어지면 떠오르게 되는 것이다.《끊어진 다리》의 서술자 또한 감각 자료에 의해 자극받아 기억을 연쇄적으로 기술하게 된다.

인용문 ①-⑦에서 우리는 서술자가 기억을 연결하는 태도를 엿볼 수 있다. ①은 서술자가 현재를 기술하는 부분으로, 현재 서술자는 여치의 울음소리를 듣는다. 여치의 울음소리는 곧 과거 기억(②-⑦)을 불러내는 동인이 된다. 이를 통해 서술자는 모리스 선교사와 그의 아들 존, 그리고 마을 사람들을 떠올린다. 여치의 울음소리 → 여치를 함께 잡던 존 → 여치의 눈 → 수수깡으로 만든 여치집 → 수수깡 안경 → 안경 쓴 모리스 선교사 → 안경 쓴 마을 사람들. 이야기는 감각의 연쇄를 통해 떠올라온다. 청각이 서술자를 과거로 인도하며 시각이 과거를 보여준다.

흥미로운 점은 감각적 영상이 어린 시절의 경험을 이야기할 때 강화된다는 점이다. 그 이유는 유년 시절의 감각이 그만큼 순수하기 때문에 그 강도 또한 높아지는 것으로 보인다. 또 한 가지 흥미로운 점은 유년의 '나'가 감각적인 연상에 익숙해 있다는 점이다. 유년의 '나'는 수수깡 안경을 쓴 존의 얼굴을 보면서 안경 쓴 존의 아버지(모리스 선교사)와 마을 사람들을 떠올린다. 유사한 시각 지표가 그에게 자극을 주고 있었던 것이다. 이러한 예는 여러 곳에서 찾아볼 수 있다. 가령 외양, 억양, 과장된 몸짓 등이 유사하다고 느껴 교회 장로를 보면 '댕기장수 늙은이'를 떠올린다든지, 고양이의 파란 눈을 보면 선교사 부인의 눈매를 떠올린다든지 하는 경우가 그러하다.

이같이 감각은 자신의 진정한 기억을 복원해내는 핵심 요인이 된다. 2장에서 제시했던 다양한 예시들과 함께 다양한 감각들은 서술자의 감정-두려움과 부정, 즐거움과 기쁨 혹은 설렘의 감정과 연관되면서 재체험되며, 재의미화되고, 상징화된다. 이 과정에서 개인은 일종의 배움과 재인식의 과정을 거치게 된다.

4. 언어와 기억의 확장—감각적 서술에서 비유적 서술로

《끊어진 다리》의 감각적이고 불연속적인 서술 방식은 오히려 본래적 자아를 되찾고 훼손된 기억을 치유하는 계기가 되며, 역사를 새롭게 바라볼 수 있는 계기가 된다. 기억을 복원하는 매개인 감각은 '나'를 말해주는 기반이지만, 동시에 '나'는 기억 과정을 통해 감각 너머에 있는 의식의 차원까지 도달하게 된다. 감각적으로 받아들여지던 것들은 다만 감각에 머물러 있지 않으며, 비유의 차원으로까지 나아가게 되는 것이다. 유년기의 '나'와 성인이 된 '나'는 그러므로 겹쳐 있으면서도 분리된 존재이다.

소설에서 유년의 '나'는 비교적 미화되지 않은 모습으로 그려진다. '나'는 창씨개명을 한 후 "명실상부한 떳떳한 황국신민이 되었다"(121)고 믿거나 일본은 곧 망할 거라는 존의 말에 놀라움과 두려움의 태도를 보이거나 아버지의 석방을 기원하기 위해 신사참배를 하는 등의 행동들을 보여준다. 유년기의 '나'는 현실의 제조건들을 비판적으로 받아들일 힘을 갖지 못한다. 유년기의 순수감각은 두려움의 감정이라든지, 증오와 미움의 감정 등과 연계되어 무차별적이고도 미분화된 혼란 속에 놓여 있게 된다.[13] 일본인 선생 부인의 눈매를 뱀의 눈매와 연관시킬 때, '나'의 마음은 일제에 대한 두려움과 증오를 내면화한다. 이렇게 유년의 '나'는 현상을 감각적 이미지로 연상하는 데 익숙하다. 유년 시절 '나'의 거부의식이나 선망의식은 뚜렷한 것으로 각인되기보다는 막연하게 지각된다.

이와 달리 성인이 된 서술자가 가진 감각의 성질은 어린 시절 '나'의 감각의 어떤 물음에 대한 대답이자 자신을 자신의 특수성에서 알고자 노력하는 '제2의 또는 비판적 시각'과 연계되어 있다.[14] 감각은 이제 다양한 경험의 층위를 거느리며, 개인의 경험 속에서 축적된 것으로서 의미화되고 상징화된다. 물론 원초적인 기억과 감각은 그것

---

13 메를로 퐁티, 《지각의 현상학》, 류의근 옮김(문학과지성사, 2002), 37쪽. 감각이 상황의 맥락이나 관계의 맥락이 아니라 순수감각으로 지각되는 경우, 감각은 무차별적이고 순간적인 그리고 점묘적인 충격의 경험에 머무르게 된다. 《끊어진 다리》에서 유년의 '나'의 감각은 그러므로 상황과 관계에 따라 형성된 감각과는 다른 순수감각에 가까운 것이라 할 수 있다.

대로 작용을 멈추지 않는 한에서, 서술자의 의식은 유년의 기억을 의미화하고 상징화할 수 있는 비판적 시선을 얻게 된다. '나'는 이러한 반성적 의식을 거쳐 새로운 방향성을 지니게 된다. 이런 과정을 거쳐 감각과 기억의 문제는 과거와 현재를 넘어 미래로 나아갈 수 있는 가능성을 획득하게 된다.

'끊어진 다리'라는 제목에서도 드러나듯, '다리'는 여러 가지 의미를 가진 비유물이 된다. '다리'는 유년과 청년을 거쳐 성인이 되며 얻게 된 역사에 대한 감각과 인식을 상징적으로 드러내는 비유물이라 할 수 있다. '다리'와 함께 '눈', '종', '교회당' 등 또한 '나'에게는 중요한 상징적 기호로 작용한다.

> 눈이 먼 아내와, 그리고 한 다리가 부러진 절름발이인 내가 문명을 등지고 이 거치른 땅에서 경작하고 있는 모습이란, 사천 년의 찬란한 고유문화를 가졌다는 이 나라의 몰락해 가는 모습을 우리 스스로가 상징하고 있는 것 같다…….
>
> 그러나, 미혜와 나는 이 거치른 흙을 파헤치며 두더지 모양 살아가야 할 존재와 이유를 모르면서도 살아야 한다는 것은, 생명의 존엄을 누구보다도 뼈저리게 알고 있는 탓일까…….(82)
>
> 이곳은 눈 먼 장님인 아내와 절름발이인 남편이 자리잡은 곳……. (176)

'나'는 전쟁에서 잃은 자신의 한쪽 다리와 양공주 생활을 하다 실명

---

14 위의 책, 346쪽.

하게 된 미혜의 보이지 않는 눈을 보면서 민족의 현실을 떠올린다. 잃어버린 다리와 눈, 그것은 이제 단지 개인의 상처만이 아니라, 민족 전체의 상처를 드러내는 상징이 된다. "끊어져 나간 다리… 부러져 짤라버린 내 다리… 어머니에 대한 마음의 다리 … 침략의 교량".(402) 지나온 시간을 조감하는 자리에서 '나'는 이제 상실과 절망, 상처를 '다리'라는 상징물 속에서 찾아낸다. '다리'는 과거로부터 가난과 폐허만을 상속받은 채 힘든 현실과 맞대면해야 하는 비참한 현재적 상황을 상징적으로 드러내면서, 거대한 역사적 흐름 속에서 희생당하고 상처 입을 수밖에 없었던 '나' 자신 혹은 '나'와 같은 처지에 있던 개인들의 아픔을 상징적으로 드러낸다. '끊어진 다리'는 북에 홀로 남은 어머니와의 이별을 상징하기도 한다. 그것은 어머니라는 기호가 지닌 상징성으로 볼 때, 원초적 고향의 상실과 원초적 사랑의 상실을 의미한다고 볼 수 있다. '다리'는 이런 고통을 겪게 만든 '침략의 교량'으로, 남북 분단에 대한 상징으로 확대된다. 개인과 역사의 상처는 이제 '다리'라는 상징물과 융합되어, 주체는 역사에 대한 무의식적인 감각과 의식적인 시선을 동시에 얻게 된다.

① 많은 수난의 날을 되풀이하면서도, 교회의 종은 쉬지 않고 이땅의 잠든 심령을 일깨우기 위하여 하루도 쉬지 않았던 것이다. 아버지는 종지기라는 미천한 직업이었지만, 그것이 자기에게 주어진 천직이요 또한 성직을 거둔다는 보람을 자랑으로, 평생을 그 종과 함께 살아왔던 것이다.(142)

② 육중한 소리가 울린다. 종이 울리는 것이 아니라 쌓이고 쌓였던 가슴 속의 울분이 마구 터져나오는 소리인 것 같기만 했다. 피부가 갈

라 터질 지경으로 내 전신에 어떤 힘이 솟구쳐 흐르는 것 같기만 했다. 뜨거운 눈물이 철철 흐른다.(329)

아버지 유산으로서의 종은 또 하나의 중요한 상징물이다. ① 교회당의 종에는 아버지의 삶과 죽음이 아로새겨져 있다. 미천한 직업이었지만 종지기를 천직으로 알고 평생 종과 함께 살았던 아버지에게 이제 '나'는 '신념과 성실'의 의미를 배운다. 공출로부터 지키려 했던 종, 그러다 감옥에 가고 죽음에까지 이르는 매개가 되었던 종을 통해 '나'는 아버지의 유산인 '신념과 성실'을 물려받는 것이다. ② 종(소리)은 '가슴 속의 울분'을 이미 그 안에 거느리면서 '나'에게 알 수 없는 힘을 전해주는 상징물이기도 하다. 해방이 되었다는 소식을 전해 듣고, '나'는 제일 먼저 폐물처럼 교회당 뜰에 버려진 교회 종을 다시 매달고 그 종을 치게 된다. 이러한 행위는 아버지의 행위를 반복하는 것이면서, 아버지의 유산에 응답하는 행동이라 할 수 있다. 그 유산에 의해 '나'는 과거의 울분을 떨쳐버리고, 미래로의 힘을 경주하려 한다.

에덴이 아담과 이브에게 있어선 즐거운 낙원인 동시에 가장 쓰라린 추억의 땅이었듯이 존과 내가 자란 우리들의 정원도 그러한 두 면을 가지고 있음으로써 항상 내 마음 속에서 떠나질 않는다.

지금 나와 미혜가 자리잡고 있는 이 땅도 그곳으로부터의 연장이지만 나는 언제나 그곳으로 돌아갈 것을 잊지 않고 있다.(175)

환경이 바뀌진다 해도 그것은 정말 하늘과 땅 차이가 아닐 수 없었다. 성경과 기도로 세월을 보내던 존네 집이 이런 음부로 뒤바뀌졌으니 말이다. (…) 거기 남아 있다는 것은 나날이 퇴색해 가는 모리스 선교사네 돌집과, 낡아 허물어져가는 창고와, 영양실조가 된 우리 모자가 있을 뿐이었다.(247)

교회당 종소리와 교회당 정원을 통해 느꼈던 순수하고도 아름다운 기억은 비극적 사건들과 그에 대한 경험들을 통해 새롭게 각인되고 변형되기에 이른다. 종소리에는 아버지의 죽음과 왜곡된 역사가 던져준 불행이 덧입혀져 있다. 교회당 정원 역시 아버지의 죽음과 일제의 만행이 겹쳐져 있는 비극적 공간으로 제시된다. 교회당은 즐거운 낙원인 동시에 가장 쓰라린 추억의 땅으로, 그곳의 연장이 바로 '지금·여기'의 황무지라 할 수 있다. 사물과 감각과 공간을 이중적으로 받아들일 수밖에 없는 현실 속에서 서술자는 이제 그 이중성을 안고 열려 있는 새로운 시대 가운데 서게 되는 것이다. 그곳으로 돌아가고 싶은 소망과 돌아가야 한다는 당위는 과거 지향적 태도가 아니라 오히려 현재와 미래 지향적 태도와 연관되어 있다.

'나'는 '나'를 이루고 있던 것들, '나'의 과거를 말해주던 것들, 그리고 '나'의 몸에 가까운 것들이라 할 수 있는 '종', '교회당', '다리' 등을 시간이 지나면서 의미화하고 상징화할 수 있게 된다.

"이 모든 신과 종교는 무엇을 가져다 주었던 것인가?"(81)

나는 이십 년이나 지난 오늘날에 이르기까지 그 수많은 표어들을 아직도 낱낱이 다 기억하고 있다.

이러한 구호들은 지난 날 게시판에 붙어 있던 우리들의 성적물 모양 어떤 의미의 장식으로서 붙어 있는 것이 아니라 그것은 국어상용이라

는 문제와 더불어 몸든 것이 그대로 실천에 옮겨야만 했다.(114-115)

외부에서 강압적으로 주어져 '나'에게 지속적이고 실제적인 영향을 미쳤던 신과 종교, 구호와 표어 등은 이제 허상적인 이데올로기와 관념의 상징으로 인식되기에 이른다. 어디서나 보고 들었던 일제의 강압적 표어와 구호는 알게 모르게 '나'의 정신과 몸에 각인되었고, 지금까지도 그 기억은 지워지지 않은 채 '나'의 의식을 지배한다.[15] 성인으로서 '나'는 그것이 전체주의의 얼굴을 한 이데올로기였다는 사실을 깨닫게 된다. 소박한 깨달음에도 불구하고, '나'의 기억을 억압하고 훼손시켰던 것들의 정체를 파악해내는 것은 중요한 일이라 할 수 있다. 이러한 '구호와 표어'의 허상성만큼이나 '신과 종교' 또한 허상적이라는 사실을 '나'는 시대를 건너오면서 온몸으로 체득한다. 감옥에 간 아버지를 위해 교회는 물론 신사에 가서 기도를 하던 순진했던 '나'는 이제 비극으로 내몰린 개인과 민족의 현실을 위해 신과 종교가 무엇을 했는가 되묻는다. 신과 종교는 아버지를 구하지 못했고, 이 땅의 굶주림을 해결하지 못했으며, 비참한 전쟁을 막지 못했음을 깨달았을 때, 이제 그것들은 '나'에게 허상적 관념 그 이상도 그 이하도 아닌 것이 된다.

---

15 장석원은 그의 글에서 대화 속 생략된 언어, 명령형과 의문형, 명령과 당위를 내포하는 수행사 등의 화용적 맥락들 속에서 폭력적 이데올로기가 개인의 언어에 어떠한 영향을 미치는가를 미시적으로 고찰하고 있나(장석원, 〈정한숙의 《끊어진 다리》론—폭력적인 역사에 대응하는 언어의 양상을 중심으로〉, 《한국근대문학연구》[한국근대문학회] 제4권 제2호[2003. 10], 337-346쪽).

"아무리 많은 구제품과 레이숀빡스라 해도 헐벗음과 굶주림을 막을 순 없을 거야. 공연히 인심만 사납게 하기가 쉽지."(405-406)

'나'는 홍수로 인해 수해가 난 지역에 찾아온 존을 이십 여년만에 만나 하룻밤을 보낸다. 존에게 건네는 '나'의 말에 한국과 미국에 대한 비판이 감춰져 있다. 한국의 정치가들은 구호품으로 부패를 일삼고, 미국은 자력갱생을 위한 원조가 아닌 자국의 이익을 위해 구호품을 보내고 있다는 비판인 것이다. 황무지 같은 가난한 현실에서 벗어나는 방법으로 '나'는 공동체 정신과 자유의지를 제시한다. '나'는 나라 없던 이스라엘인들의 민족의식과 의지를 떠올리기도 한다. '이제 '나'는 유색인종으로 피지배민족으로 가질 수밖에 없었던 어떤 운명의식에서 벗어나 자유의지에 대해 생각하기에 이른다. 피할 수 없는 운명을 수용하는 것이 아니라 운명을 자유의지로 바꾸고 변혁해야 한다는 각성이 일어나는 것이다.

5. 개인 기억과 집단 기억의 융합

이 글에서는《끊어진 다리》의 서술 방식이 단지 무작위적인 형태를 가지고 있는 것이 아니라 일정한 서술 방식을 가지고 있음을 살펴보았다. 정한숙이《끊어진 다리》에서 채택했던 불연속적이고 감각적 서술 방식은 훼손된 기억을 온전히 재현하고 재체험하면서 열린 미래로의 가능성까지를 타진하고자 했던 작가의 고뇌 어린 산물이었음을 알 수 있다. 이는 결국 객관적 세계와 의식에 동화되지 않고 자신의 고유한 신념과 자유의지를 찾아내려는 작가의 의식 혹은 무의식적 과정과 연관되어 있다. 이를 통해 현재의 서술자는 자신과 그 주변의 세계를 냉정하게 관찰할 수 있는 거리를 확보한다. 유년 시절 받아들이던 감각적 이미지는 점차 현실의 질곡을 거치면서 성인이 되었을 때 현실을 이해하는 상징의 차원과 융합하게 된다.

소설의 주인공 '나(연)'는 거대한 역사의 소용돌이 속에서 훼손되었던 삶을 제자리로 돌려놓아야 하는 과제를 수행하는 자이다. '나'는 감각을 중심으로 잃어버린 기억을 복원하고 반성함으로써 주체의 정체성을 찾아나간다. 감각은 몸의 언어에 가깝다고 할 수 있다. 감각은 억압과 시간이란 괴물에 의해 파괴되고 사라진 기억을 복원하는 하나의 매개로 작용하며 흘러간 시간을 다시 되살리고 의미화하고 새롭게 조명하는 매개가 된다. 《끊어진 다리》의 주인공 연은 식민과 해방, 6·25와 4·19와 같은 거대한 사건을 경험한 인물이다. 그는 4·19 이후 시점에서 이들의 의미를 되짚어낸다. 개별 주체로서의 자신과 집단 주체로서의 타인들의 삶의 편린들은 의식 또는 무의식적 기억 속으로 호출된다. 그가 기억해내는 것은 그러므로 개인만이 아닌 집단의 문제, 개인사만이 아닌 역사의 문제와 깊은 연관을 맺게 된다. 트라우마가 개인적 성격을 넘어 집단적인 것으로 확장되며, 혼란스러운 정체성의 문제 또한 개인의 문제뿐 아니라 집단의 문제로 확장된다.

《끊어진 다리》는 소설사적으로 볼 때 1960년대 문단을 여는 소설 중 중요한 위치를 점하고 있다. 이 소설은 4·19 직후 생성되었던 새로운 시대정신에 대한 고민을 내포하면서, 동시에 일제강점기와 해방기 그리고 전쟁기를 거쳐온 세대가 가지는 역사에 대한 성찰이 투영되어 있다. 물론 이러한 점만으로 《끊어진 다리》의 소설사적 위치를 논할 수는 없다. 또 다른 중요한 이유는 주요한 역사적인 사건들을 다루는 여타의 소설들과는 다른 독특한 서술 방식을《끊어진 다리》가 보여준다는 데 있다. 낯선 서술 방식은 새로운 문체를 형성하기도 하지만, 새로운 패러다임을 형성하기도 한다. 개별성에 의한 기억의 복원과 현재와 미래로의 투사, 그리고 그 속에서 파생되고 확장되는 공동체적 각성의 과정을 이끄는 동인이 바로 감각이라는 것은 그만큼 작가가 개별성 속에서 역사를 인식하려는 태도에 이끌리고 있었다는 사실을 말해준다.

{ 제3부 }

정한숙 연구의 현재

1950년대 문예 매체의 지형과 정한숙 문학의 위상

김준현

1. 서론

이 글은 정한숙의 등단 과정, 그리고 신문연재에 비중을 둔 초기 작품 활동 양상과 1950년대 문예 매체 지형의 관계를 살피는 목적을 가진다. 정한숙의 등단, 혹은 문단 진입은 최대 1948년부터 1955년까지 진행된 것으로 볼 수 있을 정도로 길고 특수하고 복잡하게 이루어진다. 그리고 등단 이후(1950년대 중반)의 작품 활동은 주로 신문지면을 통한 '연재'에 집중된다. 같은 시기 등단하여 1950년대와 1960년대의 주역 작가로 문학사에 기록되는 다른 문인들이 주로 문예지를 통해 활동했던 것과는 구별되는 행보이다.

한국전쟁으로 인해 문인들의 등단 경로를 마련해주는 신문과 문예 매체가 정상적으로 간행될 수 없었다는 환경적 문제가 전제되어 있지만, 정한숙의 등단과 문단 진입 과정, 그리고 그에 대한 당대의 반응과 평가는 당대 문예 매체의 지형과 그에 얽힌 문인들의 장르 인식에 대해 시사해주는 점이 많다. 이 글은 정한숙의 1950년대 문학 활동을 통해, 당대 문예 매체와 문단의 지형 변화를 조명해 보기로 한다.

정한숙이 문단 활동을 시작한 1940년대 후반과 1950년대 중후반 사이 약 10년의 시기는, 해방과 분단, 한국전쟁을 겪으며 한국 문학의 장이 역동적으로 변화하던 때였다. 이 연속적으로 이루어진 거대한 역사적 굴곡들은 1940~50년대 지식인과 문인들이 당대를 적극적으로 '새로운 시대'로 규정하게 하는 변수였으며, 이에 따라 '새로운 문학'의 필요성 역시 역설된다. 그 결과로 상당히 많은 문학 단체의 수립과 이합집산이 이루어졌으며, 문단 내의 담론 경쟁 및 상호 대결은 어느 시기보다도 더 치열하게 드러났다. 그리고 신문 지면과 문예지 지면은 이러한 문학 단체의 물리적인 활동 기반을 마련해주는 중요한 매체 환경이었다. 한국전쟁 전후의 가혹한 출판 환경 때문에 많은 문예지와 신문이 간행을 계속해 나가는 데 어려움을 겪고 역사 속으로 사라져야 했다. 하지만 문단이 재편되고 이합집산하여 새롭게 문단을 구성한 문인들이 자신들의 물리적인 기반으로서의 매체를 필요로 함에 따라, 매체 간행에 얽힌 난점에도 불구하고 매체를 설립하는 에너지 역시 충만했다.

단정수립에 의해 소위 '48년 체제'가 성립되고, 그 직후 한국전쟁을 거쳐 소위 좌익 문인들과 그들의 문학 담론이 문단에서 완전히 축출되고, 완전히 '새로운 시대'에 맞는 새로운 문학관, 문학 담론을 제시하는 것은 당대의 중요한 추세였다. 이전 시대와의 담론적 단절도 1950년대 문학 장이 가지는 두드러진 특성이었지만, 한국전쟁 전후 사정 때문에 촉발된 문예 매체의 단절과 굴곡도 간과되어서는 안 된다. 《매일신보》와 이광수의 〈무정〉, 《창조》와 김동인의 〈약한 자의 슬폼〉이라는 근대 매체와 근대 문학의 상징적인 조합이 이루어진 이후, 신문과 문예지는 문학 매체로서 중요한 위치를 일제 강점기 내내 점해 왔음은 주지의 사실이다. 하지만 한국전쟁 이후 급격하게 재편된 문단과 신문/문예지의 관계가 이전 시기와 동일하게 반복되었다고 할 수 없는 여러 가지 정황이 존재한다. 신문/문예지의 발행 주체와 양상만 바뀐 것이 아니라, 그 매체들이 문학과 관계 맺는 양상 또한 변화하였다. 그리고, 정한숙이라는 문인은 당대 문단과 문예 매체의 간극, 그리고 상호 관계 변화를 보여주는 하나의 중요한 표지이기도 하다.

그동안 정한숙과 그의 작품세계에 관한 연구는 초기 수준에서 멈춰 있었다. '다작의 작가'라는 별명이 붙기까지 했을 정도로 활발한 작품 활동을 보였던 이력과는 어울리지 않게, 연구 결과의 수량 자체가 절대적으로 부족하다. 기존에 제출된 성과를 살펴보면, 여전히 작품론과 작가론과 같은 전통적 문학연구의 시각과 방법론을 통해 접근된 사례가 대부분이다. 작가의 삶과 작품을 고립적인 텍스트로 놓지 않고, 사회문화사적 환경이나 매체적 환경의 시각으로 접근하는 최근의 연구방법론을 적용하여 정한숙과 그의 작품세계를 살피는 작업도 추가될 필요가 있다.

작가의 작품 활동이 문단 환경, 매체 환경의 직·간접적 영향을 받은 결과라는 관점을 도입하면, 문인/작가라는 텍스트에 접근할 수 있는 새로운 지점을 마련할 수 있다. 이 연구는, 정한숙과 그의 작품세계를 그 자체의 예술적 가치나 특성을 가늠하기 위한 관점으로 접근하는 방법 대신, 당대 문학 장에서 어떤 위치와 역할을 점했는지를 살피는 관점으로 접근하는 방식을 사용하도록 한다. 요컨대, 이 작업은 정한숙의 작가로서의 역량이나 작품의 완성도를 재고하기 위한 연구라기보다는, '정한숙의 초기 창작 활동'을 일종의 '텍스트'로 하여, 그것을 통해 당대의 문학 지형도를 읽어내려는 목적을 지닌 연구에 가깝다.

물론 이 글에서 살피는 텍스트 중에는 정한숙의 작품에 대한 가치평가를 다루고 있는, 이른바 '평론/'비평'에 해당하는 글도 존재한다. 하지만 이 글은 그러한 당대의 비평을 답습하려는 의도는 물론, 비판하거나 부정하려는 의도도 갖고 있지 않다. 오히려 정한숙의 작품에 대한 당대 비평을 검토하는 것을 통해, 해당 비평의 전제가 되는 당대의 문학관, 매체에 대한 문인들의 심상 지형을 살피는 것이 이 글의 관심사에 더 닿아 있다.

이 글의 텍스트가 되는 '1950년대 정한숙의 작품 활동과 그 결과에 대한 당대의 평가'는 일정한 경향성을 공유한다. 그러나 일정한 경향성이 공유되었다고 해서 그것이 당대 정한숙과 그의 작품에 대해 이루어진 비평의 결과들이 시대를 초월해 객관성을 확보한 관점에 의한 것이었다고 판단하는 것은 무리가 있다. 비평의 관점이나 주장들도 결국 당대 담론이 형성되고 변화하는 과정, 문단과 매체의 지형과 그 변화에 영향을 받아서 이루어져 있기 때문이다. 요컨대, 정한숙에 대한 비평 텍스트는, 정한숙의 작품에 대한 정보도 담고 있지만, 당대의 비평이 어떤 특성을 갖고 있었고, 어떤 경향성을 공유하고 있었는지를 확인할 수 있는 정보도 담고 있다.

이 논문은 1950년대 이루어진 정한숙에 대한 비평과 그 전제가 되는 비평 담론의 지형도와 맥락을 살펴봄으로써, 정한숙의 작품 활동과 당대 비평가들이 공유했던 문학 담론을 상호적, 입체적으로 살펴보려 한다.

정한숙은 고려대학교 국어국문학과 1회 졸업생 및 고려대 교수, 당대 문단 및 지식 장에서 중요한 일군을 형성했던 '서북 출신 문인', 한국 pen 회원,《예술조선》 등단 문인, '자유문학자협회'(이하 '자유문협') 회원[1] 등 여러 정체성을 가진 문인이었고, 이는 1950년대 문단 활동을 이어가는 데 있어서 중요한 변수가 되었음은 물론이다. 그리고 더불어, 이 글의 주된 고찰 대상이 되는 '신문연재작가'라는 정체성 또한 확보하고 있었다. 이렇게 형성된 정체성들에는 당대가 정한숙을 '규정'하려 했던 경향성이 각인되어 있다.

전술한 바와 같이, 1950년대는 좌익 문인 축출 후 '민족문학'을 재정립하는 과정에서 새로운 문학담론의 제시가 어느 때보다도 활발하게, 또 대결적으로 이루어졌던 시기이다. 시기적 특수성을 감안해 보면, 정한숙처럼 자신의 거시 문학관을 드러내지 않은 문인은 오히려 소수라고 할 수 있을 정도다. 이를 통해 보면, 정한숙은 당대의 치열했던 담론 좌표에 자신의 위치를 확정하려 하지 않았다고 볼 여지도 있다. 그럼에도 불구하고 작가이면서 문인인 정한숙이 문단 및 문학장 내에서 일정한 좌표를 차지할 수밖에 없음은 물론이다. 정한숙 스스로가 자신을 규정하지 않았다고 하더라도, 당대의 평가와 인식에 의해 좌표설정이 일어날 수 있다. 또한, 작가가 직접적으로 자신의 문

---

1 '자유문학자협회'는 1960년 4.19 및 이승만의 하야와 함께 불명예 해산 과정을 거친다. 이에 따라 해당 단체의 가입/활동 이력은 비교적 소극적으로 기억되는 편이다. 정한숙의 경우도 적극적으로 천명된 경우는 많지 않으나, 합동출판기념회, 총회에서 회원으로 언급되는 경우는 적지 않았다(〈합동출판기념회—28씨의 〈자유문협〉 회원 5일 문총서〉, 《조선일보》, 1958. 2. 5).

학 담론을 설파하지 않더라도, 작품의 내용이나 작품 활동 양상이 간접적으로 좌표 설정에 기여하기도 한다. '신문연재작가'라는 정체성의 부여와 그것을 전제로 한 당시의 평가는, 이러한 맥락을 살피기 위한 관점으로 접근하면 당대 비평의 경향을 살펴볼 수 있는 근거가 되기도 한다.

이 과정에서, 정한숙이라는 한 작가는 물론, 당대 문학 장과 그것을 구성하는 담론 지형도의 특성과 역할, 그리고 가치를 재구하는 관점이 만들어진다. 이 글은 이러한 관점을 전제로 하여, 정한숙과 그의 작품이 1950년대 문학 장에서 위치하는 좌표를 탐구하는 시론의 성격을 지닌다.[2]

2. 정한숙의 등단과정과 1950년대 문예 매체의 지형도

정한숙은 '공모'를 통해 등단한 문인이다. 한국 현대문학사에서, 오랫동안 '공모'는 한국문학사에서 가장 주류적인 등단 경로로 여겨졌

2 정한숙에 대한 기존의 연구는 작품론, 작가론의 범주에 제한되어 있는 경향이 강하다. 최근 정한숙에 대한 연구를 집대성한 결과로는 문혜윤이 편한《정한숙—인간과 역사를 보는 백 개의 눈》(글누림, 2011)이 있는데, 장의 구성 자체가 "1부 - 정한숙의 삶과 문학 / 2부 - 작가론 / 3부 - 작품론"으로 구성되어 있어, 당시를 기준으로 기존의 정한숙 연구가 어떤 양상으로 이루어졌는지를 알 수 있다. 학위논문을 제외한 학술논문에서는 정한숙의 작품 중 〈끊어진 다리〉가 주로 연구의 대상이 되었다(최성윤, 〈정한숙 장편 끊어진 다리에 나타난 성인 화자와 회고담의 특징〉,《현대문학이론연구》50집, 2012; 주영중, 〈훼손된 기억의 구조와 복원 방식〉,《우리어문연구》41집, 2011). 좀 더 다양한 관점으로 정한숙과 그의 작품에 접근하는 시도들이 필요하다. 본 연구는, 정한숙을 통해 당대 문학 장의 양상과 특성을 살피려는 점에서, 기존의 연구들이 가지 않았던 새로운 방향을 실험적으로 제시하려고 한다.

다. '신춘문예'로 대표되는 공모전을 통해 배출된 작가의 수가 많으며, 또 엄정성과 공신력에서 오랫동안 제도적 우월성을 인정받았다.

그러나, 1950년대에는 그 사정이 달랐다. 그리고 이 사실은 그동안 충분히 논구되지 않았다. 주로 신문의 주도로 이루어졌던 공모전은 최소한 신문 간행의 난점이 극에 달했던 1950년대만큼은 그 지위의 위축을 겪었어야 했다. 그리고 신문 공모전을 대체할 등단 제도를 마련하고 정착시키기 위한 에너지가 존재했던 여러 층위의 문단 정치 맥락도 얽혀 있었다. 정한숙은, 그런 시기에 공모전으로 등단한 문인이라는 정체성을 확보한 것이다.

정한숙은 문단에 정식으로 진입하는 과정에서 3번에 걸쳐 공모에 참가한다. 정한숙의 작품이 처음 매체 지면에서 언급된 것은, 1947년 '문예신보사'[3]에서 주최한 '학생문예상'에서 단편소설로 당선하였을 때다. 공모전 수상을 알리는 기사에서 3등을 수상한 〈벽보전〉(고려대학 문과)라고 표기된 것이 해당 작품이며, 이를 통해 장학금 300원을 지급받는다.[4]

사실 문예지나 신문 발간 주체의 입장에서 공모를 통한 '문학상'과 같은 작가 발굴 제도는 매체의 인력 근간을 확보할 수 있으며,[5] 또 매체 자체를 알릴 수 있는 방편이다. 이에 따라 신구를 가리지 않고 문

3 《문예신보》는 윤치영이 발행한 〈신태평양〉의 전신으로 알려져 있는 주간지이다. 학생 대상 백일장, 학생문예상 등을 통해 후속 세대 문인들의 발굴에 힘을 썼던 것으로 보이나, 그 실체가 충분히 연구되지는 않았다.

4 〈학생문예상의 단편소설 당선〉, 《경향신문》, 1947. 4. 16.

5 매체를 통해 등단한 문인이 매체를 주된 작품 활동의 장으로 쓰는 것은 물론, 매체 자체의 필진 등 주요 인력이 되는 경우가 많음은 잘 알려져 있는 사실이다.

예 매체들은 작가 등단 제도를 마련했으며, 이 제도를 통해 문단에 정착하는 작가들이 1950년대와 1960년대 문단에서 중요한 역할을 하게 된다. 정한숙도 예외는 아니다. 하지만 좀 더 면밀히 보면, 정한숙의 등단이 걸쳐 있는 1948년부터 1954년까지의 시기는, 매체가 공모전을 실시하고 그것을 통해 등단한 문인에게 지면과 문인으로서의 활동을 보장해 줄 수 있을만 한 연속성을 확보하기 어려운 시점이었다. 한국전쟁 시기와 직후에 매체 간행이 어려운 것은 굳이 설명할 필요가 없지만, 1940년대 후반도 용지 문제나 경제적 부침, 미군정과 정부의 정책 급변 등 매체 간행 환경이 매우 가혹했던 시기이다. 이 지점에서 1940년대 후반/1950년대 초반 공모를 통해 등단한 정한숙이 독특한 위치를 점하게 된다.

《문예신보》는 '학생문예상'이라는 타이틀을 걸고 공모를 진행하였기 때문에, 이 공모전에서의 수상 경력이 작가 자격의 인정 즉, '등단'으로 여겨지지 않았을 가능성이 크다.[6] 정한숙이 '고려대학 문과' 소속의 대학생 신분이었음에도, '학생문예상'이라는 공모전 특성과《문예신보》라는 매체가 문단에서 차지하는 위상, 오래 간행되지 못했다는 점 등이 합쳐져서 이 수상이 온전한 등단으로 인정받기는 어려웠던 것으로 보인다.

정한숙의 등단은 1948년《예술조선》이라는 매체로 이루어진다.[7] 가작으로 당선된 〈흉가〉가 해당 작품이었다.[8]《예술조선》은 선문사

6 하지만 이 공모전에서 일컫는 '학생'이 대학생을 포함했다는 점에서, 당선자가 기성 문인으로 취급받지 않는 공모전이라고 단정하기 어려운 면도 있다. 해당 지면이 전해지지 않아 공모전에 대한 보도자료만 확인할 수 있는 지금 시점에서는 더더욱 그러하다.

가 발행하고 김광주[9]가 편집주간으로 있었던 예술 종합지이지만, 2호까지 간행하고 더 이어지지 못했던 것으로 보인다. 이 시기 한국전쟁 발발과 휴전으로 문단은 다시 한번 큰 폭으로 재편된다. 김동리와 조연현 등 청문협 출신 한국문학가협회 회원의 주된 활동 근거였던《문예》와《현대문학》, 오영진과 박남수 등 서북 출신 월남 문인들의 구심점이 된《문학예술》과《사상계》,[10] 그리고 소위 '예술원 사태'로 한국문학가협회와 사실상 대립 관계에 있던《자유문학》의 문단의 3분할이 이루어진다. 한국전쟁기를 지낸 정한숙이 문단에서의 활동을 본격화하려 할 때인 1954년은 이 예술원 사태로 문단 내부의 파열과 분열이 극단적인 양상으로 치달을 시기였다. 이러한 환경에서 강행이 지속되지 못했던《예술조선》에서의 등단 이력은 문단 활동을 하는 준비 조건으로 충분하다 여겨지지 않은 정황이 있다.

그 결과 정한숙은 1954년 다시 등단의 과정을 거친다.《조선일보》에서 진행한 〈신춘현상단편소설〉에 응모한 것이다.[11] 최정희의 선후

---

7 1997년 정한숙 사후 모든 언론에서 정한숙의 등단작을 48년 발표한 〈흉가〉로 소개하고 있다. 〈전황당인보기〉로 한국일보 1955년 신춘문예 당선했다는 보도는 이루어지지 않으며, 한국일보에서도 "전광용 정한모 씨와 함께 〈시탑〉 동인을 하던 그는 48년《예술조선》에 단편소설 〈흉가〉로 데뷔한다"(〈국문학 연구, 창작 외길 '한평생 선비'/어제 타개한 정한숙 씨〉,《한국일보》, 1997. 9. 18).

8 "선문사에서는 민족문화수립을 위하여 널리 신인의 문예작품을 모집하던 바 수많은 응모작품 가운데서 다음과 같이 입선작이 결정되었으며 작품은 동사 발행잡지《예술조선》3호에 게재되었다 한다. (…) 가작 〈흉가〉(소설)"(〈예술조선 신인상 발표〉,《조선일보》, 1945. 5. 5).

9 김광주와 정한숙은 이후《경향신문》에서 함께 활동하는 등 돈독한 관계를 쌓았던 것으로 보인다.

10 《사상계》는 종합지였지만 주지하는 바와 같이 문예면에 상당한 지면을 할애하던 잡지였다.

평[12]을 통해 〈배신〉은 3위로 판정되어 발표되었고, 1위는 가작, 2위~4위는 '선외가작'으로 선정되었다. 순위를 떠나서, 《조선일보》의 '단편소설 공모'는 등단 경로로서 상당한 권위를 확보한 것처럼 생각하기 쉬울 수도 있겠다. 《조선일보》라는 매체의 위상으로 보나, 또 '신춘'이라는 시기를 보나 〈신춘문예〉와 거의 동일한 행사이거나, 혹은 그만큼의 권위를 확보한 공모라고 인식되기 쉬운 것이다.

그러나 당대 문단 지형도와 장편/단편을 가르는 장르 인식의 맥락에서 보면 실질적 사정은 사뭇 다르다. 사실 이 《조선일보》의 '신춘현상단편소설 공모'는 여러모로 주목하여 볼 필요가 있다. 일단 전쟁 이후 소위 '주요 언론 매체'를 통해 이루어지는 것으로는 거의 최초라고 할 수 있을 정도의 (당대로서는) 이례적인 행사라는 점에서 그러하다. 그리고 공모전의 실질적 담당자였던 염상섭이 〈신춘현상단편소설공모에 기하여〉라는 글을 2회에 걸쳐 연재할 정도로 조선일보 차원에서 공모전에 무게를 주었다는 것도 언급하지 않을 수 없다(60여 편의 작품이 응모되었으며, 염상섭, 유치진, 손우성, 최정희 4인이 심사를 맡았다). 그리고 염상섭의 이 글에서 당시 '신문소설'과 '순수소설'의 구별, 문예

---

11 이 공모는 단편소설 공모이지만 200자 원고지 300매 분량을 조건으로 하였다. 정확하게 살펴보면, 30회 이내. 1회 분량 9매 이내(따라서 270매 내외)라는, 단편소설의 신문 연재 형식에 따른 분량 기준을 제시하였다(〈신춘현상단편소설모집〉, 《조선일보》, 1953. 11. 19. 참조). 이는 '연재'를 전제로 한 단편소설 모집 형식의 사례라는 점에서 특기할 만하다.

12 "〈배신〉 — 이 작품에서도 작중인물의 언어동작이 이랬다 저랬다 한다. 그것뿐 아니라 위에 다른 작품들과 한가지로 묘사력을 잊어버리고 있다. 한 인물의 성격을 살리기 위해서라기보다 주제에 사로잡힌 감이 있어서 약간의 불쾌를 느끼게 된다"(〈현상단편소설 선자의 평〉, 《조선일보》, 1954. 2. 15).

지와 신문이 갖는 문예 매체로서의 위상과 위계, 또 문예지 '추천'과 '현상공모'의 등단 경로에 대한 위계의식 등, 당대 문인과 독자 대중이 공유했던 여러 가지 당대 문단 활동에 대한 장르/매체의 위계 의식을 파악할 수 있는 여러 가지 지점을 언급하여 주었다는 사실이 무엇보다 중요하다.

이 글의 맥락에서 염상섭의 〈신진에게 바람— 조선일보의 현상단편모집에 기한다〉는 중요한 지점을 많이 포함하고 있는 텍스트이다. 그 이유는 염상섭이 이 글을 통해 드러낸 생각이 추후 정한숙이 자신의 문학관/작가관을 드러내는 글에서 드러낸 생각과 공유하는 지점이 많다는 사실에 있기도 하다. 일단 일제 강점기 매일신보와 동아일보가 주도했던 '신춘문예'의 맥이 폐간/복간, 한국전쟁 등으로 끊기고, 현상공모 제도가 문인 등단의 경로로서 상당한 힘을 잃었을 뿐 아니라, 그로 인해 그에 대한 인식 자체도 낮아졌음을 염상섭의 글을 통해 확인할 수 있다. 현대 등단 제도로서 '공모전'이 지니는 위상에 의한 인식과 매우 다르다.

"지방에면 각기 자기 지방의 지반도 있고 체면도 있을 것이며 지방중앙을 가리자는 것은 아니지마는 중앙문단의 기성작가로 끼어버리는 편이 안이하지 현상당선작가로 나서는 번폐스런 절차를 밟기가 귀치 않다는 생삭인시도 모르나"[13]의 같은 서술은 단순히 기성 문단에 다른 경로로 편입되는 것에 대한 '편이성'을 강조하는 것이라고 해석할 수도 있지만, 그것보다는 복잡한 내용을 전제하고 있다. "소위 신

13 염상섭, 〈신진에게 바람—조선일보의 현당단편모집에 기한다(하)〉, 《조선일보》, 1953. 11. 26.

문소설이라는 것과 순수문학과는 동일수준에서 논할 바는 아니라 하여도 그만치나 언론기관을 통하여 자기의 작품을 발표한다는 것은 더구나 처녀작에 있어 가장 갈망하는 바요 또 성과를 거둘 수 있는 것이다. 또한 모집주체척으로 보면 그것은 신문의 운영정책인 동시에 문화향상, 문학발전에 기여하는 한 봉사이기도 한 것이다."[14]는 서술을 보면, 단순히 당대 공모전을 통한 등단이 가지는 편이성 문제에 대한 것으로만 한정할 수 없는 언급이라는 사실을 알 수 있다. 사실상, 염상섭은 '중앙문단의 기성작가로 끼어버리는 편', 즉 기성 작가에 의한 추천에 비해 '현상당선'이라는 경로가 평가절하될 수 있다는 우려, 그리고 그 우려의 전제가 되는 인식의 존재를 증명하고 있는 셈이다. 그리고 무엇보다도, 이 글에서 주목하고 있는 '신문소설(작가)'에 대한 당대의 인식을 엿보는 언급이 있다.

이 언급에는 '현상당선의 번폐' 외에도, '신문소설'과 '순수문학'과의 위계의식, 그리고 '추천'과 '당선'이라는 등단 경로의 위계의식 등이 전제로 깔려 있다.[15] 당대에는《동아일보》와《서울신문》등에 비해 발행 부수나 자본력에서 밀렸던《조선일보》이지만, 어쨌든 소위 '중앙지'로서의 명성을 갖고 있는 해당 신문이 주도하는 공모전에서 이런 인식이 드러나는 것을 단순한 '겸양의 소치'로 치부하기는 어렵다.

---

14 염상섭, 〈신진에게 바람―조선일보의 현상단편모집〉에 기한다(상)〉,《조선일보》 1953. 11.24.

15 사실 이 부분에서 '신문단편'이라는 장르의 독립성에 대해서 논의할 필요성도 대두된다. 조선일보의 작품 모집 조건이나, 심사위원이었던 염상섭의 발언 등에서 소위 순수 문단의 주요 거점이었던 문예지를 통해 (전재 형식으로) 발표되는 단편소설과 신문을 통해 연재 형식으로 발표되는 단편소설을 구분하는 인식이 드러난다.

그리고 이에 대해 계속 서술해 나가겠지만, 이러한 인식은 당대 문인과 독자 대중 사이에서 폭넓게 공유되고 있었다. 후술하겠지만, 이 공모가 '단편소설' 공모인데도, 염상섭은 그것을 '신문소설'이라고 지칭하고 있는 것 역시 주목할 만하다.

어쨌든 지금까지 살핀 것을 통해, 정한숙의 문단 진입을 둘러싼 몇 가지 맥락이 존재함을 확인할 수 있다. 신문과 문예지는 20세기의 시작부터 끝까지 주류 매체의 역할을 담당했다. 해방 이전까지 문예지가 일정한 문학관을 공유하는 동인들의 터전 역할을 했다면, 신문은 신춘문예를 통해 문단의 일원을 재생산하고, 장편소설 연재를 통해 작가 생활의 물질적 기반을 마련하는 역할을 수행하였다. 그런데 1940년대 한글 신문이 대부분 폐간/정간되고, 신춘문예의 흐름이 10여 년간 끊기면서, 1950년대만큼은 다른 시기와 달리 문인과 신문과의 관계가 유례없이 멀어졌다고 할 수 있다.

신춘문예의 맥이 10년 이상 끊어진 실질적이고 물리적인 맥락이 존재한다면, 단정수립 이후 폭발한 문예지면 수요로 인해 신문의 경쟁 매체로 문예지가 대거 등장하게 되었고, 둘 사이의 매체적 경쟁이 이루어졌다는 것도 무시할 수 없는 맥락이다. 그리고, 그 맥락 아래에서 문예지에 근거를 두고 있던 문인들이 신춘문예를 대체하는 새로운 등단 제도를 완성하고, 그 등단 제도가 신춘문예보다 우월하고 명분을 확보한 제도임을 천명하려는 이른바 담론적 맥락이 탄생한다.

바로 이러한 상황이 정한숙의 문단 진입이 이루어진 배경을 이루고 있다. 정한숙의 최초 등단 매체였던 《예술조선》은 폐간되었고, 그 편집주간이었던 김광주는 그 이후 《경향신문》으로 자리를 옮긴다. 사실 정한숙은 《조선일보》 외에도 《경향신문》과도 밀접한 관계를 맺으며 1950년대에 작품 활동을 이어갔는데, 김광주, 그리고 《경향신문》과의 관계는 《예술조선》 등단으로부터 이어졌다고 볼 여지가 있다.

거기에 《조선일보》를 통해 다시 등단의 과정을 거친 것이다. 그러나 공모전의 심사위원이었던 염상섭의 발화에서 역설적으로 드러나듯이 이는 당대 문인이나 독자 대중의 인식으로 보았을 때 충분히 정식적인 등단으로 여겨지지 못했거나, 결함이 있는 등단 과정으로 여겨졌을 가능성이 크다. 거기에, 1954년 《조선일보》에서 입상한 후, 기성작가로서 본격적인 작품 활동을 시작한 지면은 《한국일보》에서였다. 그리고, 그 《한국일보》의 지면을 통해 정한숙의 작가 정체성과 명성을 확보해 준 작품은, 이 글에서 주된 논의 대상이 되는 '신문연재 장편소설'이다.

《한국일보》 지면에 정한숙은 두 편의 괄목할 만한 작품을 발표한다. 그 하나는 신년 지면에 익명으로 발표한 〈전황당인보기〉이다.[16] 한국일보 1회 신춘문예 당선작/입선작의 여부에는 이견의 여지가 있으나, 정한숙의 작품 중 기성 작가의 작품으로서 본격적으로 평자의 입에 오르내리기 시작한 것이 이 작품이다.[17]

> 그중 정한숙 씨의 작품으로선 《한국일보》 신년지상에 익명으로 발표한 〈전황당인보기〉가 가작이오 직접 속풍에 대한 공격 비판 폭로 대신에 그 대상을 거울에 반조시킨 데서 그 방면과 일반독자에게 '리알'

16 정한숙의 〈전황당인보기〉를 1955년 제1회 〈한국일보 신춘문예 당선작〉으로 소개하는 경우도 있으나, 당시 당선작은 오상원의 〈유예〉였다. 2022년 8월 현재, 여전히 많은 곳에서 〈전황당인보기〉를 《한국일보》 당선작이라고 소개하고 있다. https://terms.naver.com/entry.naver?docId=1201750&cid=40942&categoryId=33385

한 인상을 주는 일종의 온건한 풍자소설과 같은 이 작자의 '스타일'이 나타났다고 보았는데 작자는 그 방면을 더 추구하지 않고 너무 여러 가지 일을 각처에서 시험하고 있다. 좀 더 자기가 할 수 있는 일에 집착할 필요가 있을 것 같다.[18]

인용된 백철의 비평에서 정한숙의 작품에 대한 본격적인 언급이 이루어진다. 신문지상에서는 거의 최초로 시도된 정한숙 소설에 대한 비평이라고 할 수 있다. 이후 손우성, 백철, 곽종원, 김동리 등이 당대 신문지상에서 그의 작품에 대한 평가를 시도한다.[19] 사실 1955년은, 극단으로 치달았던 '예술원 사태'가 외형적으로 봉합되고 한국문단이 양분된 후 표면적 안정세를 보이던 시기이다.[20] 이에 따라 신문지상에서의 '時評'이 활발해지고, 많은 작품에 대한 평가가 이루어지기 시작한다.

---

17 2000년대 이후 연구 장에서 정한숙의 〈전황당인보기〉를 1955년 한국일보 신춘문예 당선작으로 회고하고, 이 작품을 정한숙의 등단작으로 인식하는 경우가 많다. 하지만 1955년 한국일보 신춘문예 당선작은 오상원의 〈유예〉로 기록되어 있으며, 한국일보에서도 정한숙을 '한국일보 등단작가'라고 호칭한 적이 없다. 또, 1997년 기사에서도 모든 언론이 정한숙의 등단작을 1948년 발표한 〈흉가〉라고 표기하고 있다. 이러한 혼선은, 정한숙이 기등단 작가임에도 불구하고 그 등단 경로가 되는 매체와 공모전이 갖고 있는 위상의 불명확성과도 연관이 있다고 보아야 할 것이다.

18 백철, 〈신인과 현대의식 7〉, 《조선일보》, 1955. 10. 25.

19 1955년 7월 자유문협이 문총에 정식으로 가입할 당시 손우성은 자유문협 외국문학분과 위원, 백철은 부회장직을 수행하고 있었다. 반면 김동리와 곽종원은 '청문협'의 핵심 멤버로서 자유문협과 대척점에 있던 '문협'의 일원들이었다. 평단이 이른바 두 진영으로 첨예하게 나누어졌던 바, 정한숙에 대한 이들의 평은 각 진영의 특성을 보이면서도, 궁극적으로는 자기 진영으로부터 거리 확보하는 태도를 드러내고 있다고 할 수 있다.

《한국일보》 지면을 통해 발표된 단편으로서 평자들의 관심을 이끈 작품이 〈전황당인보기〉였다면, 같은 지면에서 대중 독자들에게 이름을 알린 작품은 바로 〈황진이〉다. 〈황진이〉는 상당한 인기를 끈 작품이 되었으며, 출판기념회도 성대하게 열려 해당 사실이 여러 일간지를 통해 중요하게 보도되었다. 이 두 작품, 특히 신문지면을 통해 발표된 두 작품을 통해 정한숙은 이윽고 한국문단에 완전하게 안착한다.[21]

정한숙은 이후 다양한 신문 지면을 통해서 작품을 발표한다. 1956년 《평화신문》[22]에 〈애정지대〉와 〈고원의 비련〉을 연재하였고, 같은 해 《대구일보》에 〈계월향〉을 연재하였으니, 1956년 정한숙의 작품 활동은 신문연재에 큰 비중을 두고 있었다. 1957년 《조선일보》에서 〈여인의 생태〉를 연재하고, 1956년에 이어 《평화신문》의 〈고원의 비련〉을 계속 연재하였다. 1958년 《경향신문》의 〈처용랑〉, 《부산일보》의 절영도를 비롯하여 1960년 《경향신문》의 〈바다의 왕자〉까지 쉼 없이 장편 연재를 했던 정한숙은 1950년대 가장 활발한 신문 연재 작가 중 한 명으로 자리매김했다.[23]

문제는, (이후 신문연재소설이라는 장르가 소멸될 때까지 그러한 인식은 계속되지만) 신문과 문예지의 문단 내의 위상이 이와 같이 벌어진 상태에

---

20 "문학가협회의 분열소동이 문단에 암운을 뿌리던 사태는 별 알력 없이 무고히 넘어갔으니 문단은 추악한 사회와는 달리 청신과 순진을 내포하고 있는 것이다. 젊은 작가들 중에 특이한 작풍이 더러 보여옴은 장래를 약속하는 바 적지 않으며...(…)"(손우성, 〈가꿔지는 인간문학의 새싹—을미사조의 결산〉, 《동아일보》, 1955. 12. 24).

21 〈전황당인보기〉가 《한국일보》 신춘문예 1955년 당선작으로 (잘못) 알려진 사례가 많은 것도, 1955년 초를 정한숙의 정식 등단 시기로 보는 인식이 반영된 징후라고 할 수 있을 것이다.

22 중구 태평로 2가에 사옥을 두고 1951년 2월까지 발간한 일간 종합신문.

서, 신문을 통해 문단에 진입했던 정한숙의 처지와 그를 통해 이루어졌던 정체성 부여에 있다. '다작의 작가'라는 별명과, 위의 인용문에서 백철이 언급했던 '너무 여러 가지 일을 각처에서 시험하고 있다'라는 지적을 집필 성향이나 작품 스타일의 이야기에 국한된 것이 아닌 매체의 차원으로 관점을 넓혀 보면 유의미하게 해석할 수 있는 부분이 존재한다.

다음 장으로 넘어가기 전에 한 가지 짚고 넘어갈 것은, 장편/단편이라는 장르 구분과 함께, 당시에 분명하게 작동하는 또 매체적인 장르 기준이 존재했다는 사실이다. 그것은 앞서 소개된 염상섭의 글을 통해서도 드러나는, 전작 단편 ≠ 신문 연재 단편의 구별이다. 신문이라는 매체에 발표된 것은 똑같은 단편이나 장편이라고 해도 다른 장르로 인식되는 상황이 1950년대 중반에서만큼은 주류적으로 드러났으며, '신문연재작가', 그리고 (염상섭의 표현을 빌리면) '현상당선작가'로 문단에 자리매김했던 정한숙의 앞에 정면으로 놓인 상황이기도 했다.

3. 1950년대 '신문연재소설'의 위상과 정한숙의 작품 활동

앞 장의 서술에서 간접적으로 드러났지만, 1950년대 신문연재소설은 '전작 소설'과 분명하게 구별되어 인식되고 있었다. 신문소설의 위

---

23 이후 1960년대에는《동아일보》의 〈우리 서로 닮았다〉(1963),《동아일보》의 〈이성계〉(1965)로 이전 시기에 비해서는 비교적 장편 연재 작품의 숫자가 줄었으며, 1970년대에는《한국일보》의 〈논개〉(1971) 이후에는 주로 문예지에 단편 소설을 싣는 것으로 집필 양상이 변화한다.

계 저하와 그 인식이 이 시기에 정착되었다고 해도 과언이 아닌데, 이러한 인식은 자명하게도 여러 맥락에 걸쳐서 복잡하게 '생산'되었다. 미리 서술하면, 여기에는 장편소설과 단편소설의 위계를 미학적으로 구별하려는 담론, 소설이 태생부터 중요한 가치로 함유했던 '대중성'을 재정의하고 소설로부터 분리하려는 담론, 그리하여 '대중성'이 '상업성'과 유의어로 인식되어버리는 담론 등이 결부되어 있다. 그리고, 신춘문예 제도를 추천제가 완전히 대체하기를 바라는 문단 내의 정치적 목적과 명분도 신문연재소설에 대한 장르 인식을 형성하는 데 영향을 미쳤다. 이 장에서는 이런 맥락에서 정한숙의 작품 활동에 대한 당대 비평과, 그에 대한 정한숙의 반응을 통해 당대 문단 내 장르 담론의 저간을 파악해보도록 하겠다.

다음의 인용문들을 통해 정한숙 자신을 비롯한 당대 비평가/문인들이 공유하고 있는 '신문연재소설'의 인식을 엿볼 수 있다.

> 〈애정지대〉는 소위 신문소설이었다. 그러나 신문에 연재되었던 〈애정지대〉를 다시 한번 읽으면서 느끼는 것은 이 작가는 신문소설이라는 특수성을 의식할 줄 몰랐던가 그렇지 않으면 이 특수성을 묵살해버린 것이 아닌가 생각했다. 그만큼 이 작품에서는 그 특수성이 풍기는 냄새가 나지 않는다.//비록 신문에 그 발표수단을 빌렸으나 이 장편은 이 작가의 의욕적인 작품이었다고 본다. 본격적인 작가적 자세가 신문소설이라는 특수성을 극복하여 보여줌으로써, 그 특수성 앞에 하나의 고정된 기물 속으로 들어가는 액체처럼 작가정신을 상실한 채 직업화하는 일부 신문소설작가에게 좋은 시범이 되리라 믿는다.[24] (밑줄—인용자)

정한모가 작성한 정한숙의 〈애정지대〉에 대한 평은, 기본적으로 호평이다. 다만 정한모의 이 평은 '신문연재소설답지 않게'라는 전제를 기본으로 하고 있다. 사실 일제 강점기에 신문에 연재된 장편소설이 비평의 대상이 되고, 또 당시 작가들이 장편 연재에 상당한 작가적 역량을 투자했던 것을 감안하면, '신문'이라는 발표 매체를 거치는 것과 문예지라는 매체를 거치는 것의 '문학적 가치'에 대한 위계의식이 다르다는 것을 '시기와 상관없이 늘 그러했다'라고 판단하는 것은 안이한 일일 수 있다. 정한모의 1958년 글에서 이러한 인식은 마치 자명한 것처럼 발화되고 있으나, 사실 당시를 기준으로 보면 저변이 넓어진지 얼마 되지 않은 인식이었다.[25] 어쨌든 정한모의 정한숙 작품에 대한 고평은, '신문연재소설의 대상화', '신문연재소설을 부정'하는 것을 전제로 하여 이루어졌다는 사실은 명확하다.

정한숙도 이와 같은 매체에 대한 위계가 강조되는 분위기에서, '신문연재소설' 작가로서 겪는 자신의 소회를 밝히기도 했는데, 이 글에서도 정한숙과 당대 문인들이 공유했던 당대의 연재소설에 대한 인식이 엿보인다.

> 신문연재소설을 쓸 때마다 삽화를 그려주는 분들이 나를 향하여 고맙다고들 한다.

24 정한모, 〈정한숙 저《애정지대》〉,《동아일보》, 1958. 1. 21.

25 해방 이전의 신문 장편소설은 크게 두 가지로 나눌 수 있었다. 김말봉 등의 상업작가들이 통속성을 강화하여 연재한 부류. 주로 카프 계열 작가들이 (상업성과는 구별되는 사회주의 문학의) 대중성을 지향하며 연재했던 부류. 두 부류 사이에 물론 교집합은 있었으나, '신문연재소설 = 상업적 통속소설'이라는 인식이 모든 문인에게 폭넓게 공유되기는 어려운 조건이 있었다.

> 나는 그때마다 무엇이 고마우냐고 물으면 으레 소설을 한 번에 한 달 분씩 주어서 고맙다는 것이다.//누가 누구에게 고맙다해야할지 나는 잠시 어리둥절할 뿐이다.//신문소설이라고 해서 하루에 한 회분씩 써야 하고 그날그날 써 넘겨야 권위가 있다는 말도 듣는다. 그러나 그런 권위를 찾다간 성급한 나는 제 김에 지쳐 버릴까봐 하지 못한다.// 한가한 시간이 마련될 때마다 단편도 꾸며보고 수필도 써 본다.[26]

인용문은 정한숙이 1958년에 직접 쓴 글이다. 정한모가 쓴 앞의 인용문과 같은 해다. 정한모의 글 자체를 정한숙이 의식했는지는 확실치 않지만, 당대 공유하던 신문연재소설에 대한 인식을 염두에 두고 있음은 분명해 보인다. 인용문을 보면, 정한숙이 연재소설을 '한 번에 한 달 분'을 삽화가에게 보내는 것은 다른 작가들에게서는 보이지 않는 이례적인 행위로 판단된다. 연재 작가의 경우 '마감'에 시달리는 것은 대중 인식에서 매우 자연스럽고 일반적인 일로 각인되어 있는 것이 주지의 사실이기 때문이다. 더 인상적인 것은, '하루에 한 회분씩 써야 하고 그날그날 써 넘겨야 권위가 있다'고 전해 들었다는 말이다. 당대 문인들이 신문연재소설에 대해 동료 문인들과 공유했던 인식이 어떠했는지 파악할 수 있는 대목이 아닐 수 없다.

이렇게 뚜렷이 공유되던 '신문연재소설을 전작 단편소설과 비교해 열등한 장르로 취급하던 위계 의식'이 언제부터 일반화되었는지를 반추할 필요가 있다. 사실 이광수나 염상섭 등의 '문단 중심'에 있던 작가들에 의해 주도되었던 해방 이전의 장편소설이나, 이기영, 김남

---

26 정한숙, 〈다작과 과작, 작가의 자리에서〉, 《동아일보》, 1958. 8. 24.

천, 김기진 등의 카프 계열 작가들이 집필하고 치열하게 비평과 논쟁으로 삼았던 것이 장편소설인 점을 상기하면, 작가 자신에게 있어서나, 비평가에게 있어서나 분명한 가치를 지닌 작품으로 취급되었던 사례가 더 많다는 사실을 어렵지 않게 상기할 수 있다.[27] '대중성'과 문학 가치의 관계가 1930년대 평단의 주류를 형성하고 있던 카프 계열 문인들의 인식에서는 해방 이후 평단을 구성하는 문인들의 인식에서와 다르게 존재했던 것도 이유이다.

이와 같이 장편소설과 단편소설, 그리고 그와 별개의 층위에서 존재했던 '신문연재소설'이라는 장르 개념은 1950년대 중반 문단에서 중요한 화두였으며, 1950년대 이후 한국 문학 장에서의 장르 인식을 형성하는 계기였다. 이 논의가 본격적으로 시작된 1954년과 1955년이 바로 정한숙의 신문연재소설 작가라는 타이틀이 생긴 시기이기도 하다.

정한모와 정한숙의 글은 단적인 사례로 소개된 것이고, 단편, 장편, 신문연재소설[28]이라는 장르에 대한 1950년대 문인들의 인식을 살펴볼 수 있는 일련의 논의 결과들이 당대 신문지상을 통해 확인된다. 몇 가지 중요한 논의를 소개하면 다음과 같다.

우선, 백철은 단정 수립 직후 문학관의 재정립을 논하는 맥락에서 '순수소설' 개념을 제시하고, 그것을 '단편소설'이라는 장르에서 나올

27 김동인은 자신의 장편소설 연재를 생계를 유지하기 위한 어쩔 수 없는 선택이었다며 회한을 표하기도 했지만, 그러한 인식이 문단에서 폭넓게 공유되었던 것이라고 판단하기는 어렵다.

28 앞서 언급했듯이 '신문연재'는 '신문연재단편', '신문연재장편'으로 세분될 수 있는 개념이다.

수 있는 것으로 전제한다. 이에 대해 백철과 여러 지면에서 논쟁을 벌였던 조연현은 반박하는데, '단편소설 = 순수소설'이라는 백철의 등식이 온당치 못한 것을 지적하고, 장편소설도 순수소설이 될 수 있다는 점을 강조한다.[29]

여기까지 보면, 백철이 장편소설의 가치를 인정하지 않고 조연현은 그에 대해 반대하고 있다[30]고 판단하기 쉽지만, 그 둘이 논전을 이어가는 것을 따라가 보면 문제가 그것보다 다소 복잡함을 확인할 수 있다. 요컨대, 자세히 보면 '장편소설'과 '단편소설'을 비교하면서 '연재소설'이라는 제3의 장르 개념이 (처음부터 발화되지 않았으나) 존재하여 전제로 사용되고 있었음이 드러난다.

이 문제에 대한 두 문인의 논의는 여러 지면을 통해 이루어진다. 그 과정에서 논의가 정교해지고, 또 '단편'/'장편' 외에 여러 장르 개념과 인식이 숨어 있음이 드러나기도 한다. 이 논의에 대한 백철의 생각이 좀 더 구체적으로 드러나는 것은 〈신문소설공죄론〉이라는 제목으로 발표된 글이다. "신문소설이 그처럼 저속했다는 것은 작가의 책임만이 아니라 신문사와 신문독자의 삼통일의 책임이 요구되는 것이다.

---

29 "그리고 씨는 순수소설을 단편의 형식으로서만 이해했는데 순수소설이란 단편의 형식으로서만이 아니라 장편으로서도 얼마든지 나타나는 것이다. 불란서에서 처음으로 순수소설이라고 했을 때는 오히려 앙드레 지드의 장편을 두고 이야기했던 것이다. (…) 세째 번의 오류는 그렇나 통속적인 소설의 개념을 정통소설이라는 명목 하에 이상화시킴으로써 대중소설을 순수소설에 접근시킬 수 있고 순수소설을 대중소설에 접근시킬 수 있는 정통소설이라는 것이 가능하다는 착란에 빠져버린 것이다."

조연현, 〈본격소설에의 길 – 백철 씨의 오류에 대하여〉, 《경향신문》, 1950. 6. 7.

30 사실 조연현은 1949년 《문예》 지면을 통해 제창하던 '구경의 문학'이 무엇인가라는 질문을 받았을 때 도스또예프스키 작품의 인물들을 그 사례로 제시한 바가 있다(조연현, 〈구경을 상징하는 사람들〉, 《문예》 4호, 1949 참조).

저널리즘이 상품성으로서 소설에 요구하는 것은 결국 흥미 문제이다. 일간신문은 그 흥미를 신문소설의 매일 분에 요구하고 있는 것이다. 독자가 날마다 흥미 있게 그 장면을 탐독할 수 있도록 씌워질 것 그래서 신문소설에선 일일분마다 각각 위기를 내포할 것과 다음 장면에 대한 흥미를 독자가 갖도록 할 것 등 신문사에서 작가에게 요구하는 상례의 조건이며 신문소설이 씌워지는 무대조건이다."[31]는 대목에서 볼 수 있듯이, 장편소설이 순수소설이 될 수 없는 것은 '저널리즘의 상품성이 요구되는 신문소설'이 사실상 한국 장편소설의 유일한 창구이기 때문이기 때문이라고 보고 있다. 따라서 백철은 장편소설이라도 '신문소설'이 아니거나, 혹은 신문소설이라고 하더라도 '저널리즘의 상품성으로부터 자유로운' 작품이라면 통속소설을 면할 수 있는 조건을 붙이고 있다고 할 수 있다. 다만, 신문연재가 사실상 장편소설의 유일한 창구가 되어버린 1954년 현재의 한국 문단에서, 사실상 '장편소설 = 통속소설'이라는 등식이 성립된다고 역설하고 있는 것이라고 볼 수 있다.[32]

이러한 맥락에서 박영준이 〈장편소설의 대중화〉라는 제목의 글에서 밝힌 의견 역시 주목을 요한다. 박영준은 '단편 작가'와 '장편 작가'가 구별되는 경향을 지적하면서, '대중소설', '통속소설'과 본격문학을 나누는 기준이 장/단편의 기준과 일치하지 않음을 지적하고 있

---

31 백철, 〈신문소설공죄론〉, 《동아일보》, 1954. 11.28.

32 사실 조연현과 백철 사이의 논의에 있어서는 '대중성', '통속성'과 소설의 관계를 어떻게 정립하는가의 문제도 숨어 있다. 조연현은 〈본격소설에의 길〉에서, 소설이 대중성을 기초로 하는 장르라는 전제에 대한 의문을 표시한다. 이는 사실 '최대한 많은 독자에게 다가가기 위한 것'이라는 신문연재의 명분을 근본부터 흔드는 문제제기이기도 하다.

다.[33] 사실 박영준의 생각은 조연현의 것을 반복하는 경향이 보이기도 한다. 약 5년의 시간차를 두고 있는 조연현과 박영준의 논의를 맥락화해보면 다음과 같은 사실을 유추할 수 있다. 소설의 가장 중요한 전제이며 가치 중 하나로 여겨졌던 '대중성'의 지위가 격하되는 흐름이 이어졌으며, 사실상 거의 신문연재소설로 이루어진 장편소설이 단편소설과 비교하여 격하되는 인식이 지배적 위치를 차지했으며, 그에 따라 실질적으로 '단편 작가'와 '장편 작가'라는 작가층의 분화가 이루어지는 경향이 정착되었다는 사실이 그것이다.

이러한 연재소설과 전작소설의 장르 위계에 대한 문인들의 인식이 보편적이었다는 것을 보여주는 문건들은 지속적으로 발표된다. 이미 언급이 많이 되었지만, 백철이 《사상계》가 장편 전재란 신설을 축하하며 언급한 "장편적인 소설이라면 과거에도 《인문평론》사 같은 데서 300매 내외를 전재했고 또 몇 작가에게 더 긴 것을 전작을 시켜서 출판한 예가 있지만 그러나 대체의 실례로선 우리나라의 장편소설은 곧 신문의 연재소설로 되어졌고 그때문에 작가측으로선 참된 장편소설을 쓸 수 없었다는 변명과 비난이 아울러 있었는데 그 정세에 대하여 이번 《사상계》의 장편 전재란 신설은 유력한 작가들에게 장편적

33 "최근 우리나라에서는 단편소설을 순수소설이라 하고 장편소설을 대중소설이라고 보는 경향이 많다. 사실에 있어서 대중소설을 쓰는 작가들은 대부분 단편을 쓰지 않고 있으며 단편소설을 쓰는 작가는 장편소설을 적게 쓰는 경향이 없지도 않다. 따라서 단편소설 가운데서도 시대성과 사회성을 초월한 작품만을 순수문학이라고 말하는 이도 있고 신문연재소설을 통털어 통속소설이라고 보는 이도 있는 것 같다. 그러나 단편소설이라고 해서 전부가 순수소설이라 할 수 없는 것과 같이 장편소설이라고 해서 전부를 통속소설이라고는 말할 수 없을 것이다"(박영준, 〈장편소설의 대중화—순수와 그렇지 않은 것과〉, 《경향신문》, 1954. 12. 2).

인 역량을 실험할 수 있게 된 기회라고 본다.$[34]는 언급은 이에 대한 논의에서 누락할 수 없는 단적인 사례이고, "둘째는 발표형식의 문제다. 서구 작가들의 작품(장편소설) 발표 형식은 보통 단행본으로 발표된다. 그래서 신문과 잡지에 의존하지 않고 직접 출판사와의 관계가 많다."[35]는 언급도 그러한 전제의 공유를 확인해주는 사례이다.

이에 더불어, 추후에 이에 대한 여러 공격이 이루어지지만, 《문예》와 《현대문학》을 통한 '추천제'의 정립이 또 하나의 맥락이다. 추천제는 1) 상업적/통속적 독자나 매체가 아닌 선배 작가에 의해 문인 등단이 이루어진다는 점, 2) 위계적으로 우위에 있는 단편소설이 주된 양식이라는 점에서 신문 공모전을 통한 등단에 비해 우위를 갖고 있다는 인식이 확산되었는데, 이는 앞서 논의한 여러 가지 맥락을 통해 다양한 경로로 확립된 장르 위계 인식이라고 할 만하다.

따라서, 이는 1954년과 1955년을 걸쳐 '신문연재'라는 형식을 통해 문단에 진입한 정한숙이 놓인 상황을 짐작할 수 있게 하는 맥락이며, 정한숙은 자신의 작가적 역량, 작품의 가치를 문단에 확인받는 과정에서 '신문 공모전 당선자', '신문연재작가'라는 정체성을 부여받고 그것의 영향을 받는 상황 아래 놓여 있었다.

> 다작, 다작 하지만 나는 우리나라엔 다작하는 작가는 아직 한 분도 보지 못하고 있다.
>
> 다작에 앞서 태작이 먼저 눈에 띄우고 작품에 앞서 작가로서의 행세

---

34 백철, 〈장편소설과 단편소설—3월의 작품과 그 화제〉, 《동아일보》, 1959. 3. 10.

35 김광식, 〈장편소설과 발표형식〉, 《조선일보》, 1959. 3. 27.

가 눈을 거슬리게 하는 형편이다.//자기가 하고 싶어 하고 즐겨 하는 무슨 행세와 특권이 있을 수 있을 것인가...

우리가 오늘날 서구의 고전 남겨진 작품을 대할 때 나는 무엇보다도 그들의 근면한 노력에 놀라지 않을 수 없다.//그러나 그들을 향하여 누구도 다작하였다고는 하지 않는다.//꾸준한 노력의 계속에 기량이 섬세해지고 스스로 안목이 높아질 것이 아닌가. 안목만 높고 기량이 떨어질 때는 우수한 감상자거나 평론가는 될지언정 작가는 아닐 것이다.[36]

지금까지의 맥락에서 보건대, '다작의 작가'라는 별명은 사실 '신문연재작가'라는 정체성과 '신문연재소설'이라는 장르에 대한 당대의 보편적 인식의 자장으로부터 자유롭지 않은 것이다. 정한모, 백철, 김동리, 곽종원 등 정한숙에 대한 비평 행위는 정한숙을 당대 평단이 '신문연재작가'라는 대상화하였다고 가설을 세우고 보면 공유하는 지점을 많이 갖고 있다. 우리는 정한숙의 소설에 대해 이루어진 당대의 평가를 가능케 한 관점들이 '등단'과 '장르'의 위계를 생산하고 재생산하려는 문단의 프로젝트의 자장 하에 있음을 염두에 두고, 당대 평가에 상대적으로 접근할 필요가 있다.

요컨대, 정한숙은 '신문연재소설'의 장르 인식이 완성된 상태에서 그것을 선택했다기보다는, 정한숙이 신문지면을 주 무대로 삼을 때와 '신문연재소설'에 대한 인식이 크게 변화하여 새롭게 고정되는 시기가 맞물렸다고 보아야 한다. 이는 작품 내용과 가치와는 별개로,

36 정한숙, 〈다작과 과작, 작가의 자리에서〉, 《동아일보》, 1958. 8. 24.

정한숙에 대한 평가와 당대 위상을 결정하는 데 중요한 변수로 작용한다.

4. 1950년대 '월평'과 정한숙의 단편소설

1956년과 57년을 거쳐, 정한숙의 작품 활동에서 문예지를 통해 '전작'으로 발표되는 단편의 비중이 늘어난다. 사실상 극히 일부의 사례를 제외하고는 평단의 외면을 받았던 정한숙 소설이 평자들의 글에서 언급되는 경향이 늘어났음은 앞장에서 서술한 맥락으로 쉽게 유추할 수 있다.

사실 《현대문학》과 《자유문학》을 각각 활동 기반으로 한 '문협'과 '자유문협'의 분열은 이 당시 상당히 가시화되어 있었다. 상호 제명과 법정 투쟁으로 극한까지 이루어졌던 양대 문단의 대립은 1955년 내면화되었다. '내면화'라는 표현을 쓸 수 있는 근거는, 이러한 문학 단체 간의 '섹트화'가 심각하게 이루어져 '상호 대결'의 국면이 '상호 무시'의 국면으로 바뀐 수준이라는 사실이 여러 회고와 연구를 통해 드러났기 때문이다.

이 과정에서, 《현대문학》과 《자유문학》이라는 매체에 동시에 투고할 수 있는 문인은 극히 드물었다. 1950년대에 왕성한 활동을 보인 작가 중에서 두 매체의 지면을 넘나들 수 있는 사람은, (관점에 따라 다르지만) 염상섭과 정한숙이 거의 전부라고 할 수 있다. 정한숙은 특히 1958년 이후에는 '자유문협' 회원으로 이름을 올리고, 또 자유문협이 주축이 되어 추진했던 국제 pen 활동도 적극적으로 수행하지만, 그럼에도 불구하고 그는 어렵지 않게 《현대문학》의 지면에 자신의 작품을 실을 수 있었고, 또《현대문학》계열 평자들과《자유문학》평자들 양측 모두에게 작품을 평가받을 수 있었다.

그러나, 염상섭의 경우[37]에서 알 수 있는 바와 같이, 두 매체를 넘나들었다는 사실이 두 매체를 거점으로 한 문인들로부터 일원으로 취급되었다는 것을 의미하는 바는 아니다. 염상섭은 오히려 '원로'라는 정체성과 함께, 문단에서의 발언권이나 영향력을 점진적으로 거세당했다. 그리고 정한숙의 양대 매체 활동도 '신문연재작가'라는 비슷한 맥락의 대상화된 정체성을 부여받은 상태로 볼 만한 여러 가지 혐의가 존재한다.[38]

1950년대 문학 평론에서는 주로 '월평' 등 '時評'의 형태가 큰 비중을 차지하였는데, 이와 관련하여 정한숙은 항의의 뜻을 표한 바 있다.

> 월평에 대해서는 작가들로서의 이견이 제시된 바 있었다. 유주현, 김송, 정한숙 등 제씨가 월평에 불신을 제언한 것이 그것이다. 여기 대하여 정태용의 간단한 소감의 피력도 있었지마는 대체적으로 전체작

37 김준현, 〈1950년대 문예지와 염상섭의 단편소설〉, 《반교어문》 40집(2015) 참고.

38 정한숙의 자유문협 회원으로서의 작가에 의해 적극적으로 회고되지 않은 면이 있다. pen 활동과 자유문협 활동은 명목상으로는 별개였고, 또 4·19 이후 자유문협의 해소가 이루어지고 발족된 '산국소설가협회'에서 중책을 맡은 것을 보면, 문단의 방외인이었던 정한숙의 1950년대 위상이 역설적으로 반증되는 사례라고 판단할 수 있기도 하다. "'한국소설가협회'의 목적은 어떤 강력한 단체를 구성하려는 것이 아니라 어디까지나 회원상호간의 친목을 도모하여 다만 작가의 권익을 옹호하는 데 있다 했으니 과거와 같은 문단정치는 다시는 용허될 수 없으렸다. (…) 하기야 자유당 정권하에서 집권자가 사사건건마다 반공을 구실삼아 독재를 합리화시켰듯이 과거의 문학단체가 문단정치의 방패로 신주처럼 내세운 '민족문화 운운'을 기피했다는 것만으로도 진일보가 아닐 수 없다."

가들이 월평에 대하여 신경과민이 있는 것 같고 또 월평에 대한 근본 착각도 있는 것 같다.

그것은 대부분의 작가들이 월평은 한 작품에 대해서 너무나 간단히 처리해버린다는 데 불평이 있고 또 평가와 작가의 친구관계로서 정실 비평을 한다고 불평을 말하는데 내가 보기에는 이런 말들은 실정과 많은 거리가 있는 것 같다. (…) 평가는 제대로의 문학관과 작품감식안을 가지고 분석하기 때문에 각 작가의 구미에 맞는 말만을 할 수 없고 또 문학의 세계나 그 경향에 자기대로의 기호와 주장이 따로 있을 것이 아니겠는가?[39]

곽종원은 '월평의 속성'을 들어 (주로 신진 작가들의) '간단히 처리해 버린다는 불평'을 온당치 못한 것으로 치부하지만, 사실상 1950년대 당대의 문학 장에서도 '월평'이 비평 형식의 주류를 차지하고 있는 현상에 대한 비판적인 접근이 있었음을 볼 때, 이 현상을 단순히 '월평에 대한 근본착각'으로 치부하고 말 수는 없다.

'평가와 작가의 친구관계로서 정실비평'은 곽종원의 생각과는 달리, 여러 문인에 의해 복수로 제기되었으며, 따라서 월평의 대상이 되는 작품의 선정과 그 평가는 당대 편가르기가 완성된 문단의 섹트화 자장 하에서 자유롭지 못 했다.

정한숙 씨의 〈옹씨본열녀전〉은 한 노기의 생애를 동고적으로 점묘한 것. 따라서 수법은 '나라타주'가 주가 되었던 것만 이법으로서 순서

39 곽종원, 〈정지작업에 진일보(하)〉, 《경향신문》, 1956. 12. 11.

> 를 바꿔서 현재와 가까운 데서부터 거슬러 '페이드인'을 시켰다. 장면 사이의 교체엔 설명을 생략하고 야금을 한 것이 제재의 낡은 것과 반대로 작품 인상을 비교적 신선하게 만든 점이다. 주제적으로 시대에 대한 파노라마와 인생의 진실성이 무엇인가 보이고 싶은 것인데 충분한 작품 성과를 거두지 못했다.[40]

당대 이루어진 월평의 형식과 논증 수준이 대체로 위와 같았으며, 근거를 서술할 수 없다는 점에서 백철과 같은 비평가도 그 한계를 극복하기 어려웠다. 이에 대한 정한숙 등 작가의 불만 역시 평가가 '근거 없이' 이루어진다는 것이었다. 문제는 이 월평이 당대 문단의 대표적인 비평 양식이었다는 데 있으며, 이에 따라 당대에 이루어진 정한숙의 작품에 대한 평들은, 그것 자체로 비판적 참조의 대상이 되어야 할 필요가 있다고 할 수 있다. 문단 일원들이 공통적인 경향성을 드러냈다고 해도, 쉽게 말해 한 작가에 대한 평가가 비슷했다고 해도, 그 당시의 비평이 필연성이나 객관성을 갖고 있다고 볼 수 없는 지점들이 여럿 존재한다.

이 글은 서론에서 밝힌 대로 정한숙의 작품의 가치를 재평가하려는 목적을 갖고 있지 않다. 다만, 당대 문단이 신문지상을 통해 발표한 장편을 논의의 대상에서 배제하는 맥락과 경향성을 공유했으며, 또한 단편소설을 평가하는 데 있어 큰 비중을 차지했던 월평/시평 또한 제도적인 한계를 갖고 있었다는 점을 지적하고는 있다. 분명한 것은 정한숙의 초기 작품 활동의 결과물들은 여전히 문학 연구 장에서

---

40 백철, 〈1월 작품 베스트의 순위(중)〉, 《동아일보》, 1960. 1. 28.

본격적인 논의의 대상이 되지 못했던 상태로 남아 있다는 사실이다.

5. 결론

지금까지 정한숙의 등단, 신문연재를 통해 문단에 정착하는 과정이, 당대 문단과 문예 매체 지형과 어떤 관계를 갖고 있는지 살펴보았다. 정한숙은 한국전쟁을 둘러싼 시기에 펼쳐진 가혹한 출판 환경 때문에, 여러 매체를 통해 반복적인 공모전 참여와 수상을 거치는 방식으로 문단에 진입한다. 신문 매체의 위축 때문에, 1950년대 초반만큼은 〈신춘문예〉로 대변되는 공모전 참여에 의한 등단이 주류의 위치를 차지하지 못했던 특별한 시기였다. 당대의 주류 등단 경로는 문예지를 통한 '추천제' 참여였으며, 이 과정을 통해 등단한 작가들이 주류 작가로서의 위상을 차지하게 된다.

어떤 이유에서건 정한숙은 당대 주류 문학 매체였던 문예지와의 거리를 확보하고 신문을 자신의 주류 활동 무대로 삼았으며, 추천을 통해 등단하지 않았다는 점에서 당대의 주류 문인들과 비교되는 등단 행적을 보였다. 정한숙은 따라서 신문연재를 통해 등단한 '비주류 문인'의 정체성을 부여받았으며, '다작의 작가'라는 별명 역시 그러한 맥락과 무관하지 않다고 할 수 있다.

카프 문인들이 신문을 통한 장편소설 연재를 소설 창자의 주요 경로로 삼고, 또 신문연재 장편을 중요한 비평 활동의 대상으로 삼았던 것과는 달리, 1950년대 문인들은 장편소설을 단편소설에 비해 평가절하하기 시작하였으며, 특히 신문연재소설은 예술성, 문학성의 면에서 열등한 장르로 파악되기 시작하였다. 이러한 과정에는, '신문연재

단편'이라는 개념도 발견되는데, 단편소설도 신문연재를 통하면 그 가치가 전작 단편에 비해 떨어지게 된다는 집단 무의식까지 발견되는 것이다.

이러한 장편소설과 신문연재소설에 대한 평가절하의 맥락에는 좌파 문인과 문학이 축출된 한국전쟁 이후의 문단에서 '순수문학'이 절대적인 주류로 자리 잡는 과정이 있다. 정한숙의 신문을 통한 등단, 신문 연재를 통한 초기 작품 활동은 그와 그의 문학작품에 대한 당대 비평이 진행되는 과정에서 하나의 필터로 작용했다고 볼 수 있다. '다작의 작가'라는 별명은 오히려 정한숙 소설이 적극적인 비평의 대상이 되는 것을 위축되게 만드는 역설적인 작용의 상징이었다.

당대의 비평 대상이 되는 작가와 작품은, 물론 작품의 절대적인 질에 의해 선정되지 않는다. 1950년대 활발하게 당대 비평가들의 입에 오르내렸던 작품 중에는, 후대에 작품의 완성도를 인정받지 못하는 일도 많다. 작품의 절대적인 완성도와 상관없이, 비평의 대상이 선정되는 여러 가지 변수와 원인이 있다는 이야기다. 따라서, 정한숙의 작품이 적극적인 비평의 대상이 되지 못했던 것에도 역시 그러한 다양한 변수와 원인이 존재한다. 그리고, 이 글에서 조명하려는 변수는, 1950년대 문단과 문예 매체의 지형이 가진 특수성이다.

정한숙 소설에 나타난 예술과 사랑

서세림

1. 서론

이 글에서는 정한숙 소설에 나타난 예술과 사랑의 의미에 대해 탐구하고자 한다. 정한숙은 등단 이후 쉬지 않고 왕성한 창작 활동을 펼친 다작의 작가로 알려져 있다. 또한 발표 작품마다 다양한 양상을 보임으로써 하나의 경향으로 수렴되기 어려운 작품세계를 보인다는 점도 정한숙 소설의 큰 특징으로 꼽힌다.

정한숙은 1922년 평안북도 영변에서 태어나 1946년 월남한 작가이다. 돌아갈 수 없는 고향 영변은 '이상향'의 모습으로 그의 작품에 등장하기도 한다.[1] 단신 월남 후 그는 고려대학교 국어국문학과에 입학하여 전광용, 정한모 등과 함께 동인 '주막(酒幕)'을 결성하여 활동하기도 했으며, 1948년 단편 〈흉가〉를 발표하며 등단한다. 1955년 단

1 문혜윤, 〈소설가의 삶, 소설의 삶〉, 문혜윤 편, 《정한숙》(글누림, 2011), 12쪽.

편 〈전황당인보기〉를 발표한 이후부터는 쉬지 않고 왕성한 작품 활동을 보여주었다.

정한숙의 소설을 규정하는 가장 대표적인 단어는 '다양성'이라고 이야기된다.[2] 역사장편소설 계열, 현대인의 방황과 좌절을 그린 계열, 사라져 가는 전통의 아름다움에 대한 향수를 그린 계열, 고전이나 역사의 현대화에 해당하는 계열, 민족사의 현장을 정면으로 다룬 계열 등[3] 그의 작품세계의 유형은 그 폭이 매우 넓은 것으로 분류되어 왔다.

이처럼 정한숙의 작품세계는 전반적으로 인간 삶의 본질적 가치 추구에 힘을 쏟았다는 평을 많이 받고 있다. 이주형은 정한숙 소설에서 한국현대사의 현장을 포괄적으로 형상화하는 시도를 멈추지 않았다는 점을 긍정하면서도 그 역사적 인식이 심도 있는 현실 투시와 발전적 전망으로 이어지지 못하는 한계를 보였음을 지적한다.[4] 철저한 반공주의적 시각으로 인한 한계를 노정했다는 것이다. 그런데 이러한 관점을 비롯하여 기존 연구의 관심사들은 전후문학을 대표하는 작품 중 하나로 꼽히는 장편 《끊어진 다리》에 집중되어 온 측면이 있다.[5] 《끊어진 다리》가 주목을 요하는 중요한 작품인 것은 사실이지만, 작가의 다른 많은 작품들에 대해 관심의 영역을 확장할 필요가 있다.

정한숙은 월남작가임에도 여타의 월남작가들에 비해 월남과 이산 그 자체에 몰두하는 경향을 보이지는 않았다는 점에서 작가적 지향

---

2 김재두, 〈정한숙 소설 연구—주제의식을 중심으로〉(박사학위논문, 건국대학교, 2002), 2쪽.

3 김선학, 〈좌절과 의지의 인간학—정한숙론〉, 문혜윤 편, 《정한숙》, 53쪽.

4 이주형, 〈정한숙 소설에서의 한국 현대사 인식〉, 위의 책, 63-80쪽.

점을 달리 한다. 많은 월남작가들이 보였던 몇 가지 주요 유형들, 즉 분단 디아스포라 의식에 기반한 현실 고발, 변질된 장소로서의 북한 인식을 통한 반공 이데올로기의 심화, 고향 상실 의식의 극복을 위한 탈경계적 인식[6] 등과 정한숙의 소설은 대체로 지속적인 연관을 보이지는 않은 편이었다. 월남민이자 교수, 소설가로서 정한숙이 집중한 것은 훼손된 세계에 대한 회한만이 아니라 그것을 넘어설 수 있는 근원적 지점의 다양한 가능성 탐구에 가까웠던 것이다. 따라서 작가는 인간의 삶에 대한 긍정적 시선을 바탕으로 예술과 전통, 사랑, 연대 등 계속해서 본질적인 요소들을 찾아 주목해왔다. 즉 정한숙의 소설에서는 예술, 전통, 사랑의 문제들이 삶의 근원적 지점을 이해하기 위한 가장 중요한 요인들로 기능했던 것이라 할 수 있다.

이러한 지점들을 참고하며 이 글에서는 예술 및 예술가의 정체성 문제에 대한 작가적 인식의 해석 지평을 확장하고자 한다. 정한숙 소설의 예술과 창작의 문제에 대해 주목한 최동호는 〈전황당인보기〉, 〈금당벽화〉, 〈백자도공 최술〉 등 예술가 주인공들을 다룬 작품들에

---

5 윤석달, 〈分斷現實의 小說的 形象化와 歷史意識-鄭漢淑의 〈끊어진 다리〉論〉, 《논문집》(한국항공대학교) 28(1990), 241-260쪽; 정현기, 〈역사적 진술 의미와 소설적 진실—鄭漢淑의 〈끊어진 다리〉〉, 《교수아카데미총서》(일념) 8-1(1995), 205-218쪽; 장석원, 〈정한숙의 『끊어진 다리』론—폭력적인 역사에 대응하는 언어의 양상을 중심으로〉, 《한국근대문학연구》(한국근대문학회) 4-2(2003), 323-353쪽; 주영중, 〈훼손된 기억의 구조와 복원 방식—정한숙, 《끊어진 다리》의 서술방식을 중심으로〉, 《우리어문연구》(우리어문학회) 41(2011), 591-621쪽; 최성윤, 〈정한숙 장편 《끊어진 다리》에 나타난 성인화자와 회고담의 특질〉, 《현대문학이론연구》(현대문학이론학회) 50(2012), 249-268쪽.

6 서세림, 〈월남문학의 유형-'경계인'의 몇 가지 가능성〉, 《한국근대문학연구》(한국근대문학회) 31(2015), 7-38쪽.

나타난 예술인의 수련과정을 통해 전통적 예인의 창조적 가치를 살피고 이를 통해 물질과 권력뿐만 아니라 개인의 고뇌까지 극복하는 창조적 인물을 형상화했다는 점을 밝혔다.[7] 이처럼 창조의 원천에 대해 논의되었던 지점들과 함께, 본고에서는 예술가의 본질적 정체성 문제에 대한 작가적 인식 및 그것이 현실적 상황과 맺고 있는 관계성을 분석하고 나아가 사랑, 연대의 문제들과의 연관 지점에 대해 살펴보고자 한다.

2. 예술과 전통의 문제 인식

등단 이래 작가 정한숙의 작품에서 전통과의 단절이나 긴장이 초래하는 문제는 여러 차례 주목의 대상이 되었다. 특히 1956년《문학예술》에 발표한 〈고가(古家)〉와 같은 작품들을 통해 봉건사회의 요소들이 어떠한 비극적 몰락을 겪을 수밖에 없는가를 작가는 잘 보여주었고 이후에도 이러한 전근대성의 세계와 결별해야 하거나 혹은 세태의 변화를 몸으로 겪으며 부딪힐 수밖에 없는 사람들의 이야기는 여러 차례 제시된 바 있다. 이는 예술가의 삶에 대해 이야기하는 작품들에서도 마찬가지이다.

1955년 작품 〈전황당인보기(田黃堂印譜記)〉는 과거 혹은 전통의 가치가 세태 변화 속에서 어떻게 훼손되고 있는가를 살피는 계열의 대표적인 작품으로 언급되어 왔다. 수하인 강명진은 관직에 오른 친구

---

7 최동호, 〈예술가 소설과 인간상의 탐구—정한숙론〉,《삶의 깊이와 시적 상상》(민음사, 1995), 281-303쪽.

석운을 위해 귀한 전황석(田黃石)을 구해 그것에 자신이 직접 새긴 도장을 선물하는데, 정작 선물을 받은 당사자인 친구 석운과 그의 아내는 그러한 수하인의 정성이 가득한 선물을 한낱 쓸모없는 돌덩이로 무시해버리고 만다. 이 과정에서 믿었던 친구 석운에게 느끼는 큰 배신감은 결국 수하인의 예술적 열정을 사그라들게 만드는 요인이 되어버리고 만다. 석운이 수하인에게 받은 선물을 남에게 넘겨버린 사실을 알게 된 후 수하인은 더이상 손이 말을 듣지 않는 것을 느끼는 것이다. 이로 인해 수하인과 석운의 우정과 신뢰는 무너지며 이는 결국 전통과 예술의 가치가 발빠른 현대적 분위기 속에서 어떠한 취급을 받을 수밖에 없게 되었는가를 서글프게 드러내주는 장치가 된다. 도장을 새기는 예인의 경건한 자세를 비웃는 세태는 전쟁으로 인한 가치관 변화와 밀접한 연관이 있다는 측면이 논의되기도 했다.[8] 따라서 정한숙의 관점에서 예술은 전통과 결부된 예술의 영역을 의미하는 것임을 강조하며, 그러한 전통적 예술에 대한 가치 부여가 정치적 의미에서의 보수적 태도를 강화하는 측면으로 기능했음이 논의되기도 한다.[9] 변화에 대한 거부와 기존 가치에 대한 옹호를 정치적 입장과 연관하여 해석한 것이다. 이처럼 전통과의 연관성 하에서 특히 그 퇴색한 전통의 아름다움에 대한 회한에서 비롯하는 정서는 정한숙의 예술가 소설을 탐구하는 과정에서 지속적으로 논의되어 왔다. 그러나 전통과의 결부만으로 그의 작품에 나타난 예술의 의미를 온전히

8 문혜윤, 앞의 글, 15쪽.

9 이현석, 〈예술로 구현된 역사의 정치성-1950년대 정한숙 소설의 의미〉, 장수익 외, 《한국현대소설이 걸어온 길—작품으로 본 한국소설사(1945~2010)》(문학동네, 2013), 204-207쪽.

파악하기는 어려울 것이다. 전통뿐 아니라 예술의 숭고성 자체에 대한 탐구가 작가에게는 중요한 지점이었다고 할 수 있다.

> 매화옥 이십 년의 생활을 돌이켜 생각하면 절로 눈살이 찌푸려지는 고생살이였다.
>
> 수하인과 벗하게 된 것도 말하자면 일제 때엔 환경이 주는 불만에서 접근했고, 해방 후 벼슬에 오르기 전까지는 혼란과 울분 속에서 자주 일어나는 불평을 수하인의 격 다른 품속에서 삶으로써 참아낼 수 있었기에 가깝게 지낸 사이다.
>
> 길이 달라진 오늘, 스스로 수하인을 생각하면 할수록 그는 당금에 어울리지 않는 과거의 인물 같기만 했다.
>
> 지금 석운으로선 도저히 돌아갈 수도 없고, 돌아가면 안 될 그런 세계에서 살고 있는 수하인에 대하여 야릇한 동정이나마 금할 순 없었다.[10]

수하인의 예술 세계를 고스란히 반영하고 있는 것이나 마찬가지인 전황석 인장을 보며 한때 그의 벗으로 어울린 바 있던 석운은 위와 같이 회상한다. 수하인의 작품은 석운이 "도저히 돌아갈 수도 없고, 돌아가면 안 될 그런 세계"를 떠올리게 하는 매개체가 된 것이다. 이러한 석운의 반응이 흥미로운 것은, 작중 석운이야말로 현실 정치의 세계에 가장 잘 적응해가는 인물로 등장하고 있기 때문이다. 그렇기 때문에 그는 수하인의 삶과 태도를 이제는 상종하기 어려운 과거의 것

---

10 정한숙, 〈전황당인보기(田黃堂印譜記)〉, 《금당벽화》(고려대학교출판부, 1998), 47-48쪽.

으로 지나쳐 버리려 한다. 이러한 과정 속에서 작가는 예술을 통해 많은 것을 질문하고 있다. 자신의 주체에 함몰되지 않고 타자성을, 혹은 자신과는 다른 어떤 또 다른 가치를 인정할 수 있는가의 문제가 바로 그것이라 할 수 있다. 수하인은 석운에게 타산을 고려하지 않은 관계의 요청을 하는 존재이지만, 석운은 그것을 받아들일 수 없는 존재로 등장한다. 그러한 그들의 관계성의 충돌은 전황석 인장을 통해 표면화되고 있다. 즉 석운과의 연대가 파괴되는 지점은 수하인이 예술가로서의 큰 좌절감을 느끼는 것과 밀접한 연관이 있는 것이다.

예술의 세계를 고집하는 수하인의 태도를 이해하는 것은 젊은 도장포 주인과 산홍뿐이다. 젊은 도장포 주인은 수하인의 후배이자 제자로서, 산홍은 수하인을 아끼고 사랑하는 사람으로서 그의 예술에 대한 집념과 열정이 지니는 가치가 무엇보다 크고 소중한 것임을 알아볼 수 있는 유이한 사람으로 남은 것이다. 이들의 존재가 의미를 지니는 것은 결국 수하인의 작품이 지니는 예술적 가치를 인식할 수 있는 기반이 그들의 이해타산을 초월한 연대 속에서만 마련될 수 있기 때문이다.

특히 이 작품에서 독특한 의미를 지니는 것은 젊은 도장포 주인의 존재이다. 석운의 친구 오준이 수하인의 인장을 갖고 도장포 주인을 찾았을 때, 도장포 주인은 그 선물의 양면적 가치를 바로 알아차린다. 전황석 인장은 이중의 가치를 지닌 것이라고 할 수 있는데, 전황석 자체가 지니는 물리적 가치와, 그것에 새겨진 수하인의 글씨가 지니는 예술적 가치가 그것이다. 이때 그러한 양면적 가치를 모두 파악할 수 있는 존재인 도장포 주인은 자신이 오준 앞에서 그 사실을 솔직히 이야기한다면 전황석의 물질적 가치에 대해서만 관심이 있을 오준이 그것을 탐낼 것이라는 점도 인지하고 있다. 따라서 오준에게는 그 인장의 양면적 가치에 대해 명확히 이야기하지 않는 것을 선택함으로써, 인장의 복합적 가치를 모두 지켜내는 방향을 보여주었고, 끝내 그것을 별다른 대가 없이 예술가 본인에게 돌려주는 역할까지 담당하고 있다는 점에서 중요한 의미를 지닌다.

1970년《현대문학》에 발표한 단편 〈거문고 산조〉의 경우에도 그러한 전통 예술을 둘러싼 인식의 갈등이 드러난다. 이 작품의 주인공 강월여사의 경우 〈전황당인보기〉의 수하인과 매우 유사한 태도를 보여준다. 전황석 인장에 담긴 가치를 높이 사고 있는 수하인과 마찬가지로, 혼신의 힘을 다하는 거문고 연주의 예술성이야말로 강월여사의 삶에 있어 가장 중요한 가치를 지니는 것이다. 그러나 강월여사에게 거문고와 가곡을 배우는 제자들의 태도는 그와는 정반대이다. 외양과 내면의 묘사를 통해 철저히 세속화된 제자들의 모습을 지속적으로 드러내는 데에 작품은 집중하고 있다. 고된 훈련과 연습만이 진정한 예술에 이르는 길이라 할 수 있는데, 제자들을 기르기 위한 강월여사의 마음은 늘 그러한 이치를 알려주기를 꿈꾸고 있지만 제자들은 그녀의 뜻에 따르지 못한다. 그것은 강월여사와 제자들의 대립 구조 및 전통과 현실의 갈등을 보여주는 것이다.

> 남들은 슬하에 자녀가 없으니 외로울 것이라고 하지만 그녀에겐 외로움도 없었다. 진정한 외로움이 있다면 세태가 바뀌어져 가매 국악을 외면하는 세상이 되었다는 것뿐이다 . 그동안 강월은 많은 제자를 가르쳤다. 그러나 아직도 자신의 음을 물려줄 만한 제자는 골라내지를 못했다.

자질이 있다고 생각하고 눈독을 들이면 이해타산이 어찌나 빠른지 얕은 재주를 들고 돈과 바꾸려고 했다. 그러게 강월은 설불리 제자들을 무대에 세우려 하질 않았다. 세상은 그것을 또 비난했다. 세상뿐이 아니다. 제자들 속에서도 그러했다. 젊은 사람들의 길을 열어 주려 하지 않고 오히려 막으려 든다는 것이었다. 강월의 외로움은 이런 때에 한해서였다.

줄도 제대로 갈라 짚지 못하면서도 그들은 무대에 나가 서기를 꺼려 하지 않았다. 강월이 생각엔 그저 무모하게만 보였다. 이렇게 되면 고생스러운 수련을 하려 들지 않았다.[11]

이러한 대립과 갈등은 화해를 이룰 수 없는 방향으로 나아가는 것처럼 그려진다. 이제 전통적 '아취(雅趣)'를 지키고자 하는 이들은 수하인이나 강월여사처럼 나이든 세대밖에 없으며 궁극적으로 그들의 목소리가 약해지는 방향성으로 일관하는 것처럼 보이기 때문이다. 그러나 세대의 문제가 본질적인 것은 아니다. 세대 갈등이란 표면적인 반응에 불과할 뿐 근원적으로는 현실적 이해타산을 넘어선 예술적 가치에 대한 인정만이 불변하는 예술성의 획득으로 이어질 수 있다는 점에 핵심이 있다.

〈태항(胎缸)〉(1981)에서는 그러한 변화한 세태의 결과물로서, 예술을 대하는 세속의 시선에 대해 풍자적인 상황을 그리고 있다. 바로 어제까지 우산꽂이로 썼던 항아리가 숨겨져 온 태항이었음이 드러나자, 둥그렇고 소박한 백자 도자기에 대한 사람들의 반응은 일시에 달

---

11 정한숙, 〈거문고 산조〉, 위의 책, 105-106쪽.

라진다. 사람들은 이 백자 항아리의 값어치가 삼천만 원인지 아니면 오천만 원인지를 따지기에 혈안이 되어 있다.

> 태항을 갖고 있다는 소문이 골동계에 퍼지자 구경을 시켜달라는 사람이 늘었다. 성가실 정도였다. 모르는 사람은 아는 사람을 통해 연줄 연줄 찾아 구경을 하곤 혀를 찼다.
>
> S씨는 K박물관의 관장이다. 근 30년의 세월을 두고 사귄 친구다.
>
> 퇴근길에 집으로 찾아왔다. 받침대 위에 있는 항아리를 보곤 첫마디가 대단한 물건을 얻었다고 감탄을 했다.
>
> S씨는 전에도 이 항아리를 보았을 것이 분명하다. 그것이 현관에 놓여 있던 항아리요, 그 항아리에 어느 날 그가 쓰고 왔던 우산을 꽂은 일이 있었기 때문이다.[12]

이 작품에서 가장 문제적인 것은 K박물관 관장이며 골동품과 예술에 대한 조예가 깊은 인사라 할 수 있는 S씨의 반응이다. S씨는 불과 얼마 전까지만 해도 그 항아리, 즉 태항에 우산을 직접 꽂은 적이 있었던 인물이다. 그럼에도 이제 와서는 '받침대 위에 있는 항아리'를 보고 연신 감탄하고 있는 것이다. 이러한 S씨의 모습을 볼 때, 정한숙 소설에서 예술을 향유할 수 있는 인물들의 주요한 기반으로 '귀족적 취향'[13]을 논하는 것이 충분하지 않을 수 있음을 생각하게 된다. 다시 말해 〈태항〉은 예술에 대한 작가의 태도가 현학적 취미의 차원을 넘

12 정한숙, 〈胎缸〉, 《안개거리》(정음사, 1983), 169쪽.

13 이현석, 앞의 책, 205쪽.

어서는 문제임을 알게 하는 작품인 것이다.

이처럼 정한숙의 작품에서 빈번히 등장하는 예술의 문제에 대해 주목해 볼 필요가 있는 것은, 애초에 그 주요한 문제의식의 기반이 되는 것이 바로 현실과의 연계성 때문이라는 점에서도 의미가 있을 것이다. 예술의 문제와 예술가의 정체성에 대해 이야기하면서 작가가 염두에 두는 것은 현실 사회의 삶과 그것이 맺는 관계라는 점 또한 흥미롭다.

〈금당벽화〉(1955)에서는 지상의 예술을 완성해낸 담징의 화폭이 채워지기까지 그가 느끼는 감정과 번뇌가 매우 실감나게 그려지고 있다. 특히 조국 고구려가 풍전등화의 위기 상황을 맞고 있을 때 화가인 동시에 승려이자 애국자인 담징이 자신의 역할은 무엇인가 고뇌하는 것은 결국 그림을 그려낼 수 있을 것인가, 즉 예술 창작 행위의 가능성과 직접적인 연관을 맺고 있는 문제였다.

> 금당벽화를 그리기로 언약한 지도 벌써 칠팔 삭이 지났지만, 담징은 성큼 손에 붓이 쥐어지질 않았다.
>
> 무위도식하다시피 하는 담징의 태도에 왜승(倭僧)들의 쑥덕거림도 모르는 바는 아니다.
>
> 승적(僧籍)에도 없는 자라는 둥 화공을 가장한 부랑배라는 둥, 갖은 욕이 떠올고 있음도 귀익혀 들은 말이었다.
>
> 그러나 담징은 일언반구도 이에 응하질 않았다.
>
> 벌써 채색의 정제(精製)를 해 놓은 지도 오래였다. 그러나 붓을 들고 벽면을 향하면, 구슬같이 아롱진 열반(涅槃)의 환상은 고사하고, 피비린내 풍기는 조국의 현실뿐이 떠오를 따름이었다.

> 거센 산맥의 좁은 등허리에 매여달려, 땅을 일으키고 산을 파내며 악착같이 살아 가려는 동족 앞에 몰려든 어지러운 국난…….
>
> 담징은 들었던 붓도 던진 채, 그대로 벽면을 물러서지 않을 수 없었다.[14]

벽화를 위해 몇 달이나 왜국에서 머무르면서도 담징은 전혀 그림을 진척시킬 수가 없는데, 그것은 바로 조국 고구려가 외세의 침략으로 절체절명의 위기를 맞고 있기 때문이다. 자신에게 있어 조국의 현실이 예술/종교의 영역과 무관하지 않다는 점 때문에 담징은 자신의 예술관을 그리고 나아가 스스로의 불심을 지속적으로 의심하고 회의하지만, 거듭되는 악몽에도 불구하고 쉽게 붓을 들지 못한다. 주지스님에 의해 마침내 조국의 위기가 타개되었다는 소식을 듣게 되기 전까지는 마음을 다잡기 어려운 것이 사실이었으며, 그러한 소식을 전해 들은 이후에야 담징은 다시 붓을 들고 최고의 벽화를 완성할 수 있게 된다.

1972년 《지성》 창간호에 발표한 단편 〈금어(金魚)〉의 주인공인 수덕사의 아심스님은 공주 박물관의 '삼존천불상'을 직접 보고 난 이후 탱화(幀畵)의 세계에 눈을 뜬다. 함께 월남했던 약혼자 김동성 소위가 송악산 전투에서 전사한 후 불교에 귀의한 바 있는 그는, 삼존천불상의 위엄에 감탄하며 빠져든 이후 김동성 소위의 넋을 위로해 주고 싶은 마음으로 그림에 몰두한다. 그리고 어느새 그러한 예술적 작업은 참선이나 예불보다도 아심스님에게는 더욱 중요한 의미를 지니는 일

---

14 정한숙, 〈금당벽화〉, 《금당벽화》, 57-58쪽.

이 된다.

> 스님은 수건으로 콧등과 손잔등에 내솟아 있는 땀방울을 닦고 나서 다시 붓을 들었다. 아심스님이 든 붓은 부처님의 눈매를 그리고 있었다. 그 가는 붓이 오고 갈 때마다 부처님의 표정은 달라져 갔다.
>
> 개안미소(開眼微笑)……
>
> 대자대비의 부처님이 비로소 눈을 뜨고 중생을 향해 가는 미소를 띠었다.
>
> 아심스님은 붓을 놓았다. 그리곤 자기가 그린 여래상 앞에 합장 배례하였다. 여래상은 지금까지 있어 온 부처님의 모습이 아니라 새로운 부처님의 얼굴이었다.[15]

작품의 내화에서 석공 임실이 전사한 장군과 동료들을 기리기 위해 삼존천불상을 새기듯이, 외화의 아심스님 역시 한국전쟁 중 전사한 약혼자의 넋을 위로하기 위해 붓을 든다. 사랑하는 이에 대한 염원의 마음이 붓끝에 옮겨질 때 마침내 진정한 부처님의 얼굴을 마주할 수 있게 된다는 이러한 결말 구조는 정한숙 소설에서 추구하는 예술의 지향점이 결국 어디로 향하고 있는가를 알게 해준다.

1984년 작품 〈산에 올라 구름 타고〉에 이르면 노년의 예술가들의 삶에 대해 고찰하고 있는데, 이는 매우 흥미로운 지점이다. 세태의 변화 속에서 30년 전 예술가들이 활동했던 명동 거리에 대한 기억과 회상은 이봉구, 오상순, 이중섭 등 실제 문인 및 화가들에 대한 호명으

---

15 정한숙, 〈金魚〉, 《안개거리》, 55쪽.

로 이어진다.

> 전쟁에 살아남은 30대 신인과 40대 중견과 50대의 대가들이 같은 길 같은 집 지붕 밑에 앉아 다들 마셨고 술에 취하던 시절이다.
>
> 무엇 때문에 미친 듯이 술에 취해 명동 골목길을 방황했던 것인지 설명할 수 없는 일이다.
>
> 혼란을 틈타 밀수를 해서 치부를 했고 혼란을 틈타 권력의 줄을 잡아 출세를 하여 세도를 부리던 시절, 그들은 명동 뒷골목 길을 걸으며 가시지 않는 전쟁의 상흔을 만지며 좌절의 늪에서 벗어나지 못했다.
>
> 캔버스를 살 돈이 없어 베니야판이 아니면 레이션 박스나 심지어는 은박지에 그림을 그려야 했다. 이중섭의 은박지 유품은 이 시절의 작품들이다. 방이 없어 다방에서 소설을 써서 잡지사로 들고가던 시절이다.
>
> 모여앉을 자리가 없어 동방살롱 이층을 빌려 장고 치고 북을 두드리며 창을 부르던 K 여사의 30대 얼굴은 무척이나 고왔고 찢어진 북을 깁다 바늘 끝에 손이 찔려 피가 밴 흰 가제가 애처롭게 보이던 시절이다.
>
> 명동길을 방황하며 같은 다방 같은 술집을 출입하였지만 이렇게 또 다른 길을 걸어야 했던 그들은 고달프기만 했던 시절이다.[16]

작가는 전쟁 직후 어려운 시대의 예술가들의 삶을 30년 후의 현재 관점에서 재조명하면서 과거의 예술과 성취가 결코 무의미한 길이

---

16 정한숙, 〈산에 올라 구름 타고〉, 《금당벽화》, 198쪽.

아니었음을 밝히고자 한다. 이것은 사실상 정한숙 문학이 내포한 가장 중요한 시각 중 하나라고 여겨진다. 상황이 녹록지 않아 온갖 고난의 실정 속에서 작품 활동을 하거나 교류를 해야 하는 처지였지만 그래도 저마다의 입장에서 최선을 다했던 것만은 부인할 수 없는 사실인 것이다. 그리고 그것은 이제 노년이 된 그들의 인생이 성취한 소중한 가치에 해당한다는 점을 작품은 이야기하고자 한다. 30년 후 그러한 가치 평가가 필요한 이유는 사실 그 시절의 성과 혹은 고난들이 이제 많이 희미해져 있기 때문이기도 하다.

작가 자신의 자전적 형상화라 할 수 있는 〈소설가 석운(石雲) 선생〉(1983)의 경우에도 예술적 삶에 대한 고민과 성찰이 잘 나타나 있다.

> 석운은 느린 발걸음을 옮기며 지금까지 써 온 자신의 작품 세계를 더듬어 보았다. 명확한 주제가 떠오르질 않았다. 대작도 없었다. 지금까지 무엇 때문에 작품을 써 왔느냐고 반문하고 싶을 정도였다. 명확한 것은 30년간을 외길을 향해 줄달음쳐 왔다는 것뿐이다.[17]

화려한 스포트라이트를 받아본 적도 없고 월평의 대상이 되어본 적도 거의 없는 소설가인 석운 선생은, 자신의 창작 인생을 되돌아볼 때 결국 명확한 주제도 대작도 없으나 30년간의 꾸준한 정진만은 남는 것이라는 자기 위안을 한다. 이는 스스로의 삶에 대한 위로이기도 하지만, 작가의 본질적 예술관 자체를 상징적으로 드러내주는 지점이기도 하다. 소설가 석운 선생은 소설가 정한숙의 또 다른 이름이라

17 정한숙, 〈소설가 石雲 선생〉, 위의 책, 350쪽.

고 할 수 있을 것이다. 작품 후반부 석운 선생은 모 잡지사 주관으로 진행된 작가와 평론가의 대담에 참여하게 되는 과정에서 다음과 같은 자신의 의견을 밝히는데, 이는 전통에 대한 관점이라는 측면에서 작가 정한숙을 새롭게 이해할 수 있게 하는 측면이 있다.

> "우리나라 소설을 시대적으로 구분해 보면 개화기 이전과 이후로 전통이 단절되었다고 볼 수 있지 않습니까……"
>
> "관념적으론 그렇게 생각할 수 있겠지요. 마치 갓을 쓰고 두루마기를 입던 사람이 중절모를 쓰고 양복을 입는 것을 보면 말입니다. 그러나 그것은 어디까지나 외형적인 것이고 그 안에 가려져 있는 한국인이라는 본질에는 하등의 변화가 없듯이 말입니다…… 천자문과 동몽선습을 기초로 하여 삼강오륜의 교육을 받은 이조선비와 서양교육을 바탕으로 한 오늘의 지식인들 사이엔 사고에 있어서나 행동에 있어서 많은 변화와 차이점을 우리는 발견할 수 있지요…… 그러나 생활이나 관습을 통한 한국인다운 흐름은 끊기지 않고 있는 것이 사실 아닙니까…… 마치 같은 물줄기면서 어느 쪽에선 한탄강이라 불리우고 어느 장소에선 남한강이라고 불리우는 것과 마찬가지로 말입니다……"[18]

전통과의 단절에 대한 애석함만으로는 정한숙의 전통 인식을 전부 해명하기 어려울 것이다. 같은 물줄기가 때로는 한탄강으로, 그리고 때로는 남한강으로 불리는 것에서 알 수 있듯이 단지 외형적인 변화만으로 전통의 단절을 논할 수 없다는 석운 선생의 단호한 태도는

18 위의 책, 342-343쪽.

대담 참여자들에게 당황스러움을 느끼게 할 뿐 아니라 독자들에게도 역시 비슷한 감정을 느끼게 할 수 있다. 하지만 언제나 표면적 문제만이 아니라 예술 행위의 본질 그 자체에 집중해 온 것이 작가의 중요한 목적의식이었다는 점을 고려해본다면 이는 결코 낯선 대목이라고만은 할 수 없을 것이다.

기존 연구에서 매우 적극적으로 의미화되었던 지점은 예술의 이야기를 통한 세태 비판의 요소에 있었다. 그것은 대체로 작가의 보수적 태도를 설명하는 근거로 이해되어온 측면이 있다. 그러나 작가 정한숙의 예술가 인식은 그리 단순하지 않은 것으로, 예술의 세속화를 경계하면서 예술의 무목적성과 숭고성을 추구하는 여러 작품들과 더불어 현실과의 연계성을 찾을 수 있는 〈금당벽화〉나 〈금어〉 등의 작품들이 공존하고 있음을 알 수 있다. 따라서 보수적 정치성 등으로 환원되지 않는 예술성 및 예술가 인식에 대한 작가의 주제의식을 살피는 것은 무엇보다 중요한 일이라고 생각된다. 앞서 언급했듯이 〈전황당인보기〉에서 수하인의 선물을 보며 석운이 느끼는 감정에 대한 설명 등은 세태 변화에 대한 비판으로서뿐만 아니라, 수하인의 예술가 의식의 강조를 위한 것이라는 점에서도 의미를 지닌다. 이때 작가가 의도하는 예술가 의식은 기존의 평가처럼 귀족적이고 단지 고아한 세계에 기반한 것이라기보다는, 〈태항〉에서 강조했듯이 생활에서 유래한 것, 그리고 〈금낭벽화〉나 〈금어〉에서 논했듯이 현실과 유리되지 않은 것이기도 하다는 점에서 복합적인 의미를 지닌다.

3. 사랑의 연대와 예술가의 정체성

정한숙은 자신의 소설에서 예술가의 정체성 문제에 대해 지속적인 고민을 드러낸다. 그리고 그 과정에서 사랑을 비롯하여 다양한 방식으로 형상화되는 타자와의 연대에 대한 인식이 예술가의 정체성을 형성하는 데에 중요한 영향을 미치는 요인으로 기능한다. 따라서 이 지점에 대해 더 섬세한 탐구가 필요하다고 할 수 있다.

앞서 살펴보았던 바와 같이 〈전황당인보기〉의 경우에서는 사랑의 연대를 통해 예술가적 정체성의 형성에 기여하고 예술 창작에 대한 지지를 드러내는 과정을 보여주었다.

> 전황석 인장 한 방을 꺼내어 다시 본다.
>
> 돌에 묻어 있는 손때의 아운(雅韻)과 그 고졸(古拙)한 품에, 수하인의 손끝엔 새로운 흥분이 흘렀다.
>
> 참지를 접어 한 권의 책을 맨 수하인은 간격을 잡아 가며 천을 헤아리는 인장을 기억에 떠오르는 대로 비교적 연대순을 따져 찍었다.
>
> 물론 전황석 한 방도 맨 나중에다 찍어 놓았다.
>
> 밤도 적이 깊었다.
>
> 눈 쌓이는 소리가 들리는 듯 방안은 조용하다.
>
> 어떤 것은 지나치게 청아(淸雅)한 선이 경한 것 같았고, 때로는 둔한 획이 마음에 들지 않는 것도 있었지만, 끝으로 전황석 한 방만은 수하인으로서도 나무랄 점이 없었다. 아(雅)하고 담(淡)한 것이 산홍의 숨길이라면 뭉친 획은 수하인의 절정에 이른 품(品)이요 지(志)였다.
>
> 산홍이를 옆에 앉히고 그와 더불어 살아온 일생을 그린 인보(印譜)를

바라보는 순간, 그는 처음 자기가 살아온 보람을 느꼈다.

산홍이가 연적의 물을 따라 먹을 갈고, 수하인이 황모필 가는 붓으로 전황당인보(田黃堂印譜)라 표지에 썼다.[19]

수하인이 사별한 부인에게서는 느끼지 못했던 사랑을 산홍에게서 비로소 찾을 수 있었다는 점과 더불어 그의 마지막 전황당인보를 완성해가는 과정을 함께 하는 것 역시 산홍과 함께였다는 점은 중요한 맥락이라고 할 수 있다. 산홍은 수하인의 동반자로서 그의 예술 세계를 일관되게 지지해주는 존재이며 전황석 인장의 가치를 곁에서 알아주며 시대 변화 속에서 수하인의 좌절을 상쇄시키는 존재이기도 하다.

1958년에 연재한 작품《황진이》에서는 그러한 사랑의 문제가 더욱 적극적으로 부각되고 있다. 자신에 대한 상사병으로 인해 이웃 청년이 죽은 이후 양반가 규수였던 황진이는 만인에 대한 사랑을 꿈꾸며 기녀의 삶을 살게 되고 또한 예술적 재능으로도 이름을 날린다. 이 작품에서는 사랑과 예술을 자유로이 꿈꿀 수 있는 삶이야말로 기존의 억눌린 갑갑한 현실에서 벗어날 수 있는 길이라는 시각이 황진이의 세계를 지탱하고 있음을 보여준다.

진이 스스로 생각할 때, 지금까지의 생활은 굴욕과 복종의 비닉이 태반이었다.

그러나 그것만이 인간 생활의 전체가 아님을 진이는 요즈음 비로소

---

19 정한숙, 〈전황당인보기(田黃堂印譜記)〉,《금당벽화》, 53-54쪽.

깨달았다.[20]

또한 여러 사람들과 만나 사랑을 나누는 과정에서 언제나 음악과 시가 그녀의 삶과 사랑을 완성시키는 중요한 요인이 된다는 점도 반복적으로 형상화된다.

> 진이는 사창을 닫고 상두(床頭) 옆으로 와 앉아 한 장의 채전(彩箋)을 꺼내놓고 모필(毛筆)을 가다듬었다.
>
> 심사가 이렇게 울적할 땐 음률의 즐거움보다 서책(書冊)의 맛이 마음을 가라앉게 했던 까닭이다.
>
> 그보다도 진이는 피보다도 진하게 멍울져 끓어오르는 애끓는 정을 그대로 삼켜버릴 수가 없었다.
>
> 비록 한 장의 채전일망정 그 위에 뱉아놓지 않고는 배겨날 수가 없었다.[21]

사랑과 예술이 지속적인 교호관계를 보이는 것은 작품의 중요한 문제의식으로 기능한다. 사랑의 기쁨과 슬픔에 동반하는 예술 창작 행위의 의미는 황진이의 서사를 추동하는 가장 중요한 원동력 중의 하나라고 할 수 있다.

---

20 정한숙, 〈황진이〉, 《韓國歷史小說全集 第十二卷 — 處容郞·黃眞伊》(을유문화사, 1960), 407-408쪽.

21 위의 책, 423쪽.

양곡이 진이를 용이 찾아왔음은 그 미색(美色)을 탐(貪)하여서라기 보다는 그 출중(出衆)한 시재(詩才)에 있었다.[22]

더욱 진실한 인연일수록 육체적 이끌림보다 예술적 이끌림을 우선한다는 인식은 진이와 주변인들의 관계에 상당한 영향력을 행사할 수밖에 없다. 자신의 시재(詩才)를 알아봐 줄 수 있는 사람에 대하여 진이가 느끼는 호감을 구체적으로 형상화하는 지점이 여러 차례 발견되는 것은 이와 관련한다. 또한 깊은 관계를 형성하고자 할 때 반드시 서로의 시(詩)를 주고 받을 수 있는 과정을 거치고 있는 것도 마찬가지이다. 사랑과 예술이 진정한 합일을 이루는 과정을 추구한다는 점에서《황진이》는 작가 정한숙의 다른 작품들과 결을 달리 하는 것이라 할 수 없다.

1969년《현대문학》12월호에 발표된〈백자도공 최술〉은 고려에서 조선으로 이르는 시대적 상황 속에서 맹목적일 정도로 열정적인 예술가 최술이 느끼는 고뇌가 가장 중점적인 분제의식을 형성하고 있다. 열정적인 도공 최술에게 있어서는 부모나 동생의 죽음보다도 슬픈 것은 과거 예인들의 기술을 되살리지 못하는 현실에 대한 것이었다.

"여보게, 이 사람……."

장인이 부르는 말에 최술은 꿈속에서 깨어난 것 같은 느낌이었다.

"사기그릇이란 사기장이 취미로 만들어지는 것이 아닐세……."

22 위의 책, 459쪽.

"그럼……."

"허허, 이 사람, 자네는 국록을 먹는 요에서 일하는 사기장이로 아직도 그것을 깨닫지 못하고 있나."

최술은 아무런 반응도 없이 앉아 있기만 했다. 도기를 만든다는 것은 하나에서 열에 이르기까지 도공들의 마음대로 만들어낼 수는 없었다. 제요직(諸窯直)의 지시에 따라 구워내는 것이 사실이었다. 제요직에선 조정에서 필요로 하는 여러 기물의 종류나 또는 그 형태와 무늬까지도 지시해 내려오는 것이었다. 그러나 최술은 언제든지 제요직에서 내려오는 지시에 따른다기보다도 자기 스스로 독창적인 것을 고안하고 만들어 내보려고 애를 쓰기도 했다. 물론 그런 것은 불량품으로 낙인이 찍혀 산산조각이 나는 수도 있었고 규격에 맞지 않는다고 누구의 소행이냐고 추궁을 당하면서도 그 버릇만은 버리질 못했다. 말하자면 최술은 그런 것을 만들고 빚을 때가 도공으로서 가장 보람을 느낄 수 있었기 때문이다.

"기물의 색조나 형태란 언제나 시류를 따르는 법일세. 사기장이나 화청장이는 그것을 명심해야 하네……."

최술은 뜨거운 것이 가슴속에서 꿈틀거렸지만 숨결을 가다듬으며 꾹 참아냈다. 장인 박고남의 모습이 이 순간에 있어선 그지없이 초라해보였고 불쌍한 느낌마저 들었다. 도대체 장인도 자기모양 이 송횢골 사기장에서 낳아 사기장에서 평생을 보내고 있는 몸인데 무슨 보람을 느끼며 살아왔다는 것인가…….[23]

23 정한숙, 〈백자도공 최술〉, 《금당벽화》, 86-87쪽.

최술은 역시 도공인 자신의 장인(丈人)에게서 무언가 해답을 구하고자 하지만 실력 있는 도공으로 인정받는 장인 박고남의 삶에서도 뚜렷한 방향성을 찾기는 어렵다. 예술가 동료로서 같은 고민을 공유할 수 있다는 점에서 의미를 지니지만 또한 그렇기 때문에 오히려 최술 자신이 그토록 피하고 싶었던 현실적 상황의 압박을 재확인하게 되는 요인이 되기도 한다.

> 태조가 역성혁명(易姓革命)을 이룩했듯이 최술은 자기의 혁명을 꾀해보고 싶었다.
>
> "꼭대기에 피도 마르지 않은 사기장이 놈이 무얼 안다고 지랄이야."
>
> 이곳 늙은 도공들은 최술의 의견에 대해 한결같이 이런 욕지거리를 늘어놓으며 누구도 그를 상대하려 들질 않았다. 그럴 때마다 최술은 뜨거운 열기에 눈알이 붉어졌지만 모든 화를 꾹 참아냈다. 어떤 욕설이 퍼부어져도 최술은 자신의 의지를 굽히려 들질 않았다. 이곳 사기장이들은 그러한 최술을 건방지다고 했다.[24]

현실적으로 조정의 요구에 따른 도자기만을 빚어낼 수 있을 뿐인 상황에서 최술이 '예술가'로서의 목표를 드러내고 달성하는 것은 쉽지 않은 일이다. 누가 시켜서 만드는 물건이 아니라 자신의 독창적인 예술품을 만들기 원하는 최술의 열망은 현실의 벽 앞에서 쉽게 성취되기 어렵기 때문에 더 간절한 것으로 여겨진다. 이전 시대 아주 오랜 기간 동안 장인과 다름없던 조각가, 화가 등 예술가들이 결국 자기 존

24 위의 책, 89쪽.

재에 대해서는 표현할 수 없었다는 점은 분명한 사실이다. 자신의 주권적 존재에 대해 표현할 수 없었던 것이다.[25] 최술의 고민도 이러한 지점에 놓여 있다. 그와 동시에, 예술가의 정체성 탐구라는 문제가 단지 예술가 한 개인만의 문제는 아니라는 인식도 나타난다. 타자의 인정을 받을 수 있는가, 타자와의 조우에서 이 예술 행위는 어떠한 의미로 규정될 것인가를 고려하지 않는다면 예술 행위의 본질에 대해 성찰하는 근거는 약해질 수밖에 없을 것이다.

예술가 최술에 대해 고찰할 때, 지극히 현실적 인식을 지닌 인물임에도 불구하고 최술의 삶과 예술에 대해 끝까지 지지해주는 그의 아내 순네와의 관계 역시 살펴야 할 것이다. 최술의 예술가 됨의 가능성이 오로지 그 개인의 성취만을 위한 것이 아님은 작품 곳곳에 배치된 서술 요소들을 통해 지속적으로 발견된다. 그리고 그 연결고리는 그의 아내를 비롯한 가족들과의 관계성에 놓여 있다. 애초에 순네와 그녀의 부친은 도공들의 그릇에 유약을 바르는 기술자들이며 최술의 예술 작업에도 반드시 필요한 동료들이기도 하다. 예술가적 정열을 마음껏 불태울 수 없다는 점에 크게 절망한 최술이 점차 술독에 빠져들고 방황할 때조차 순네가 그를 염려하고 사랑하는 마음은 변함이 없으며 결국 최술이 자신의 고뇌를 풀어 놓고 마음 놓고 눈물 흘릴 수 있는 것도 순네와 함께할 때이다. 또한 앞서 최술의 장인 박고남과의 대화에서도 나타나듯이, 같은 일을 하는 장인 역시 예술 창작 행위의 고뇌를 공유할 수 있는 존재라는 점에서 의미를 지닌다.

25 조르주 바타유, 《라스코 혹은 예술의 탄생/마네》, 차지연 역(워크룸프레스, 2017), 227-230쪽.

사랑은 타자에 대한 관점을 매우 명확히 내재화하는 일이라고 할 수 있다. 타자와 공유할 수 있는 관점과 기억들이 누적되고 불완전한 개인을 완전한 전체에 이르게 하는 길일 수 있는 것이다.[$26] 불확실성과 빈곤 등 현실적 문제의 지점들이 작품 속 연인 및 부부들의 사이에 개입해 있을 수 있으나 이들은 결국 서로에 대한 신뢰를 끝까지 유지할 수 있는 관계이다. 주체로서의 자기 자신을 넘어설 수 있는, 그리하여 마침내 최술이 어린아이처럼 실컷 울고 있는 민낯을 그대로 드러낼 수 있게 하는 것은 아내와의 사랑의 연대에 의해 가능해진다. 또한 수하인이 마침내 전황당인보기를 완성할 수 있도록 하는 것 역시 산홍과의 사랑이라는 중요한 연대의 지점이다.

그런 의미에서 볼 때 사랑은 개인인 두 사람의 단순한 만남이나 폐쇄된 관계가 아니라 무언가를 새로이 구축해내는 것이고, 더이상 하나의 관점이 아닌 둘의 관점에서 형성되는 하나의 삶이라는 점을 고려해 볼 수 있다. 사랑은 타인이라는 존재의 총체성에 관련된다.[27] 사랑의 연대는 증여를 넘어선 믿음과 도약의 과정을 통해 이해관계와 무관한 대표적인 지점을 형성한다. 그렇기 때문에 온갖 이해타산과 속물적 관계들로만 가득 찬 세계에서 사랑의 연대는 이 예술가 주인공들에게 귀중한 지지 기반이 될 수 있다. 또한 세속적 사회에 대한 비판 의식이 강해질수록 그러한 세계에 속하지 않은 가치로 여겨지는 사랑과 예술은 더더욱 큰 의미를 지니게 된다. 즉 정한숙 소설에서 예술의 문제에 대하여 논의할 때 그와 중요한 연관성을 맺고 있는 사

---

26 앤소니 기든스, 《현대 사회의 성·사랑·에로티시즘》, 황정미·배은경 역(새물결, 2003), 86쪽.

27 알랭 바디우, 《사랑 예찬》, 조재룡 역(길, 2019), 41-47쪽.

랑의 연대에 대한 시각은, 바로 타자와의 마주침에 대해 이야기하고자 하는 작가적 문제의식과 큰 관련이 있는 것이다. 이는 또한 나르시시즘적 예술가의 모습을 넘어설 수 있는 가능성을 보여주는 것이기도 하다. 예술가의 고독을 넘어선 지점을 보여주기 위해 사랑과 타자의 존재는 정한숙의 소설 곳곳에서 중요한 기능을 하고 있다.

1978년 작품 〈청개구리〉에서 노년의 예술가인 이경식 노인의 예술관을 다루는 태도도 이와 유사하다. 이경식 노인은 어릴 때부터 율(律)공부를 했고 그것을 평생 업으로 삼아 왔다. 피나는 노력 끝에 일가를 이루었지만 사회적으로 널리 인정받지는 못하였고, 그럼에도 묵묵히 자신의 길을 걸어왔다. "율공부를 후회하거나 천시의 눈길을 돌리는 돈푼이나 있는 사람들을 단 한번이라도 원망해본 일은 없었"[28] 던 것이다. 그러나 해로하던 아내의 죽음 이후 그는 거문고를 내려놓는다. 예술의 길에 동반자가 되어준 사랑하는 이의 상실 앞에서 예술가의 의지는 한풀 꺾이고 만 것이었다. 그러다 방송 출연 제의를 받고 오래전 동료들을 방송을 통해 다시 만날 수 있으리라는 기대 하나만을 갖고 다시 연주를 시작한다. 손자 길수는 할아버지의 거문고 연습소리에 짜증을 내곤 했지만 마침내 TV에 혼신의 힘을 다해 연주하는 이경식 노인의 모습이 담길 때 사람들은 그 소리의 홍취에 매료되고 만다. 이경식 노인의 예술 행위를 다시 끌어낼 수 있는 힘 역시 동료들에 대한 그리움과 새로운 연대에 대한 희망이라는 것은 주목을 요한다. 이때 이경식 노인의 예술적 성과를 인정하는 것이 아들도 손자도 아닌 며느리라는 점도 흥미롭다. 혈연관계를 넘어선 존재에 의한

28 정한숙, 〈청개구리〉, 《안개거리》, 123쪽.

지지와 인정이야말로 세속적, 타산적 계산을 넘어선 연대에 의한 것에 가깝기 때문이다. 따라서 이 작품에서는 사랑의 상실 이후에도 타자와의 연대에 대한 희망이 예술 행위의 주요한 토대가 될 수 있는 지점을 잘 드러내고 있다.

〈인과(因果)〉(1987)에서는 사랑의 연대가 좌절될 수밖에 없는 현실적 요인들이 예술 행위를 통해 발견되며 그것이 한 인물의 파국의 기원이 되고 있는 상황을 짧게 묘사하고 있다. K대학 개교기념일 행사로 진행된 연극제에서 상준과 혜은은 호동왕자와 낙랑공주 역할을 맡게 된다. 연극의 레파토리는 바로 '사랑'이다. 처음엔 냉담한 듯 했지만 결국 상준을 사랑하는 마음을 깨달은 혜은은, 시종일관 냉담한 상준의 태도에 괴로워하며 사랑의 처절한 실패로 인한 우울증을 앓고 휴학을 하며 정신병원에 입원까지 하게 된다.[29] 이때 연극 무대에 올려진 '호동왕자와 낙랑공주' 이야기는 상준과 혜은의 현실 세계에서의 관계성을 상징적으로 보여준다. 혜은의 부친으로 인해 상준의 집안이 몰락한 10년 전의 현실적 상황은, 재회 이후 그들의 관계에도 영향을 미쳤으며 그러한 현실적 관계의 기반 하에서 그들은 각자의 호동왕자와 낙랑공주를 연기한 것이다. 예술은 사랑을 자각하는 계기인 동시에 비극적 파멸의 계기가 되고 만다. 결국 이 작품에서는 예술과 사랑의 부조화가 연극 무대를 통해 폭발하면서 주인공들의 파멸적 삶을 이끌어내는 요인이 되고 있는 것이다. 다시 말해 이 작품은 사랑의 연대가 실패하는 과정과 그 계기가 된 예술 행위 사이에 낙랑과 호동이라는 캐릭터를 중첩시키고 있다.

29 정한숙, 〈因果〉, 《창녀와 복권》(청한, 1988), 68-78쪽.

사랑의 의미가 퇴색될 때 인간의 삶이 본질적으로 가장 큰 고난의 상황에 처할 수밖에 없다는 것은 작가의 여러 작품들을 통해 반복적으로 강조된다. 그렇기에 예술의 세계에 대해 탐색하는 과정에서도 본질적으로 중요한 것은 사랑을 통한 연대가 그러한 예술가의 고뇌를 지지해줄 수 있는 힘이라는 인식이었다. 이러한 사랑의 연대가 그만큼 더 중요했던 것은 외부 세계의 복잡다단한 사정 속에서 작가가 그려낸 많은 예술가 인물들이 상처 입고 부딪히는 과정을 지속적으로 겪고 있다는 점 때문이기도 하다.

4. 결론

지금까지 정한숙 소설에 나타난 예술과 사랑의 문제에 대하여 고찰하였다. 인간의 삶에 대한 긍정적 시선을 지닌 작가로서, 정한숙은 예술의 문제와 인간의 본질적 연대, 특히 사랑의 문제를 삶의 근원적인 요소로 주목해왔다.

이와 관련하여 이 글에서는 작가 정한숙의 여러 장편 및 단편소설 작품들을 중심으로 예술가의 본질적 정체성 문제에 대한 작가적 인식의 해석 지평 확대를 목표로 하였다. 이를 통해 궁극적으로 정한숙 소설에 나타난 예술 창작 행위와 현실적 상황의 관계성 혹은 예술가의 삶과 사랑의 연대의 연관성에 대해 해명하고자 했다. 1950년대부터 오랜 기간 동안 예술 및 예술가의 문제에 관한 것은 작가 정한숙의 주요 관심사 중의 하나가 되어 왔다. 이는 정한숙의 주요 작품으로 언급된 바 있는 〈전황당인보기〉(1955), 〈금당벽화〉(1955), 《황진이》(1958), 〈백자도공 최술〉(1960)〉, 〈거문고 산조〉(1970), 〈금어〉(1972) 등의 작품뿐만 아니라 〈태항〉(1981), 〈소설가 석운 선생〉(1983), 〈산에 올라 구름 타고〉(1984), 〈인과〉(1987) 등 다른 여러 작품들에서도 주요하게 발견되는 지점이다.

기존의 정한숙 연구에서 예술의 이야기를 통해 주로 세태 비판의 요소에 집중해왔다면, 본고에서는 정한숙 소설에서 예술의 세속화에 대한 경계와 더불어 현실과의 연계성이 공존하는 복합적 시선을 드러내고 있음을 밝히며 이를 통해 작가의 예술가 인식이 지닌 독특성을 분석하고자 하였다. 정한숙은 예술작품이나 창작 행위를 통해 전통적 미의 세계에서 멀어져가는 세태 속 예술가들의 고뇌를 그려내거나 혹은 예술작품의 진정한 가치를 알아볼 수 없는 사람들에 대한 비판적 의식의 형상화를 통해 예술가 됨의 본질적 의미를 탐색하고자 한다. 이때 예술가의 정체성 인식을 둘러싼 지점에는 사랑을 통한 연대 혹은 이해타산을 넘어선 타자와의 연대의 요소들이 중요한 영향력을 미치고 있다. 이러한 과정은 등단 직후인 1950년대부터 말년의 시기에 이르는 작품에 이르기까지 지속적으로 진행되고 있어 주목을 요한다. 이는 결국 예술가의 정체성을 형성하는 토대에 타자와의 진실한 연대가 필요하다는 것을 보여준다.

황혼의 소설

정한숙의 후기(1982-1992) 소설에 대하여

강현국

1. 시작하며

정한숙은 중학생 시절 이광수와 이태준의 소설에 심취했다고 회고한 바 있다.[1] 그는 대학의 국문학과에 진학했고 등단 전에는 소설 창작을 위한 모임에 참여했다. 그러한 단편적인 정보만으로도 그가 생애의 아주 이른 시기부터 소설가를 지망했다는 추정을 가능케 한다. 등단 이후 그는 반세기 가까이 소설가로 활동했다. 공식적인 활동 기간 내내 그의 소설 공방은 가동을 중단한 적이 없었다. 그는 쉼 없이 소설을 써서 발표했다. 그가 남긴 방대한 분량의 저작은 그가 소설가로서 견지했던 성실성에 대한 물증이다.[2] 그는 소설 쓰는 일을 천직이자 운명으로 여긴 듯하다.

정한숙이 소설가로 활동한 기간과 그 기간 거둔 창작의 성과에 비

1　최동호, 〈대담: 나의 문학, 나의 소설작법〉, 《고가》(둥지, 1991), 342쪽.

하면 그의 소설에 관한 그간의 연구는 다소 미흡했다. 선행 연구에서 우선 지적되어야 할 문제는 논의 대상의 편중 현상이다. 그 현상은 시기와 작품 두 면에 걸쳐 나타났다. 시기의 면에서 정한숙의 소설은 주로 1950년대에 한정하여 논의되었다.[3] 그를 1950년대 작가로 분류하는 문학사적 관습이 그러한 편중을 빚었다. 작가론은 문학사 연구의 일종이므로 문학사를 전제한다. 그런데 작가론이 문학사의 각론으로서 기존 문학사의 평가를 재확인하기보다 수정하거나 보완한다면 더 바람직할 것이다. 정한숙은 1950년대 이후로 그 기간의 세 배에 이르도록 소설을 썼다. 그 사실이 그의 소설을 1950년대로 구속한 연구의 시각을 재고하게 한다. 한 작가에 대한 평가는 그의 활동 기간을 더 많이 포섭할수록 정당성의 정도를 높일 것이다. 선행 연구에서 방치되다시피 한 기간으로 논의를 확장하는 일은 정한숙의 소설 세계에 대한 온전한 이해와 평가를 위해 필요하다. 몇몇 특정 작품에 편중된 논의도 선행 연구에서 되짚어보아야 할 문제이다. 그 문제는 시기의 면에서 나타난 편중과 상당 부분 겹친다. 시기가 편중되면 검토 대상도 당연히 줄기 마련이다. 작품집에 수록된 해설이나 작품집 출간 당시의 서평을 제외하면 소수의 작품이 반복적으로 거론되었다. 단순

---

2 이와 관련하여 문혜윤의 글에서 한 문장을 인용한다. "20대에 시작한 소설 쓰기는 70대의 노년까지 꾸준히 이어져, 단편과 중편을 합해 160여 편, 장편 17편이 남아 있다." 문혜윤, 〈소설가의 삶, 소설의 삶〉, 문혜윤 편, 《정한숙》(글누림, 2011), 11쪽.

3 대표적인 사례들을 들면 다음과 같다: 신상범, 〈한국 전후 소설의 주제의 양상〉(석사학위논문, 공주사범대학교 교육대학원, 1989. 2); 김찬기, 〈1950년대 소설의 전통지향성 연구—김동리와 정한숙의 소설을 중심으로〉(석사학위논문, 고려대학교, 1998. 2); 김현주, 〈정한숙 소설 연구—1950년대 작품을 중심으로〉(석사학위논문, 상명대학교, 1998. 2); 문상윤, 〈한국 현대소설의 결말 유형에 관한 연구—1950년대 단편소설을 중심으로〉(석사학위논문, 가톨릭대학교, 1998. 8).

거명의 수준을 넘어 본격적으로 논의된 작품으로는 중 단편에서 〈전황당인보기〉〈금당벽화〉〈고가〉〈IYEU도〉 정도이고 장편에서는《끊어진 다리》정도이다.[4] 정한숙이 남긴 방대한 작품의 양에 비하면 가히 빙산의 일각이 주목되었다. 작가론에 대표작을 선별하는 기능이 포함되어 있고 앞에 열거된 다섯 편도 그 선별의 결과일 것이다. 그런데 정한숙의 경우처럼 전체 작품과 대표작 사이의 양적인 불균형이 심각하다면 그간 주목되지 않은 작품들을 다시 살피는 시도도 필요하다.

선행 연구를 통해 파악된 정한숙 소설의 특징은 다양성이었다. 그 다양성은 주로 주제로서 세목화되는데 전통 지향성, 역사적 사실과 인물, 예술가 정신, 육이오 전쟁, 실향민 의식, 현대사의 모순과 질곡, 연애 세태, 도시인의 소외 등이 그것들이었다.[5] 방법에서는 우의적 기법이 다양성의 한 면모로 꼽혔다. 정한숙 소설의 특징을 다양성으로 포착한 선행 연구의 견해는 대체로 타당하다. 다만 구체적인 고찰이 수반되지 않아서 그 견해는 인상을 표현한 수준에 머문다. 다양성에 관한 견해는 마땅히 다양한 작품들을 통해 제기되어야 한다. 그런데 특정 시기와 작품에 편중된 연구는 다양성에 부합하지 않는다. 다섯 편 남짓한 작품을 거론하면서 다양성을 주장하기 어렵다. 연구의 시야를 대표작 이외의 영역으로 확장해야 다양성도 확인된다. 대상 시

---

4 문혜윤이 엮은《정한숙》의 제 3부 작품론에는《끊어진 다리》에 관한 작품론만 4편이 실려 있어 연구의 편중 현상을 상징적으로 보여준다. 문혜윤, 위의 책.

5 윤석달은 정한숙의 작품 경향을 8가지로 정리한 바 있다. 본 문장은 그 내용을 바탕에 둔다. 윤석달, 〈역사와 인간에 대한 폭넓은 탐구〉,《한국소설문학대계 33》(동아출판사, 1995), 554-555쪽.

기와 작품을 달리하는 연구들이 계속 산출되고 누적되어 이루는 상호 보완의 효과를 통해 정한숙의 소설 세계가 지닌 다양한 면모들이 제대로 드러날 수 있을 것이다.

정한숙의 소설 세계를 총체적으로 다룬 두 건의 학위 논문은 전술한 선행 연구의 현황 속에서 연구사적 의의를 부여받는다.[6] 그중 김재두의 논문이 실증적인 자료 조사에서 주요 작품들에 대한 해석적 논의에 이르기까지 충실한 연구성과를 제출하였다. 그런데 작품 세계의 통시적 고찰을 위한 시기 구분을 전기와 후기로 설정한 것은 재고되어야 한다. 통상 인간의 생애 주기는 소년기와 청년기, 중년기, 노년기로 구분된다. 생리와 정신의 면에서 시기별 특징이 뚜렷하기 때문이다. 정한숙의 창작 활동은 청년에서 중년을 거쳐 노년까지 진행되었다. 작가로서 그의 감각과 사유도 세월의 흐름과 더불어 변화를 겪었다. 전기와 후기로 양분한 접근법은 그러한 변화를 충분히 반영하지 못할 우려가 있다. 본 논문에서는 전기와 중기와 후기로 삼분하는 시기 구분이 실상에 더 가깝다고 판단하여 그의 회갑 이후를 따로 떼어 후기로 재설정하고자 한다. 1982년부터 1992년에 이르는 그 기간에 발표된 작품들은 노년과 관련한 그의 경험과 감회를 담아내고 있어서 시기적으로 그전에 발표된 작품들과 선명하게 대비된다. 전기와 후기의 이분법을 취한 김재두의 논문에서는 그의 중년기와 노년기를 한데 묶어 처리하고 있어서 그러한 차이가 간과되었고 노년기의 작품들에 대한 논의도 상대적으로 소홀했다. 특히 그의 작품 활

---

6 정한숙의 소설 세계 전반에 관한 연구를 표방한 학위논문은 다음과 같다: 정영아, 〈정한숙 소설 연구〉(석사학위논문, 고려대학교, 1998. 8); 김재두, 〈정한숙 소설 연구—주제의식을 중심으로〉(박사학위논문, 건국대학교, 2002. 2).

동 기간의 마지막 4년 동안 발표된 작품들은 그중 세 편이 제목만 거명되었을 뿐 제대로 논의되지 않았다. 정한숙의 소설 세계 전체를 대상으로 수행된 연구물의 사정이 그러하다면 그의 노년기 소설에 관한 연구가 거의 공백으로 남았다고 할 수 있다. 본 논문은 그 시기를 고찰함으로써 그 공백을 메우고자 한다.

2. 회고와 그리움

거의 모든 소설이 이미 일어난 일에 대한 추후 서술의 형태이므로 회고는 소설의 기본 속성이 된다.[7] 그러나 과거형 시제의 소설을 모두 회고적이라고 일컫지 않는다. 어떤 관습적 이해에 따라 회고적이라는 분류가 이루어지고 소설 본문의 전부나 일부가 회고적이라고 판단된다. 의미의 초점과 비중도 회고를 분별하는 데 작용한다. 가령 작중의 현재로부터 시간적 거리가 요원하고 현재와 관련성이 희박한 과거의 사건을 떠올리는 현재의 태도는 통상 회고적이라고 이해된다. 그러한 관습적 이해에 기대어 판단하건대 회고는 정한숙의 노년기 소설에서 뚜렷하게 드러나는 특징 중 하나이다. 주인공들의 평균 연령은 60대 중반에서 형성되고 그들이 돌이켜 기억하는 과거사의 출발 시점은 최근이 30년이고 그보다 더 먼 유년 시절까지 거슬러 올라가기도 한다. "60 고개를 넘어선 지도 오래인 나는 하루에도 몇

7 주네트는 사건과 서술의 시간적 선후 관계를 4가지로 분류하는데 그 중 추후 서술(subsequent narrating)은 이미 벌어진 사건을 나중에 과거 시제로 서술하는 형태이다. 그에 따르면 기존의 거의 모든 서사체가 추후 서술로 되어 있다. Gérard Genette, *Narative Doscourse*, trans. Jane E. Lewin(Cornell UP, 1980), 220쪽.

번씩 오늘의 시절이나 내일을 생각하기보다는 지나온 과거를 생각해 보는 일이 더 많다."[8]는 〈성북구 성북동〉의 진술대로 그 주인공들은 과거를 회고한다.

정한숙의 소설에 등장하는 노년의 주인공들이 회고하는 내용은 주로 그들의 생애이다. 전 생애가 회고되기도 하고 그중 어떤 시기가 선택적으로 회고되기도 한다. 〈성북구 성북동〉에서는 회고 주체인 '나'의 전 생애가 연대기적으로 서술된다. '나'는 성북구에서 나고 자라 노년에 이르기까지 그곳에 살았다. 성북구의 토박이인 '나'가 술회하는 그의 생애는 성북구 역사의 일부가 되기도 한다. '나'가 기억하는 어린 시절의 성북동은 사대문 안 여성들이 당일 소풍을 나오는 원시의 산골이나 다름없었다. '나'의 청소년기는 1930년대에서 해방에 이르는 식민지 시대 후반기에 해당한다. 성북동까지 신작로가 뚫리고 전차 철로가 깔리면서 개발이 진행되었다. 주택가가 조성되고 "술집이 생기고 가게가 들어서고 시장이 번창해지며 사람들의 마음도 변했다."[9] 일제 말 보통학교를 마친 '나'는 주물공장에 화부로 취직했고 동창생 김근호와 어울리면서 담배를 배웠고 술과 여자를 가까이하였다. 김근호는 일제 말 조선 지원병으로 입대한 후 전사했다. '나'는 해방 후의 혼란기에 청년회에서 활동했고 6·25전쟁 때는 그 경력 때문에 인민군에게 체포되었다. '나'는 북으로 향하는 포로 행렬에서 탈출하여 성북구로 돌아왔다. 선후 삼십여 넌 동안 성북구는 옛 모습을 더 찾아볼 수 없을 정도로 변했다. 정치권력의 무분별한 남용으로 성북

8 정한숙, 〈성북구 성북동〉, 《안개거리》(정음사, 1983), 247-248쪽.
9 위의 책, 229쪽.

구가 오염되고 파괴되었다고 생각하는 '나'는 '전후 세대의 피해의식과 산업화 시대의 소외의식'[10]을 지닌 인물이다. '나'는 별이 보이지 않는 밤하늘을 바라보면서 친구들과 별을 헤아리던 어린 시절을 그리워한다.

〈회심곡〉에서 노년의 연극 연출가 오명환은 대학로 공원 벤치에 앉아 자신의 지난 세월을 돌이킨다. 그의 기억은 6·25 전쟁이 발발하고 부모를 따라 피난길에 오른 시점까지 거슬러 올라간다. 그는 '전쟁의 두려움과 비참한 과정'[11]을 직접 겪었다고 한다. 그가 대학에 입학한 해는 4·19 이듬해였다. 사회는 혼란스러웠고 대학은 정치 토론장이었다. 그는 각종 모임을 찾아다녔으나 회의만 깊어졌고 그러던 중 탈춤 모임에서 비로소 답답한 마음이 풀어지는 경험을 하고서 그 모임에 열심히 나갔다. 군사정권이 들어서고 계엄령이 선포되어 운동권 학생들이 검거되는 와중에 그의 탈춤 모임도 깡패들의 습격을 당하기도 했다. 어느 날 성북천 골짜기를 따라 하숙집으로 돌아가던 길에서 그는 한 고택의 대문을 열고 나온 소녀와 마주쳤다. 나중에 그가 알게 된 사실에 따르면 소녀는 정신 이상자여서 집에 감금 상태로 지내고 있었다. 첫 대면 이후로 그는 소녀를 다시 보고 싶어 그 집 앞에서 발을 멈추곤 했으나 대문은 열리지 않았다. 그리고 전혀 의외의 일이 벌어졌다. 그가 다니는 대학교에 소녀가 나타났고 그와 소녀의 관계에 관한 추문이 교내에 퍼졌다. 그 후 소녀가 그의 하숙방에 들어오는 일도 벌어졌다. 그는 소녀가 항상 신경 쓰였지만, 소녀와의 관계를

---

10 송하춘, 〈결 고운 삼베, 혹은 무명 가닥〉, 《금당벽화》(고려대학교 출판부, 1998), 403쪽.

11 정한숙, 〈회심곡〉, 《고가》(둥지, 1991), 302쪽.

진전시킬 형편이 아니었다. 세상은 어지러웠고 그는 학교생활에 지쳐갔다. 학생들의 데모가 격화되고 정부의 탄압도 강경해지더니 휴교령이 내렸고 그는 입대했다. 제대 후 그가 소녀의 집을 찾아갔을 때 마침 대문이 열리고 영구차가 나왔다. 그는 소녀가 자살했다는 말을 들었다. 그는 대학에서 정치학을 전공했지만 졸업 후 연극 연출가가 되었다. 전통 연희를 활용하는 극작과 연출을 통해 그는 자기만의 연극 세계를 개척했고 애호가와 전문가로부터 좋은 평가를 받아왔다. 그는 저물녘의 공원 벤치에 앉아 자신의 생애와 함께 격변의 현대사를 돌아본다. "격랑의 파도 속을 헤치며 용케들 살아온 셈이다."[12]라고 그는 생각한다.

한 개인의 삶은 당대의 현실과 무관할 수 없고 그래서 그가 회고하는 과거는 지역과 국가의 역사에 포섭된다. 〈성북구 성북동〉에서 '나'의 회고는 성북구 역사의 일부가 되고 〈회심곡〉에서 오명환의 회고는 한국 현대사와 더불어 진행되었다. 〈쓰레기 터〉에서는 쓰레기 더미를 뒤져 고물 수집을 하는 노파의 회고를 통해 뚝섬의 역사가 소개된다. 노파에게 뚝섬은 똥파리로 기억될 만큼 불결한 곳이었다. 서울에서 실어낸 배설물을 채소밭의 거름으로 쓴 탓에 뚝섬 주민들은 파리 떼 속에서 살아야 했다. 뚝섬 앞 강물에 유람선을 띄우고 하는 장사는 채소 농사와 함께 주민들의 주 수입원이었다. 노파네 부부도 유람선을 마련하면서 살림이 나아졌지만 어느 해 여름 장마로 불어난 물결에 남편이 휩쓸려 죽었다. 채소밭에 배설물 뿌리는 일이 금지되면서 뚝섬에 파리가 줄었고 개발 바람과 함께 원주민들도 소유지를 팔고

12 위의 책, 324쪽.

뚝섬을 떠났다. 노파도 아들의 성화에 꺾여 땅을 팔았고 땅 판 돈으로 사업을 벌이다가 망한 아들은 음주 상태에서 오토바이를 몰다가 교통사고로 죽었다. 원주민이 떠난 후 뚝섬에 아파트들이 들어서고 강변도로에 자동차들이 줄을 이었다. 노파 같은 원주민과 무관한 발전이었다.

과거에 알고 지냈던 사람들에 대한 인상기도 회고의 주요 내용을 이룬다. 〈산에 올라 구름을 타고〉에서 '나'는 병신춤의 권위자 R여사와 판소리 명창 K여사를 떠올린다. 병신춤은 R여사가 고안한 춤으로 서민들의 애환과 한을 담아냄으로써 대중들에게 널리 사랑을 받았다. 30년 전 명동에서 알고 지낸 인연이 있어서 R여사는 '나'에게 공연 초대권을 보냈고 '나'는 공연을 보러 갔다가 K여사를 만난다. 과거의 불미한 사건 때문에 '나'는 K여사에게 미안한 감정이 든다. 기업인이자 정치인인 우곡은 '나'와 남촌 같은 현실적인 이해관계가 없는 친구들과 술을 마시면서 공무로 인한 정신의 피로 풀곤 했다. 한 번은 그런 술자리에 K여사가 불려와 판소리 한 대목을 불렀는데 남촌이 창을 마친 K여사를 옆자리에 앉히고 손을 잡았다. K여사는 남촌의 손을 뿌리치고 그 자리를 떠났다. K여사는 소리하는 일과 손 잡히는 일을 엄격히 구분함으로써 예인으로서의 자존심을 지키려 한 것이었다. R여사와 K여사는 한평생 자기 분야에 매진하여 일가를 이룬 예인들이었다. 〈편지〉에서는 화가 K의 예술과 삶이 '나'를 통해 회고된다. 30년을 친구로 지낸 K의 사망 소식을 접하고 '나'는 "거목이 쓰러지는 진동 소리에 오관이 마비되는지 의자에 앉은 채 몸이 움직여지지 않았다."[13] '나'가 아는 한 K는 자신의 그림 세계를 이루기 위해 평생 방황한 화가였다. 식민지 시대에 일본으로 유학을 가 그림 공부를 시작했고 6·25전쟁이 휴전된 후에는 프랑스 파리로 건너가 새로운 길을 모색했다. 5년의 체불 생활 후 귀국한 K는 잠시 국내에서 활동하다가 다시 미국으로 건너갔다. 시인 R의 전언에 따르면 K는 뉴욕의 좁은 아파트에서 쉼 없이 그림을 그렸다고 했다. R이 보기에 그 그림들은 K가 고향을 향해 쓰는 편지였다. K가 죽고 3년이 지난 후 '나'는 뉴욕에 들러 한 지인의 집에 머물게 된다. 그 집 거실 벽에 걸린 K의 그림을 보면서 '나'는 K의 뉴욕 그림을 편시라고 한 R의 말을 떠올린다. '나'는 취중에 K가 생시에 자신의 아파트에서 그림을 그리는 환영을 보고서 그에게 말을 건넨다. '나'는 "무슨 고집인가, 그렇게 타협을 모르니 문이 좁혀질 수밖에"[14]라고 안쓰러워하면서도 자신의 길에 매진하는 K를 응원한다. "그래 나도 무고해. 이렇게 말이야…$[15] K는 그렇게 말하며 '나'를 보며 미소 짓는다.

젊은 시절의 연애사는 정한숙의 후기 소설에서 주된 회고의 대상으로 선택된다. 앞서 살핀 〈회심곡〉에서도 그러한 선택적 회고의 양상이 나타난 바 있었다. 정신병을 앓는 소녀와의 사연이 오명환의 회고에서 큰 비중을 차지한다. 〈그러고 30년〉에서는 본문 전체에 걸쳐 젊은 날의 연애사가 회고된다. 광훈은 다방에서 우연히 재회한 정희와 남산길을 산책하면서 30년 전 자신과 그녀 사이에 있었던 일을 떠올린다. 6·25전쟁 직후 명동 거리에 예술가들 모여들었고 소설가인 광훈도 그 거리의 술집을 드나들다가 정희와 사귀세 되었다. 힘께 호텔에 들 정도로 관계가 깊어져도 정희는 자신의 정체를 숨겼다. 유부

13 정한숙, 〈편지〉, 《현대문학》, 1985. 4, 202쪽.

14 위의 책, 215쪽.

15 같은 곳.

남인 광훈에게 정희와의 사랑은 불륜이었다. 어느 휴일 정희는 광훈을 자기 집에 초대했다. 그 집에는 정희의 남편과 시어머니가 있었다. 광훈의 예상과 달리 정희는 독신녀도 전쟁미망인도 아니었다. 광훈은 아내에 대한 죄책감에도 불구하고 정희를 포기할 수 없어서 그녀에게 결혼하자고 요구했다. 그 요구를 받은 이후 정희는 이별을 의미하는 메모 한 장을 남기고 사라졌다. 그렇게 갑자기 사라진 정희를 광훈은 30년 만에 다시 만난 것이다. 정희는 자기 아들의 이름이 광훈의 이름에서 한 자를 따서 지었다고 알려줌으로써 그 아들이 자신과 광훈 사이에 났음을 암시한다. 전후의 혼란 속에서 방황하는 젊은 남녀의 모습이 그렇게 30년의 세월을 건너 되살아난다.

〈첫사랑〉도 〈그러고 30년〉과 유사한 방식으로 젊은 시절의 연애사를 전한다. 더위를 식히러 찾아간 정릉 계곡에서 박민구를 불러 세운 노부인은 그가 6·25 휴전 직후 명동에서 알게 된 이봉이다. 과거의 연인을 우연히 만나면서 〈첫사랑〉도 〈그러고 30년〉처럼 서사의 시계를 30년 전으로 되돌린다. 동향 선배이자 인기 소설가인 강기석이 박민구를 한 고급 요정으로 데려간 적이 있었다. 전쟁으로 폐허가 된 서울 거리에 그처럼 호사스러운 술집이 있다는 게 박민구로서는 의아했다. 이봉은 그 요정의 마담이었다. 이봉은 박민구를 보자 그날 장사를 접었고 객과 주인의 구분이 없이 모두 흥겹게 어울리는 술자리가 벌어졌다. 박민구로서는 전혀 예상치 못한 호사였다. 이봉의 본명은 이혜자였고 여학생 시절 유동춘과 연인 관계였지만 동춘의 부모가 반대하여 그와 결혼하지 못하였다. 혜자는 다방 여급으로 사회생활을 시작했고 해방 후에는 술집 하나를 인수하여 경영했다. 동춘은 의대를 나와 개인 병원을 열었다. 6·25 전쟁이 발발했고 혜자는 인공 치하의 서울에서 지냈고 동춘의 소식이 궁금해 그의 병원을 찾기도 했다. 동춘은 인민군에게 끌려간 뒤였다. 서울 수복에서 1·4후퇴로 이어지는 와중에 혜자는 동춘의 행방을 찾아다녔고 거제도 포로수용소까지 다녀왔다. 동춘을 닮은 박민구가 그런 혜자의 마음에 큰 파문을 일으킨 것이었다. 그 후 혜자는 거의 매일 일하는 시간을 피해 명동에서 박민구와 만나 어울렸다. 그렇게 일곱 해가 흐른 어느 날 박민구는 새로 친구가 된 영화감독 유인묵을 혜자네 요정으로 데려갔다. 혜자와 유인묵이 술잔을 서로 주고받으며 나누는 대화를 들으며 박민구는 유인묵이 혜자의 첫사랑 동춘이라는 눈치를 채게 되었다. 그 일 이후 혜자는 더 이상 명동에 나타나지 않았고 박민구도 혜자가 마담으로 있는 요정을 찾아가지 않았다. 그리고 세월이 흘러 박민구는 은퇴를 앞둔 노교수가 되어 있었고 혜자는 정릉 계곡 근처에서 여관을 운영하고 있었다. 박민구는 혜자의 여관으로 초대되어 술상을 받는다. 혜자는 "박 선생님한텐 정말 미안했습니다"[16]라며 과거에 박민구를 동춘의 대신으로 여긴 일을 사과한다. 박민구에게 그 일은 술에 취해 돌아보는 과거에 불과할 뿐이다.

정한숙의 노년기 소설에서 회고의 시선이 가장 멀리 가닿는 곳은 어린 시절이다. 양적 비중의 면에서 작품마다 차이가 있지만 어린 시절은 이 시기 그의 여러 작품에 삽화로 나온다. 어린 시절의 회고에는 실향민인 정한숙의 고향에 대한 그리움이 배어 있나. 그 그리움은 작중 화자나 주인공이 어린 시절을 보냈던 고향과 거기서 먹었던 음식을 떠올릴 때 절실하게 드러난다. 그 고향은 "비행기나 기차는 물론

16 정한숙, 〈첫사랑〉, 《안개거리》, 290쪽.

자동차가 어떻게 생겼는지도 모르고 평생을 마치는 그런 두메산골"[17] 이었다. "살구꽃도 피어 있었고 복숭아 꽃도 피어 있었다. 울타리가 없었던 집 뜨락 앞뒤엔 벌통이 있었고, 벌과 나비는 언제나 같이 어울려 꽃과 나뭇가지 사이로 날았다."[18] 여름이면 아이들은 개울에서 "가재를 잡고 개구리를 잡고 버들치를 건져내다가"[19] 벌거벗은 등이 햇볕에 그을려 허물을 벗기도 했다. 〈산딸기〉에서 실향민인 배상길은 3년 동안 전국을 헤맨 끝에 "전체 지형이 자기가 살던 고향과 흡사하다는 조건"[20]에 맞는 산골의 황무지를 발견한다. 그는 은퇴 후 그곳으로 내려가 집을 짓고 밭을 일구며 살아간다. 〈냉면〉에서는 실향민 친구들이 모여서 '이북식'으로 만든 갓김치와 순대와 냉면을 먹으며 즐거워한다. 〈산비둘기 우는 새벽〉에서 성오는 고향의 음식들을 떠올린다. 송기떡, 꼬장떡, 니차떡, 분떡 같은 떡 종류와 쉬지짐, 강냉이지짐, 민지짐, 돌감자지짐 같은 전 종류, 그리고 동치미에 만 국수와 김치말이가 열거된다. 성오는 "타향살이 40년 동안 단 한 번도 이런 음식을 먹어본 적이 없었다"[21]고 한다.

3. 은퇴와 세태

회고하는 현재는 회고되는 과거의 이면이다. 회고하는 현재가 있

17 정한숙, 〈산에 올라 구름 타고〉, 《금당벽화》, 212쪽.
18 정한숙, 〈산비둘기 우는 새벽〉, 《유혹》(거목, 1989), 111쪽.
19 정한숙, 〈북한산 진경〉, 《문학사상》, 1989.2, 205쪽.
20 정한숙, 〈산딸기〉, 《동서문학》, 1989.3, 70쪽.
21 정한숙, 〈산비둘기 우는 새벽〉, 《유혹》, 146쪽.

어서 과거를 돌이키게 된다. 뒤집어 말하면 회고는 회고 주체의 현재를 확인한다. 정한숙의 노년기 소설에서 그 현재가 회고되는 과거 못지않게 주목된다. 노년의 사유와 정서, 일상 등을 다룬 작품들이 주요 경향으로 두드러진다. 노년은 은퇴의 시간이면서 쇠락의 시간이다. 때가 되면 어떤 이들은 자리에서 물러나고 다른 어떤 이들은 사업을 접고 또 다른 어떤 이들은 가게 문을 닫는다. 신체의 능력이 저하되고 병고에 시달리기도 한다. 은퇴 이후의 시간을 관리하고 처리하는 일도 노년에게 주어진 과제가 된다. 성가를 한 자식들과 그 자식에게서 난 손주도 노년의 삶을 이루는 일부가 된다. 그러한 면모들이 이 시기 정한숙의 소설에서도 관찰된다. 은퇴 이후 삶의 터를 마련하는 일이나 자식들이 사는 모습이 주된 관심사로 다뤄진다. 할아버지로서 손주들에 대한 애정을 감추지 못하는 모습이 보이기도 한다.

정한숙의 노년기 소설에서 은퇴한 주인공들은 자연으로 향한다. 도시의 생활에 찌들고 지쳐 있던 그들은 은퇴 이전부터 자연에서의 삶을 동경해왔다. 〈산비둘기 우는 새벽〉의 상성오는 지하철 개통으로 자신의 사는 동네가 예전의 모습을 잃고 상업지구로 변모해가자 도봉산 쪽으로 이사를 결심한다. 개발이 시작되기 전까지만 해도 그의 집에서 풀벌레 소리와 새소리가 들릴 정도로 자연이 가까이 있었는데 이제는 소음과 악취가 그 소리를 대신했다. 도봉산 기슭은 유원지로 탈바꿈 중이지만 새로 이사한 집은 유원지에서 떨어져 있어서 주변 자연이 훼손되지 않은 상태이다. 수풀에서 들려오는 새 소리와 집 마당을 배회하는 산짐승들이 고향의 집을 떠올리게 하여 그는 만족스러워한다. 〈냉면〉에서 승두삼은 운수업을 아들에게 물려준 후 교문리에 터를 잡고 농장을 이루어 20년 넘게 농사를 지었다. 가축은 풀밭에 놓아 길렀고 곡식과 채소에는 퇴비를 썼다. 복합 사료나 화학 비료는 일절 사용하지 않아서 생산물들은 모두 몸에 이로웠다. 그는 친구들을 불러 그 생산물로 만든 음식을 함께 나누어 먹는 일을 삶의 낙으로 여긴다. 〈석등기〉는 퇴임이 임박한 한 노교수가 손수 전원주택을 조성하는 내용으로 되어 있다. 강완은 "정년퇴직 하고나면 서울을 떠나 한가한 곳에 자리 잡고 살고 싶은 욕망"[22]에서 20년 전에 사두었던 서울 근교의 임야에 집터를 마련하고 정원을 꾸미는 일에 몰두한다. 그는 전통 한옥의 건축법을 따라 볏짚과 석회와 숯과 소금 같은 재료로 집터를 다지고 토담을 쌓았다. 정원에는 잡초와 잡목을 최대한 활용함으로써 인공미를 배제했다. 그렇게 조성된 정원은 이웃인 송 의원네 정원과 대조된다. 거금이 들어간 송 의원네 정원은 강완의 정원에 비하면 억지스럽고 천박해 보였다. 송 의원이 강완의 정원이 탐이 나서 그것을 사들이려 하지만 강완은 거절한다.

〈출발이 다른 사람들〉은 세 인물을 통해 서로 다른 노년의 삶을 유형화하여 제시한다. 평생 전업 소설가로 살아온 송길수는 양수리에 지은 집에서 노년을 보내고 있다. 지병을 앓는 아내를 요양시킬 목적으로 지은 집이었으나 정작 아내는 이사하기 전에 세상을 떠났다. 그는 자연을 벗 삼아 소일하는 삶에 만족하고 여생을 그렇게 마칠 수 있기를 바란다. 경제계의 거목으로 불리기도 했던 구경삼이 은퇴 이후의 계획에 참고하기 위해 송길수를 찾아온다. 오랜 친구 사이인 그들은 밤늦도록 술을 마시며 대화를 나눈다. 구경삼은 노인을 소외시키는 사회 현실에 대해 불만을 토로한다. "멀리 갈 것이 아니라 중공이

22 정한숙, 〈석등기〉, 《한국문학》, 1987. 3, 165쪽.

나 일본을 보게, 정치는 물론 경제계 중심인물이 누군가… 모두 70대, 80대야, 그들에 비하면 우린 어린애들일세…”[23]라는 구경삼의 말에서 은퇴를 억울하게 여기는 그의 심정이 역력히 드러난다. 은퇴 후 송길수의 집 근처로 오겠다는 구경삼의 계획을 듣고서 송길수는 구경삼이 그렇게 하지 못할 것이라고 대답한다. 세속적 욕망을 버리지 못하는 한 구경삼이 자연으로 은퇴하는 일은 불가능하다고 송길수는 판단한 것이다. 황 노인은 송길수가 터를 구해 집을 짓는 일을 할 때부터 그를 도운 현지인이다. 양수리로 이사한 후로도 송길수는 여러 면에서 황 노인의 도움을 받으며 지낸다. 황 노인은 “일제때 보통학교를 졸업했을 뿐 별로 배운 것이 없었지만 타고난 성품이 유순했고 지혜로왔다.”[24] 아침부터 저녁까지 ‘하루해를 쪼개가며’ 부지런히 일하는 농부인 그는 문명의 이기를 번거로워할 만큼 자연과 벗하여 산다. 자식들이 서울에 살아도 그는 서울에 가는 법이 없어서 자식들이 그를 보러와야 한다. 노년에 대한 송길수와 구경삼과 황 노인의 태도는 뚜렷하게 대비된다. 송길수에게 노년은 은퇴하여 죽음을 준비하는 시기이다. 그가 아내의 시신을 이장할 자리를 발견하고 느끼는 후련함에는 그곳이 자신의 묘소이기도 하다는 의미가 내포되어 있다. 구경삼에게 노년은 은퇴라는 이름으로 타의에 의해 밀려나 소외되는 시기이다. 구경삼은 그러한 노년의 과정을 거부하려 한다. 세속적인 소유와 성취에 대한 집착이 그에게 노년을 받아들이지 못하도록 한다. 황 노인에게 노년은 생애의 그전 시기와 다름없는 현재일 뿐이다. 그

23 정한숙, 〈출발이 다른 사람들〉, 《유혹》, 213쪽.

24 위의 책, 219쪽.

는 "매일매일의 생활에 아무런 불만을 느끼지 않고 사는 사람"[25]이다. 송길수가 보기에 "넓은 자연 속에 유유자적하는 황 노인이야말로 완전한 자유인이었다."[26]

〈출발이 다른 사람들〉에 등장하는 세 인물은 노년의 태도와 관련하여 보편적인 유형으로서 의의가 있어서 이 시기 정한숙의 다른 작품들에 등장하는 인물들을 파악하는 데 참조가 된다. 송길수의 유형에는 〈산비둘기 우는 새벽〉의 강성오와 〈석등기〉의 강완이 속한다. 〈북한산 진경〉의 성구도 그 유형에 들어간다. 정년퇴직 후 북한산을 다니며 그림 그리는 일로 소일하는 그에게 자연의 아름다운 풍경이 큰 기쁨이 된다. 그는 산 너머 하늘을 바라보며 '자신이 가야 할 곳'[27]이라고 생각한다. 구경삼의 유형으로는 〈석등기〉의 송 의원과 〈늙는다는 것〉의 석운, 〈지팡이〉의 한봉구가 있다. 〈석등기〉에서 강완의 정원을 탐낸 송 의원은 구경삼처럼 진정한 은퇴가 불가능한 인물이다. 〈늙는다는 것〉의 석운은 늙었음에도 여성에 대한 이성애적 관심을 유지함으로써 남성성을 포기하지 않으려 한다. 〈지팡이〉의 한봉구는 골동품 감정의 권위자로서 부와 명예를 누리며 살다가 갑자기 쓰러져 병원에 입원한다. 퇴원 후 그는 걷기 어려울 정도의 지체 장애 상태가 되지만 재활에 힘쓴다. 아내와 한 마담의 부축을 받으며 걸음을 옮기는 그의 모습에서 삶에 대한 열망이 표현된다. 〈산딸기〉의 배상길과 〈냉면〉의 승두삼은 황 노인의 유형으로 분류된다. 그들도 황 노인처럼 '진정한 자유인'이다.

---

25 위의 책, 222쪽.

26 같은 곳.

27 정한숙, 〈북한산 진경〉, 위의 책, 214쪽.

노년의 관심이 은퇴나 소외, 병고와 같은 개인 신상에 국한되지 않는다. 노년도 현재에 지속 중인 삶이므로 세상에서 벌어지는 일에 초연하거나 무심할 수 없다. 이 시기 정한숙의 소설에서도 세태의 이런 저런 모습들이 다뤄진다. 노년에 접어든 작가의 시선에 비친 그 모습들은 대체로 부정적으로 파악된다. 〈대학로 축제〉의 동민은 대학 진학을 목적으로 상경하여 학원에 다녔지만 거듭 진학에 실패한 끝에 백수로 지낸다. 동민은 재수생 친구인 인묵과 어울려 다니면서 고향에서 보낸 학자금을 유흥에 탕진한다. 가짜 대학생 노릇을 하면서 여학생들을 성적으로 농락하는 일을 자랑삼는 인묵을 동민은 내심 부러워한다. 어느 날 동민은 한 잡지에 실린 경자의 글을 우연히 발견한다. 경자는 동민의 초등학교 동창으로 근로자 백일장에서 당선되어 관련 잡지에 소개되었다. 동민은 인묵에게서 배운 대로 성적인 쾌락을 취할 목적에서 경자를 유인한다. 경자는 공장에 다니며 중학교 과정을 공부하는 중이고 더 공부하여 교사가 되려는 꿈을 갖고 있다. 동민은 술과 감언이설로 경자를 꾀어 여관으로 데려가려 한다. 그러나 경자는 동민을 뿌리치고 공장 기숙사가 있는 도시행 시외버스를 탄다. 퇴폐적인 동민에 비하면 경자는 현재를 성실히 살면서 미래의 꿈을 일구는 젊은이이다. 이 작품은 동민과 경자의 대비를 통해 당대 젊은이들의 성적 방종에 경종을 울린다. 〈습작기〉의 '나'는 소설가의 꿈을 안고 상경하여 외판원으로 일하면서 야간대학에 다닌다. 한 신문사의 신춘문예에 시가 당선되어 '나'는 시인으로 등단하고 출판사에 취직도 한다. 어느 날 한 여자가 '나'에게 접근한다. '나'와 야간대학을 함께 다닌 그녀는 '나'의 신춘문예 당선 사실을 알고 있다면서 '나'에게 호감을 표시한다. '나'와 그녀는 곧 연인 사이가 되고 그녀가 '나'의 거처를 찾아와 '나'와 함께 밤을 보내기도 한다. 그녀와 사귐으로써 행복에 젖어 지내던 '나'는 거리에서 우연히 그녀가 다른 남자와 함께 호텔로 들어가는 장면을 목격한다. 이튿날 '나'가 그 장면에 대해 묻자 그녀는 자신이 누구를 만나 어디를 가든 '나'가 상관할 바가 아니라고 대답한다. 그녀는 "자기도 사랑하고 딴 사람도 사랑하고 싶은 것이 내 마음"[28]이라고 하면서 '나'의 분노에 대해 '바보 같은 짓'이라고 일축해버린다. '나'는 그녀와 헤어진 후 실의에 빠져 퇴근 후면 술집을 전전한다. 그러던 중 '나'는 한 술집에서 여종업원을 희롱하려다가 그녀의 냉정한 태도에 당황한다. 미스 김으로 불리는 그녀는 자신과 동생의 학비를 벌기 위해 술집에서 일하고 있었다. 미스 김은 야간대학을 졸업하고 교사가 되려 한다. 미스 김의 사정을 알고 난 후 '나'는 그녀에게 미안한 마음이 드는 한편 호감을 갖게 된다. '나'는 미스 김과 사귀면서 육체적 쾌락과는 다른 정신적인 사랑에 대해 알게 된다. 미스 김을 만나서 방황을 끝낸 '나'는 소설 쓰기에 정진하여 신춘문예에 당선된다.

〈대학로 축제〉와 〈습작기〉는 건전한 의식으로 성실하게 사는 경자와 미스 김을 통해 당대 젊은이들의 개방적인 성 의식에 대한 우려와 경계를 표명한다. 본질적 가치가 외면을 받고 윤리적 원칙이 훼손되는 사태에 대한 우려와 경계는 이 시기 정한숙의 다른 소설에서도 포착된다. 〈안개거리〉에서 H방송국 심야 라디오 프로그램의 담당자인 오하인은 청취자들이 보낸 사연을 정리하다가 밖으로 뛰쳐나간다. 70세 노인에게 재취로 들어간 젊은 부인이 외간 남자와 관계하여 임

28 정한숙, 〈습작기〉, 위의 책, 163쪽.

신했다는 사연은 오하인을 심한 혼란에 빠트리고 자신의 직업에 회의하게 한다. 〈유혹〉에서는 물건 구매를 빌미로 젊은 영업 사원과 관계를 맺으려는 유한부인이 비판의 대상이 되고 〈이타원에서〉의 화자는 유흥가로 변한 이태원을 보며 비애를 느낀다.

정한숙이 본질적 가치와 윤리적 원칙을 고수했다고 하여 세태의 변화를 아예 부정한 것은 아니다. 〈거리〉에서는 세태의 변화를 수용하는 유연한 태도가 읽힌다. 향원은 수석 취미가 유행하는 당대의 현상을 곱지 않은 시선으로 바라본다. 애석가라는 이들이 수석을 찾는다면서 자연을 훼손하고 수석이 돈벌이의 수단이 되고 있었다. 평생 고서화와 수석을 벗하여 살아온 향원에게 그러한 현상이 무식하고 천박해 보인다. 향원의 아들인 병걸도 아버지를 따라 어려서부터 수석을 취미로 삼았다. 수석에 대한 병걸의 취향은 동시대의 유행을 따르는 쪽이어서 그 문제로 향원은 병걸과 토론을 벌인다. 아들과의 토론을 통해 향원은 "과거에 대한 회상과 미래 지향의 의지, 그 사이엔 거리가 있는 것이 분명하나."[29]라고 서로의 차이를 인정한다. 새로운 것은 그것대로 가치가 있다는 것이 변화하는 세태에 대해 갖게 된 향원의 인식이다. 향원이 병걸의 요구를 받아들여 주택에서 아파트로 이사하는 데에도 그러한 인식이 자리한다. 〈대학로 축제〉와 〈습작기〉 같은 부류의 작품들에 〈거리〉가 연결됨으로써 노년의 정한숙이 세태에 대해 취한 태도가 비교적 뚜렷해진다. 그는 기본이나 원칙을 지키면서 변화를 수용하려 했다.[30]

29 정한숙, 〈거리〉, 《창녀와 복권》(청한문화사, 1988), 190쪽.

4. 사랑과 죽음

현재의 모든 삶은 미래의 어느 시점에 죽음에 이른다. 소년과 청년에게 미래는 기대와 가능성의 시간이다. 죽음은 그 기대와 가능성에 가려 보이지 않는다. 중년에게도 미래는 그 정도는 덜할지언정 여전히 기대와 가능성을 내장한 시간으로 전망될 것이다. 그러나 노년에게 미래는 기대와 가능성 대신 죽음에 이르는 시간으로 인식된다. 죽음에 대한 예감이 현재의 삶을 우울하고 절망스럽게 만들기도 할 테지만 삶의 열망을 증폭하는 정반대의 효과를 빚기도 한다. 그 뜨거운 삶의 열망이 〈귀울림〉과 〈마지막 불꽃〉에서 펼쳐진다.

〈귀울림〉에서 민철은 친구인 김 회장이 온양에서 급사했다는 연락을 받는다. 노년에 접어들어 친구의 부고를 받는 일이 민철에게 그다지 새롭지 않은 일이지만 김 회장의 경우는 의외이다. 민철은 근자에 김 회장과 술자리에서 어울렸고 그의 건강한 모습을 보았다. 민철은 김 회장의 갑작스러운 죽음의 이유로 그의 오래된 습관을 떠올린다. 김 회장이 젊은 여성을 동반하고 온천장을 찾아가 휴식을 취하곤 한다는 사실이 친구들 사이에 익히 알려져 있었다. 김 회장은 '마누라의 학대'를 견디지 못해 탈출하는 것이라고 했지만 그의 일탈은 친구들의 부러움을 샀다. 부부 사이의 어떤 오해가 있어서 김 회장이 집 밖으로 떠돌았을 것이라고 민철은 막연히 추측하던 터였다. 조문을 앞

---

30 김인환은 "전통적 가치와 근대적 의식을 동일하게 긍정하고, 가치의 전환에 요구되는 긴 시간을 고려해야 한다는 것이 정한숙의 견해"라고 파악한 바 있다. 정한숙이 노년기에 세태에 대해 취한 태도에서도 그러한 견해가 유지되었다. 김인환, 〈긍정의 미학〉, 정한숙, 《거문고 산조》(예성, 1981), 260쪽.

두고 만난 친구들의 점심 식사 자리에서 김 회장의 죽음과 관련한 말들이 오간다. 60을 넘긴 나이에 집에서 위안을 얻지 못하고 떠돌다가 객사한 김 회장을 두고 친구들이 서글퍼하는 데 반해 강 사장은 '극락왕생'이라고 한다. 젊은 여자와 정사를 벌이다 맞은 죽음이 행복이라는 것이 강 사장의 주장이다. 김 회장이 최후를 맞는 자리에 있었던 여성은 친구들의 예상과 달리 서 마담이 아니라 미스 오라는 사실도 알려진다. 서 마담은 김 회장이 자주 찾은 술집의 주인이었고 미스 오는 거기에서 일하는 여성이었다. 민철에게 김 회장은 '태양만큼이나 정열적인 해바라기꽃'[31]처럼 상상된다. "어떻게 생각하면 김 회장은 해바라기의 화신인 듯 싶은 생각도 들었다."[32] 김 회장의 죽음은 만개한 해바라기꽃이 갑자기 목이 부러져 떨어진 것 같은 모습처럼 여겨진다. 민철이 조문을 마치고 빈소에 머무는 동안 미스 오가 나타난다. 자기의 몸 위에서 죽은 남자의 장례식장에 나타나 분향한 후 영전에 고개를 숙이고 그 남자의 부인에게 조의를 표하는 미스 오가 민철에게는 '독한 여자'로 보인다. 강 사장도 "대단한 애로군"[33]이라고 한마디 한다. 민철은 미스 오에게서 보이는 지독함이 사랑에서 비롯한다고 이해한다. 미스 오의 젖은 눈시울을 보면서 민철은 그녀가 단지 금전적 대가를 위해 김 회장과 온천에 동행한 것이 아니었다고 짐작한다. 미스 오가 "김 회장을 사랑했던 것이 분명했다."[34]고 민철은 판단한다. 김 회장이 미스 오와 한 사랑은 그가 삶의 마지막에 피운 해바라기꽃이었다.

---

31 정한숙, 〈귀울림〉, 《한국문학》, 1989. 10, 130쪽.

32 같은 곳.

33 위의 책, 133쪽.

〈마지막 불꽃〉에서는 죽음을 앞둔 여성의 질투가 화염처럼 타오른다. 병석에 누워 간병인을 타박하고 기섭의 거동에 신경을 곤두세우는 김안옥은 한때 명성이 자자했던 인기 소설가였다. 기섭은 잡지사 기자로서 연재소설의 원고를 받기 위해 안옥의 집을 드나들다 그녀와 가까워졌다. 안옥이 원고 마감 날짜를 어기는 일이 잦았고 기섭은 안옥의 집에서 원고를 기다리다가 자정을 넘기기 일쑤였다. 그러는 사이 안옥과 기섭은 서로 사랑하는 사이가 되어 동거를 시작했다. "기섭을 남의 눈에 띄지 않은 곳에 숨겨두고 혼자 즐기고 싶었던"[35] 안옥은 시 외곽으로 이사를 했다. 그때 안옥은 40대 중반이었고 기섭은 20대 후반이었다. 안옥은 한 번 결혼한 경력이 있었고 해방 후 월남하여 한 유부남 시인과 동거했는데 그는 전쟁 중에 종군작가단으로 활동하다가 전사했다. 16살의 나이 차에도 불구하고 안옥과 기섭은 30년을 함께 살았다. 안옥이 늙어감에 따라 그들의 사이는 멀어졌다. 기섭을 사로잡았던 미모는 사라졌고 건강마저 쇠하여 그녀는 자리보전의 상태에 이른다. 기섭은 애정보다는 의리와 동정심에서 안옥을 떠나지 않았다. 안옥은 나이가 72세인데다 와병 중인 처지임에도 "건강만 지탱된다면 기섭과 둘이서 세상 부러울 것 없이 오붓이 살고 싶은"[36] 소망을 포기하지 못한다. 안옥은 흑염소탕을 약으로 달여온 파출부를 의심하기도 한다. 흑염소탕이 '남자들 정력제로 효과가 있다는 것'[37]이 그 의심의 이유이다. "젊은 파출부가 자기를 빙자하여 흑염소를 잡게 하고 그것을 기섭에게 먹이고…"[38]까지 상상이 미치자 안옥

---

34 같은 곳.

35 정한숙, 〈마지막 불꽃〉, 《동서문학》, 1991. 3, 208쪽.

36 위의 책, 204쪽.

은 분노를 이기지 못하고 파출부를 내보낸다. 젊은 파출부에 이어 나이가 지긋한 파출부를 새로 들인 뒤에도 안옥은 집안의 동정에 청각을 곤두세운다. 깊은 밤 잠에서 깬 안옥은 기섭과 파출부가 이층으로 올라가는 소리가 들렸다고 생각한다. 안옥은 격렬한 질투를 이기지 못하고 혼신의 기운을 다해 계단을 기어 올라가서 파출부의 방으로 간다. 안옥은 자기의 방에 혼자 있는 파출부를 보며 "너, 누구냐. 기섭이 어데 갔느냐 기섭인 안 돼. 기섭이 어데 갔냐."[39]며 고함을 지른다.

〈귀울림〉의 김 회장과 〈마지막 불꽃〉의 안옥은 죽음이 임박한 시점에서도 삶의 열망을 포기하지 않는다. 오히려 그 열망은 더 강렬하게 타오른다. 그들은 〈출발이 다른 사람들〉의 세 유형 중 구경삼의 유형에 속한다. 김 회장과 안옥도 구경삼처럼 노화와 죽음을 받아들이지 않는다. 사랑은 김 회장과 만옥에게 살아 있음의 증거이자 이유가 된다. 그들은 연령차가 현격한 이성과의 사랑을 통해 노년과 죽음을 거부한다. 김 회장은 젊은 여성과의 정사를 통해 세월을 가로지른다. 만옥의 불같은 질투는 72세라는 나이를 무색하게 한다. 늙으면 사랑이 식고 욕망이 사그라든다는 것이 세간의 통념이다. 정한숙은 〈귀울림〉과 〈마지막 불꽃〉을 통해 그 통념을 부정한다. 살아 있는 한 사랑은 멈출 수 없다는 그의 생각은 그 두 작품 말고도 노년기에 꾸준히 발표된 연애 주제의 다른 작품들에서 확인된다. 〈전화〉에서 한 젊은 과부가 자기 집에 하숙생으로 들어온 법대생 창훈과 연인 관계가 되어 그의 아이를 갖는다. 그녀는 하숙을 접고 어려운 살림 속에서 창훈의 고시

37 같은 곳.

38 같은 곳.

39 위의 책, 215쪽.

공부를 뒷바라지하지만 창훈은 고시에 합격한 후 여인을 떠난다. 여인은 창훈의 아들인 길수를 혼자 기르면서도 죽을 때까지 길수에게 아버지에 관한 말을 하지 않는다. 여인은 자신이 죽거든 창훈에게 연락하라는 말을 유서에 남긴다. 〈우뢰〉에서 환태는 바삐 사느라 아내를 소홀히 대했고 세월이 갈수록 부부 사이는 소원해졌다. 환태와 그의 아내는 함께 떠난 여행을 통해 부부 사이의 애정을 회복한다. 〈숫고양이〉에서 해청은 아내인 은경의 결혼 전 남자관계가 궁금하여 그녀의 일기와 사진첩을 몰래 뒤져본다. 그 사실을 알게 된 은경은 이혼한 후 외국으로 유학을 떠난다. 비뚤어진 애정이 빚은 병적 집착이 부부 관계를 파탄에 이르게 한 것이다. 〈인과〉는 상준과 혜은의 기이한 인연으로 서사가 전개된다. 그들은 초등학교 동창이었고 대학의 연극제에서 연극 무대의 남녀 주인공으로 다시 만나 서로 연인으로 지내다 헤어진다. 혜은이 우울증이 악화되어 정신병동에 환자로 입원하는데 그곳의 의사인 상준이 그녀를 돌보게 된다. 〈무애 탈〉에서는 암자에서 수행 중인 달마가 겨울 등산길에 조난 상태에 처한 혜숙을 구조한다. 달마는 혜숙이 떠난 후 그녀를 잊지 못하여 속세로 내려가 그녀와 결혼한다. 남녀 간의 사랑은 정한숙이 애용한 주제 중 하나로서 그 기조는 그의 노년기 소설에서도 지속되었다. 본 논문의 2와 3에서 검토된 작품들도 남녀 간의 사랑을 주요 주제로 함의하고 있었음을 여기서 환기해두고자 한다. 과거의 연애사가 회고의 대상이 되었고 당대의 세태 중에서 청년들의 연애와 성 풍속이 주목되었다. 사랑은 삶의 다른 이름이기도 하다는 것이 정한숙의 일관된 생각이었다.

5. 마치며

정한숙은 1992년 생애의 마지막 소설을 발표하고 5년을 더 살았다. 본 논문이 후기로 설정한 기간에 그는 한 해 다섯 편꼴의 소설을 발표했다. 노년기 작가에게는 이례적이라고 할 정도로 왕성한 생산력을 과시했다. 그 관성대로라면 그는 죽음에 이를 때까지 소설 쓰기를 계속할 것처럼 보였다. 그래서 작품 활동기의 끝과 생애의 끝 사이의 불일치도 눈여겨볼 만한 대목이다. 그의 마지막 발표작인 〈칠보 브로치〉가 주목되는 이유이다. 40대 과부인 오 여사는 남편과 사별하고 10년 동안 몇몇 남성들과 사귀었다. 오 여사로서는 혼자 사는 외로움을 달래려는 "필요에 의해서 맺어졌던 관계였다."[40] 작중 현재에는 건축 설계사인 이명식과 애정 관계를 2년째 유지해오고 있다. 유부남인 이명식은 한 주에 한 번꼴로 오 여사의 아파트에 들렀다. "오 여사가 남편과 사별 후 걸어온 행적을 그도 이해하고 있는 처지였"[41]지만 그들은 애정 문제로 종종 다퉜다. 오 여사는 이명식이 자신을 단지 욕망의 대상으로 삼는다고 의심하고 이명식의 아내에 대한 질투를 드러내기도 한다. 이명식은 오 여사가 애용하는 나비 브로치를 깨트리고 그 대신 칠보 브로치를 선물한다. 나비 브로치는 죽은 남편이 오 여사에게 선물한 것이었다. 오 여사는 이명식과의 관계가 칠보 브로치처럼 "그렇게 아름답고 화려하기를 바라고 싶었다."[42]로 작품은 끝을 맺는다. 정한숙이 생애에 마지막으로 발표한 작품이라는 사실이 이 작

40 정한숙, 〈칠보 브로치〉, 《현대문학》, 1992. 8, 81쪽.

41 위의 책, 80쪽.

품에 내포된 주제적 의미의 한 국면을 환기한다. 오 여사의 연애를 긍정적으로 이해하는 서술자의 시선에서 삶과 죽음에 대한 작가의 생각이 읽힌다. 누군가의 죽음 이후에도 남은 이들의 삶은 계속되고 또한 계속되어야 한다는 것이 이 작품에 묻어둔 그의 생각이다. 오 여사의 죽은 남편이 소설가로 설정한 부분도 예사로 보아 넘기기 어렵다. 굳이 그렇게 설정해야 할 필연적인 이유가 작중에서 파악되지 않는다. 서사의 전개를 위한 기능적인 차원에서 판단하자면 남편이 죽었다는 사실이 필요할 뿐이지 그의 직업이 무엇이든 상관이 없다. 따라서 '죽은 소설가'는 작품 외적인 맥락을 추가하여 해석해야 할 약호로 간주된다. 정한숙이 작품 활동을 중단한 시점과 사망 시점 사이의 시차는 그가 자신의 의지로 소설 창작을 접었다는 추정을 가능케 한다. 그는 이 세상과 작별하기에 앞서서 자신의 정신 속에 거주하던 소설가를 미리 정리한 듯하다. '죽은 소설가'는 그의 결정이 내포된 약호로 읽힌다. 그는 소설 창작의 종언을 고하는 약호를 자신의 마지막 작품에 그렇게 은밀히 새겨 넣은 것이다.

다소 평범해 보이는 작품 속에 표 나지 않게 숨겨진 '죽은 소설가'의 약호는 평생의 업으로 해온 일을 문득 아무 미련 없이 접은 정한숙의 모습을 그려보게 한다. 1992년 여름의 초입인 어느 날 그는 펜을 내려놓고 의자에 앉은 채 오래도록 창밖을 바라보고 있었을는지 모른다.[43] 완성을 향한 열망은 허락하되 완성되지 않은 것이 예술이다. 소설 창작도 예술 행위의 하나이므로 소설가는 그의 생애를 통해 완성의 경지에 이를 수 없다. 완성을 위한 과정을 계속할 뿐이다. 정한

42 위의 책, 93쪽.

숙은 그 숙명을 담담히 받아들인 듯하다. 자신의 생애에서 소설 쓰기는 그만하면 됐다고 여긴 듯하다.

43 〈칠보 브로치〉가 1992년《현대문학》8월호에 발표되었으므로 정한숙이 원고를 끝낸 시점은 그해 6월의 어느 날이었을 것이다.

말년의 글쓰기

정한숙의 시와 수필 창작의 의미

김종훈

1. 들어가며

정한숙(1922-1997)은 평안남도 영변에서 태어나 1946년《예술조선》에 〈흉가〉를, 1955년《한국일보》에 〈전황당인보기〉를 발표하며 소설가로서의 면모를 본격적으로 선보였다. 그는 또한 1956년부터 30여 년간 고려대학교 국어국문학과에 재직하면서 '현대 소설'과 관련한 교과목을 맡아 학생들을 가르쳤다. 그가 남긴 연구서는《현대한국소설론》(1973),《소설문장론》(1973),《소설기술론》(1975),《한국문학의 주변》(1975),《해방문단사》(1980),《현대한국문학사》(1982) 등이 있는데, 제목에서도 확인할 수 있듯 그의 전공은 현대 한국 소설이었다.

1987년 정년을 맞이한 그는 이듬해부터《나무와 그늘 사이에서》(열음사, 1988),《잠든 숲속 걸으면》(문학사상사, 1989),《강강수월래》(둥지, 1991) 세 권의 시집을 1, 2년 간격으로 발간하였고, 같은 시기에《꿈으로 오는 고향내음》(해문출판사, 1988)과《공자는 남자인가 여자인가》(혜진서관, 1992) 두 권의 수필집을 발간하였다. 창작과 연구와 교육의 영역을 현대 소설 중심으로 꾸려온 그의 행적을 염두에 두면 이와 같은 행보는 낯설어 보인다. 이전에는 볼 수 없었던 시집과 수필집이 이 시기 집중적으로 출현한 것이다.

소설가가 말년에 이르러 발간한 시집과 수필집은 소위 '말년의 양식'인 것 같다.[1] 소설 창작 이외에 시와 수필을 쓴다는 것은 자연인으로서의 욕망을 드러낸다는 말과 다르지 않다. 인물과 사건을 경유하여 메시지를 전하는 소설과 달리 시는 직접 일인칭의 감정을 드러내는 데 용이하다. 수필 또한 인물을 가공할 필요 없이 일인칭의 감정과 인식을 자유롭게 드러낸다. 시집과 수필집 모두 일인칭에 주목한다는 점, 모두 정년 직후 집중적으로 발간되었던 점 등은 소설 창작과 교육에 부과되었던 의무감의 무게를 간접적으로나마 환기하는 듯하다. 그렇다면 이를 부담감을 떨쳐버린 정년 즈음의 여기로 파악해야

---

1 에드워드 사이드,《말년의 양식에 관하여》, 정호연 역(마티, 2012), 28-29쪽 참조. "예술적 말년성이 조화와 해결의 징표가 아니라 비타협, 난국, 풀리지 않은 모순을 드러낸다면 어떨까? (…) 나는 조화롭지 못하고 평온하지 않은 긴장, 무엇보다 의도적으로 비생산적인 생산력을 수반하는 말년의 양식을 탐구하고 싶다". '비타협의 산물'로서 통용되는 이 말의 의미와 정한숙이 실천한 말년의 글쓰기의 의미가 포개진다고 말하기는 어렵다. 사이드가 쓴 '양식'의 뜻은 '문체[style]'를 가리키는 것으로 동일한 장르 내에서 일어나는 개성의 변화를 가리키는 반면, 정한숙의 경우는 '장르[genre]' 자체의 전환을 가리킨다. 그가 소설 장르에 대한 비타협의 결과로 시집과 수필집을 냈다고 보기에는 이들 사이의 관계는 상호 보완적이고, 시집과 수필집이 발간된 1988년, 1989년에 각각 《창녀와 복권》,《유혹》이라는 단편 소설집을 낸 사실(문혜윤 편,《정한숙》, 글누림, 2011의 '작가 연보')을 고려하면 그는 기존의 양식에 균열을 내기보다는 새로운 양식을 더했다고 보는 것이 적절해 보인다. 이 글의 논지에 부합하는 용어는 '말년의 장르'이지만, 이 '장르'가 '양식'을 경유하여 '문체'와 혼동될 소지가 있으므로, 제목을 '말년의 글쓰기'로 사용하고자 한다.

할까. 소설집 또한 같은 시기에 발표되었다는 사실은 차치하고서라도, 시집과 수필집 곳곳에서는 고조된 감정과 정신의 긴장을 확인할 수 있다. 이 시기 정한숙이 남긴 새로운 시도가 이전까지 주력했던 소설 양식에 대한 비타협의 산물도 아니지만, 한가한 여기도 아니라는 지점에서 이 글의 문제의식이 조성된다.

정한숙의 수필집과 관련한 선행 연구는 드문 편이다. 시집과 관련한 평은 그나마 각각의 시집에 수록된 해설을 참조할 수 있다. 첫 번째 시집《나무와 그늘 사이에서》해설에서 정진규는, 그의 시가 '그늘'을 거느리고 있다는 세간의 평에 동의하면서 시집에 내재된 '동심의 세계'와 '순정함의 세계'에도 주목할 필요를 역설한다. 그 순정함이 순정했던 시기인 고향 시편을 쓰게 했다는 것이다.[2] 두 번째 시집《잠든 숲속 걸으면》의 해설에서 오세영은 특별한 기교 없이 '노년기의 자기 성찰'로 이뤄진 시들이 시집의 많은 부분을 차지한다고 말하며 그의 주된 시 의식은 '실향 또는 망향 의식'이라고 분석한다.[3] 그리고 세 번째 시집《강강수월래》발문에서 박재삼은 '실감' '인생론' '순리'를 정한숙의 시적 개성으로 꼽았다.[4]

앞선 세 편의 선행 연구의 공통점은 '고향'과 '순정함'이다. 시집에 '고향'에 대한 그리움이 지속적으로 드러나는 한편, 별다른 기교를 사용하지 않은 '순정한 말'이 체험을 바탕으로 진술되었다는 것이다. 부

2 정진규,〈따뜻한 심성, 순리의 길〉,《나무와 그늘 사이에서》해설(열음사, 1988), 108-109쪽.

3 오세영,〈삶과 진실〉,《잠든 숲속 걸으면》해설(문학사상사, 1989), 131쪽.

4 박재삼,〈정한숙 선생 고희기념 시집에 부쳐〉,《강강수월래》발문(둥지, 1992), 194-195쪽.

연이 필요한 부분은 '순정한 말'일 것이다. 이는 자유로운 글쓰기 양식인 수필은 차치하고서라도 시 창작의 과정에서도 비유나 운율 같은 개별 고유의 예술적 특성을 고려하지 않았다고 이해할 수 있다. 시와 수필 창작은 전방위 예술가로서의 면모보다는 자연인으로서의 면모를 드러내기 위한 선택이었던 것처럼 보인다.

정한숙의 시와 수필에 대한 분석은 소설에서는 확인하기 어려운 자연인 정한숙의 내면세계를 파악하는 데 근거를 제공하며, 나아가 그가 지닌 작가이자 자연인으로서의 종합적인 면모를 파악하는 데 도움을 줄 것이다. 이와 같은 목적을 염두에 두고 판단하건대, 회상과 관찰, 리듬과 소묘 등 세 권의 시집이 각각 지향하는 세부적인 차이에 주목하여 그 개성을 드러내는 것보다는 그 안에 있는 공통적 소재에 주목하여 그것이 지닌 맥락을 보충하는 것이 온당해 보인다. '고향', '얼굴' 등은 그의 시집과 수필집에 꾸준히 등장하는 주요 모티프이다. 이 글은 일인칭의 기원과 정체성을 상징하는 이들의 의미를 되짚는 과정을 통해 작가 정한숙의 종합적인 면모를 헤아리고자 한다.

2. 실향 의식의 보편화

서북 출신 문인은 한국현대문학사에서 중요한 위치를 점유한다. 그중 평안북도 정주는 김소월과 백석 등 이전의 문학사와 차이를 보여준 시인들의 고장이었다. 정한숙의 고향은 김소월의 〈진달래꽃〉에 등장하는 영변이다. 정주와 영변은 50 km 정도 떨어져 있다. 그가 직접 수필에서 소월을 언급하는 것에서 미루어 판단하건대 이 정도의 거리는, 특히 소월이 자신의 대표시에 직접 영변을 언급한 것을 염두에 두면 심리적 거리는 가까워 보인다.

> 내 고향은 평안북도 영변이다. 나한테도 그런 고향이 있다. 생각나면 훌쩍 고속버스에 몸을 실어 다녀올 수 있는 그런 고향이 아니라, 지금은 꿈속에서나 가보는 고향이 내 가슴에 살아 있다. 다녀오면 마음 포근해지는 미더운 고향이 아니라, 그냥 두고 나와 내내 마음 놓이지 않는 애달픈 고향이다. (…)
>
> 소월이 아름 따다 뿌리고 싶었던 진달래꽃의 약산은 그 서쪽에 있는 산이다. 동관암에서 바라본 달은 약산 기슭을 타고 넘어간다. 소월이 아니더라도 약산은 어차피 잊지 못한 산이요, 아름 따다 뿌리고 싶은 진달래꽃이 아니더라도 그것은 어차피 아름다운 산이다.
>
> 내가 지금도 잊지 못하는 것은 약산 동대다. 동대까지 가는 길엔 울창한 솔밭이 있다. 내가 어렸을 때는 낮에도 호랑이가 길손을 인도한다는 무서운 송림이다.
>
> —〈영변 약산 동대〉, 2수필집, 12-13쪽[5]

첫 번째, 두 번째 수필집 모두 앞에 등장하는 소재가 고향이다.[6] 첫 시집의 앞에 등장하는 시편도 고향 연작이었다. 그가 실향 의식을 전

---

5 이 글은 정한숙의 시와 수필을 본문에 인용할 경우, 수록 시집과 수필집의 표기를 '1, 2, 3시집', '1, 2수필집'으로 제시한다. 1, 2, 3시집은 차례로《나무와 그늘 사이에서》(열음사, 1988),《잠든 숲속 걸으면》(문학사상사, 1989),《강강수월래》(둥지, 1991)이며, 1, 2수필집은 차례로《꿈으로 오는 고향내음》(해문출판사, 1988)과《공자는 남자인가 여자인가》(혜진서관, 1992)이다.

6 1수필집 첫 수필의 제목은 표제작인 〈꿈으로 오는 고향내음〉이고, 2수필집 첫 수필의 제목은 〈영변약산동대〉이다.

면에 내세운다는 점과 소월의 이름을 직접 언급한다는 점은 주목할 만하다. 이후 살펴보겠지만 그는 유년 시절 직접 시를 쓰며 밤을 새운 적도 있었다. 이처럼 그에게 시 창작 체험의 역사는 유서가 깊은데, 소월의 시에서 확인할 수 있듯 고향의 분위기가 그를 시 쓰기로 인도했다고 해도 억측은 아닐 것이다. 고향에 대한 시를 살펴보자.

동쪽엔 모란봉
서쪽엔 약산동대
그 허리를 씻고 흐르는 구룡강
북쪽엔 밀운산
남쪽엔 봉화대 있던 남산
그 발밑에 용추강이 꿈틀거린다
산천은 그대로인데
고향은 옛 모습 아니로다
사람은 간 데 없고
거리는 쓸쓸한데
옛 집처에 홀로 살구꽃이 피었구나
안개사다리 내려와
거리를 살피니 아라사 병정과 졸개들에 쫓기던 날
밤 불안과 공포가 되살아 온다
몸을 움직일 수 없는데
어데선가 아침 닭이 회치고 우는 소리에
잠깨어 바라보니 요 위로다
무심코 머리를 쓰다듬으니

초소에서 열 아홉 살 미군 졸병에게
디디티 세례받고
잘가라고 둥둥이 치던 옛일이 어제로다

—〈고향·3〉 부분, 1시집

첫 시집 처음에 배치된 '고향' 연작 중 한 편이다. 꿈속에 모란봉과 약산 동대 구룡강과 밀운산과 남산과 용추강이 차례로 등장한다. 마치 잊어버리지 않기 위해 되뇌는 것처럼 보이는데, 그 덕에 고향의 세부 모습이 생생히 묘사되었다. '산천은 그대로인데 인걸은 간데없다'는 취지로 등장한 것을 염두에 두면, 구체적인 지명이 등장하는 부분은 종속절에 해당한다. 그러나 고향을 채운 낯선 얼굴에서 비롯한 허무감을 드러내는 주절보다 구체적인 지명의 고유명사를 호명하는 곳에서 이 시의 특장점이 확보된다. 이 구절은 망각에 저항하는 기능뿐만 아니라 그리움이라는 감정의 토로를 지연하는 기능도 담당한다. '그립다'라는 현재의 감정 표출 대신 생생한 과거의 사실을 기술함으로써, 그리움의 감정을 간접적으로 드러내는 것이다.

그리움의 정서 표출은 자제되는 한편, 진술의 현재 그를 뒤덮은 감정은 인용 부분의 말미를 참조하면 "불안과 공포"이다. 러시아군에게 쫓기던 날의 공포가 생생한 것이다. 그는 이를 떨치고 "미군 졸병"이 소독해주던 곳을 연이어 상상한다. 러시아군에 쫓겨나온 곳이 고향이고 미군이 소독해준 곳이 그의 타향이다. 분단 이후 월남인들이 그러하듯이 그는 고향으로 돌아갈 수 없게 되었다. 그런데 시에서 고향이라는 장소는 다시 갈 수 없는 유년이라는 시간과 동일시된다. 정한숙의 시에서 고향과 유년은 타향과 청년기 이후의 삶과 반듯하게, 마치 러시아군과 미군 사이에 높게 세워진 심리적 장벽처럼 뚜렷하게 구분된다. '소처럼 일했던' 남한에서의 삶에서 그를 지배한 감정은, 고향을 찾아갈 수 없다는 불안감에서 비롯된 고립감인 듯하다.[7]

만화경 속이었다
흔들면 구름 떠오르고
산이 되고 강으로 변해 파도치는 바다
물새 울고 돛배 흔들려
용총줄 집은 가슴 밝은 태양 떠오르고
천정엔 이국땅 항구 꿈속에 아름다웠다
꿈을 깨면 어둠이 내려 갈 곳이 없었다

—〈소년시대〉, 2시집

두 번째 시집에도 고향에 대한 회상은 자주 등장한다. 고향에서 지낸 '소년시대'에 그는 만화경을 들여다보며, 바다와 돛배와 태양과 이국땅을 꿈꾸었다. 낭만적 정취가 조성한 풍경이 펼쳐진다. "꿈을 깨면 어둠이 내려 갈 곳이 없었다"는 말은 태양이 비치는 아름다운 꿈속의 항구와 대비된다. 각성의 세계에서는 어둠 때문에 갈 곳이 없었다는 것이다. 답답한 현실이 자유로운 이상향을 조성한 것인데, 소년 시대

---

7 정한숙, 〈돼지 같이, 소 같이, 학 같이〉, 《꿈으로 오는 고향내음》(해문출판사, 1988), 20쪽. "마당에 서서 정신없이 살아온 인생을 잠시 뒤돌아본다/돼지같이 먹고 소 같이 일하며 살아왔다. 내 나이 이제 칠순을 바라보는 자리에 섰다/초겨울을 맞는 하늘은 푸르고 맑기만 하다. 저 하늘을 나는 한 쌍의 학모양 우리 부부도 늙어 갔으면 하는 것이 소원이다"

를 벗어난 진술의 현재, 그 암울했던 현실이 꿈에서나 볼 수 있는 이상향이 되어버렸다. 이 시가 시적인 힘을 발휘하는 것은 어두웠던 소년 시대가 말년의 세계에 이르러 역설적이게도 이상향으로 바뀌었기 때문이다.

정한숙의 고향은 두 번째 시집에서 고향과 비슷한 곳을 방문한 체험을 바탕으로 모습을 드러낸다. 가령, 〈장터〉와 같은 시에서 그는 시외버스 타고 내린 오일장의 돼지머리, 통닭, 산나물, 물냉면 등의 음식과 엿장수, 시골 아이들 등 사람 모습에 한동안 시선을 두더니 곧 장터에 "고향이 있다"라고 하며 "동대 영변 약산 동대"가 눈앞에 보인다고 진술한다. 앞 시의 구도에 대입하자면 고향이 이상향이 되자 장터의 풍경이 만화경이 되는 것인데, 이는 5일 장의 모습에 고향의 모습이 포함되어 있기 때문일 것이다. 고향은 그에게 현실의 고난을 극복하게 하는 동력이었다. 그는 실제로 남한에서 정한모, 전광용 등 실향 문인과 함께 '주막' 동인을 결성하여 문학적 입지를 공고히 하기도 했다.[8]

의지할 곳 없는 내 고향땅에 돌아와 서 있다
5년이란 세월을 비워 두었다 찾아온 고향
누가 살아 남았으며 누가 죽었던가
기쁘고도 슬픈 순간이다

---

8 〈나와 명천옥 시대〉, 《꿈으로 오는 고향내음》, 155쪽. "해방 후 단신 월남하여 고려대학에 적을 두었다. 그 무렵 전광용, 정한모, 남상규 등과 사귀며 주막이라는 문학 동인을 마련하였다. (…) 발자크나 스탕달은 별로 좋아하지 않았고 모파상과 지드, 생텍쥐베리와 랑랭푸르니에 등에게 친근감을 느꼈다."

내 얼굴을 알아보는 사람도 내가 반길 사람도 없는 고향
조용한 침묵 속에 화약 냄새만 번져 있다
나는 고향을 잊지 않았지만 고향은 이미 나를 잊은 듯
나를 지켜보는 시선들은 모두가 낯선 얼굴들이다

주마등같이 스치고 지나가는 온갖 회포
고향이란……
고향이란 꿈속에 그려봐야 하는 곳
고향이란 찾아가면 이방인이 되는 곳

(…)

낮잠을 즐기는 황소와 한낮에도 회를 치며 울어대던 수탉과 낯선
사람을 향해 짖어대며 도망을 치던 강아지가 있던 곳……
이제는 그 그림자도 보이지 않는다

먼동이 트기 시작하면 나는 다시 떠나야 할 몸
다시 이런 비극이 없게 하기 위해 어머니의 품인 고향을 떠나야 할 몸
나는 그날 짖지도 못하고 나를 노려보던 송아지만한 개를 향해
방아쇠를 당겼다. 색다른 재난을 가져올지 모른다는 기우로,
그러나 가축을 쏘아죽인 것은
나는 추한 밀렵자의 짓을 이번까지 몇 번 되풀이했던가.

—〈1950년 10월 15일〉 부분, 3시집

1950년 10월 15일은 역사적인 사건 속 개인적인 사건이 일어난 날이다. 9·28 수복, 10월 19일 평양탈환, 중공군 참전, 1·4 후퇴로 이어지는 과정에서 대학 진학 후 5년 만에 고향에 들렀다가 낯선 얼굴만 목격하고 영원히 고향을 등진 날이 이 날이다. 정한숙은 이날을 "어머니의 품인 고향을 떠"난 날로 기억한다. 1990년대 초반 이 시집이 나왔으니 40년 동안 떠난 날의 풍경이 그에게는 생생했던 것이다. "송아지만한 개"를 향해 방아쇠를 당기고 그는 떠나왔다. 자신을 '추한 밀렵자'로 낙인찍는 것은 단신 남한행에서 비롯한 죄의식을 분명히 하고자 하는 의도라고 할 수 있다. 가축을 죽인 것과 더불어 고향을 등진 것 모두 동족상잔의 역사적인 배경을 전제로 일어난 일이지만, 그는 '실향'과 '탈향'을 겹쳐 놓으며 거기에 죄의식을 덧씌운다. 개인의 체험과 역사적 사건이 맞물렸던 시기에 그는 죄의식을 지닌 역사적 개인으로서의 삶을 살아가려는 듯해 보인다.

그런데 같은 시의 "고향이란 꿈속에 그려봐야 하는 곳" "고향이란 찾아가면 이방인이 되는 곳"의 진술을 보자. 이는 이북을 고향에 두거나, 6·25 전쟁 당시 고향을 찾아간 상황에서만 표현될 수 있는 특별한 진술이 아닌 일반적인 진술이다. 왕래가 자유로운 고향에도 시간이 흐르면 낯선 인물이 살게 되고, 유년의 고향 모습은 꿈속에서나 보존되기 마련이다. 유년 시절을 되찾을 수 없으므로 그 시절을 고향으로 상정하면 남과 북 상관없이 누구나 이방인이자 실향민이 된다. 분단이라는 특수한 상황 때문에 고향을 찾지 못하는 처지도 이 안에 포함된다. 요컨대 실향에 관한 시에서 정한숙은 공간의 시간화를 통해 특수한 체험을 일반화한다. 6·25라는 역사적 사건에서 비롯했으나 단신 월남이라는 선택 때문에 동반된 죄의식은 이를 통해 누그러진다.

즉 그는 특수한 실향 의식을 일반적 실향 의식으로 전환하며 남한 사회의 일원으로 스스로에게 정당성을 부여한 것이다.

3. 일회적 삶의 긍지

'고향'과 '얼굴'과 '그림자'는 정한숙이 발간한 세 권의 시집에 모두 등장하는 소재이다. '고향'이 유년 시절을 대변하는 반면, '얼굴'과 '그림자'는 과거를 포함한 현재, 그리고 미래와도 접속한다. 정한숙은 첫 번째 시집에서 정년 이후의 소회와 고향에 대한 그리움을 드러냈다. 두 번째 시집에서는 시적 대상들에 시간의 의미를 부여한 뒤, 젊음과 노년, 신생과 쇠락의 의미를 되짚으며 생의 의미를 노장사상과 기독교적 사상으로 파악하는 시도를 보여주었다. 세 번째 시집에서는 일상의 세목을 스케치하듯 그려내는데, 마치 개별 사물을 존중한다는 듯 다양한 생물, 다양한 지명 등을 시의 제목으로 올려놓는다. 발간 시기가 몰려 있으나 관심사가 다른 이 세 권의 시집을 관통하는 이미지가 '고향', '얼굴', '그림자'인 것이다. 그리고 이들은 정한숙의 시에서 개별성을 구성한다.

얼굴이 그의 시에서 등장하는 시기는 흰 머리 얼굴 주름 "한가하게 늙어" "이제야 편한 몸"(〈정년을 맞아〉, 1시집)이 된 정년 직후였다. 얼굴은 여기에서 지나온 삶의 이력을 현재에 투영한 감각적 이미지의 역할을 한다. 그는 자신의 삶을 대변한 얼굴을 보면서 애써 가꾸지 않으리라 다짐한다. 지나온 삶의 역사를 긍정하고 정년 퇴임을 맞아 찾아오는 허허로움을 반기겠다는 것이다. "한가한 이 마음"(〈얼굴·1〉, 1시집)을 누리겠다는 것의 정당성이 여기에서 확보된다.

낙엽이 밟혀
문득 서 버린다

얼굴 같은
마음 같은

주름 잡힌
구멍 뚫린

푸른 하늘 머리 위에
잡힐 듯 잡힐 듯 눈이 시도록 멀어진 하늘

구름 가듯 흘러가는 세월
낙엽이 밟힌다

—〈낙엽〉, 1시집

인용시에서 화자는 낙엽을 밟는다. 그것은 주름 잡히고 구멍 뚫려 있는데, 자신의 얼굴이자 마음과 동일시된다. 세월이 흘러 잎사귀는 낙엽이 되었고 피부에는 주름이 새겨졌다. 하늘은 멀리 있고 세월은 밟힌다. 전망을 말하기보다는 추억을 되뇌는 것이 시의 주요 메시지이다. 인용시에서 새삼 확인할 수 있는 점은, 얼굴이 주로 기억과 연관되어 있다는 것이며, '낙엽'은 말년이라는 의미를 뚜렷이 한다는 것이다. 얼굴은 타인과 자신을 구별하는 정체성 확립의 중요한 구성 요소이지만, 정한숙의 시에서 그것은 특히 타인과 변별되는 과거의 기억까지를 포함한다.

거리에 나서면
많은 얼굴 본다
사천왕 얼굴
장승 얼굴
하루방 얼굴
미소짓는 부처 얼굴
세상고뇌 혼자 지닌 예수 얼굴
점잖은 공맹 얼굴
달동네 보통사람 얼굴
뜨거운 햇빛 내려 조이는 거리
분주히 오고가는 얼굴들
그 많은 얼굴 속에 떠오르는 얼굴 보인다
모나리자의
마리아상의
보살의
그런 얼굴 아니다
주름으로 굳어진
우리가 짊고 살아온 진흙덩이 얼굴
칠남일녀 낳아
임종 땐
한 아들 손잡고
천당도 극락도 아닌 선산 남편 옆에 눕고 싶다고

유언한

가난 속에 차고 넘치게 살다 간 얼굴이다.

—〈얼굴〉, 2시집

거리에서 화자는 타인의 얼굴들을 다양하게 마주한다. 처음에는 사천왕과 하루방과 부처와 예수와 공맹 같은 이들의 얼굴이 등장한다. 삶의 고난을 갈피짓고 나아가 삶의 이력을 판단할 수 있는 특별한 이들의 얼굴이 등장하는 것이다. 보통 사람의 얼굴이 떠오르는 것은 그 다음이다. "달동네 보통사람의 얼굴"이 시의 중반부를 장식하다가 마지막에는 어머니가 등장한다. 보통 사람은 특별한 대상과 어머니를 잇는 매개 구실을 하는 것이다. 삶의 저편에 있는 성스러움이 보통 사람의 모습을 통해 화자에게 인식되는 것인데, 이 과정에서 보통 사람이었던 어머니의 성스러움이 환기된다.

어머님이 세상을 떠나신 것은 부산 피난시절이었다. 어언 30여 년이란 세월이 흘렀다. 어머님은 학교 교육을 전연 받지 못하신 분이다. 외할버지 몰래 성경학교에서 일주일간 배운 한글 교육의 덕으로 겨우 성경책을 읽을 정조였다. 그런 인연으로 어머님은 독실한 기독교 신자가 되었다.

어머님이 임종하실 때에는 그 옆에 목사님과 나와 아내가 지켰다.

"목사님, 교리에 어긋나는 줄 알지만 저는 아들에게 화장을 부탁하고 싶습니다."

"왜요."

"저는 하나님을 믿습니다만 제 남편을 사랑했습니다. 그 남편 옆으로 가 묻히기 위해선 제 아들에게 화장을 부탁할 수밖에 없습니다." (…) "목사님도 허락하셨다. 나를 화장해서 무슨일이 있어도 선산에 묻혀 있는 너의 아버지 무덤 옆에 묻어주기 바란다."

—〈딱한 마음〉, 2수필집, 72-73쪽

1950년 전쟁 중에 세상을 등진 어머니는 그에게 절대적인 존재이다. 그리고 영변에 묻히고 싶다던 유언을 환기하면 그녀는 고향까지 대변한다. 그녀가 유언을 남기는 모습은 부산에서 세상을 등졌으나 왜 그녀가 고향과 유년과 더불어 작가의 정체성까지 대변하는 존재인지 명확하게 말해준다. 그녀는 남편이 있는 고향 영변 선산에 묻히기를 간절히 원했다. 그러기 위해서는 '화장(火葬)'이 필요한데, 그녀는 이를 유언으로 남긴 것이다. 그것은 당시 기독교 교리에 어긋나는 풍습으로 인식되었다. 이를 알면서도 그녀는 목사님을 옆에 두고 그러한 말을 남겼다. 이 점에서 그녀의 유언은 세속적인 종교의 관례를 넘어서는 또 다른 성스러움을 띤다. 앞 시에서 "가난 속에 차고 넘치게 살다 간 얼굴"이 예수와 공맹의 얼굴과 접속하는 까닭이 여기에 있다.

그믐달 그늘에 꽃향기 떠돌고
불은 물은 도랑 타고 어둠 속 흐르네
누구의 발자국 소린가 안개 속 저 소리

머리 희어 잠 안오니 소년 시절 생각나네
시를 지어 밤새우던 그 얼굴

가려진 그믐달 위에 솟아오른다

—〈그믐달〉, 3시집

‘그믐달’은 새벽에 떴다 지는 달이다. 그믐달을 보기 위해서는 밤을 지새우거나, 새벽에 깨어야 한다. 말년의 화자는 밤을 새웠기보다는 이른 새벽에 깨어 그믐달을 맞이할 확률이 높다. “머리 희어 잠 안오니”는 ‘일찍 깨어 다시 잠들기 힘드니’의 의미에 가깝다. 그는 새벽녘 잠에서 깨어나 밤을 새워 시를 쓰며 그믐달을 맞이했던 소년 시절을 떠올린다. 즉 그는 시를 썼던 소년 시절을 떠올리며 다시 말년에 시를 쓰는 것이다. 그믐달은 여기에서 생김새가 비슷한 초승달과 연관된다. 하루 중 일찍 떠올랐다가 일찍 지는 초승달은 앞으로 보름달로 바뀌겠지만, 그믐달은 초승달과 보름달의 시기를 이미 지나왔다. 보름달 시절 그는 소설 창작과 교육에 매진했다면 그 시작과 끝에는 시가 있다. 소설이 인물을 창조하고 교육이 제자를 기르는, 타인에 대한 이해에 주안점을 두는 분야라면, 시는 온전히 자기 자신의 느낌과 감각에 집중하는 장르이다. 그는 그믐달 시절인 말년에 다시 자기 자신을 돌아본다.

한편 그믐달이 뜨는 밤은 빛보다는 어둠이 더 많은 시간이다. 그믐달이 뜬 캄캄한 어둠을 배경으로 그는 유년 시절 자신의 얼굴을 떠올린다. 유년은 말년을 배경으로 빛나고, 얼굴은 어둠과 대비되어 선명히 정체성을 드러낸다. 얼굴과 어둠이 등장하는 곳에서 자주 호명되는 소재가 그림자다. 얼굴은 정한숙의 시에서 과거와 연결된 현재를 환기하지만, 그림자는 미래와 연결된 현재를 환기한다. 그림자의 형상은 그림자 주인의 모습을 담아내지만 그 색은 다른 형상의 그림자와 변별되지 않는다. 미래에 변별력을 지우는 곳에서 죽음 의식은 찾아오고 그것은 어릴 때 다녔던 교회에서 들었을 법한 '영혼'과 접속한다.[9]

> 낙엽을 밟기가 두려워 문득 이렇게 서버리는 것이 아니겠습니까. 그것은 마치 내 영혼이 나를 잃어버리고 쓰러진 내 육체를 짓밟는 것과 같은 심경이기에 나는 어떤 두려움 같은 것을 느끼고 있는지도 모릅니다. 없어지기만 하는 그늘 밑으론 그림자가 퍼집니다. 그것은 하나의 뚜렷한 음영을 그리는 가운데 오늘도 아름다운 결실을 가져오고 있습니다.
>
> (…)
>
> 여기 지금 주저앉은 채 그 어떤 내가 그리는 그림자가 나타나지 않는다 해도 나는 나의 혈관을 느낄 수 있는 보람을 느끼고 있기에 나는 오늘도 이 벌판 끝에 앉아 그 어느 얼굴을 마음속에 그려보기도 하는 것입니다. 나는 내 영혼과 육체가 서로 해쳐 살 수 없듯이 그 가느다란 숨소리와 엷은 손길은 내 영혼이나 육체의 어느 한 부분은 아니지만 때로는 내 영혼이나 육체보다도 소중함을 느끼게 되는 것입니다.
>
> —〈기도와 같은 그리움〉, 2수필집, 67-68쪽

인용한 수필은 땅에 떨어진 낙엽을 보며 그리운 대상을 떠올리는 내용을 담고 있는 글이다. 제목에서 확인할 수 있듯 그리움은 기도와

---

9 〈나의 첫사랑〉, 1수필집, 81쪽. "코도 흘리지 않는 얌전한 소년이 기독교 유치원에서 고수머리 멋진 부모님의 사랑을 받았습니다. (…) 예배당 주일학교 선생 노릇을 하던 중학시절부터는 왜 그런지 저는 외롭기만 했습니다."

연동되고, 그림자는 그리운 대상을 환기한다. 자아의 범위를 초과해 있는 인용문의 그림자와 접속하기 위해서는, 주체의 것으로 인식되는 영혼과 육신의 구분이 전제되어야 한다. 감각 너머에 있는 영혼이 감각 너머에 있는 그림자와 소통할 수 있다고 생각하는 것이다. 영혼이 그림자와 상응한다면 육신은 얼굴과 상응한다. 하지만 이 둘이 대척점에 놓여 있다고 말하기는 힘들다. "영혼과 육체가 서로 해쳐 살 수 없듯", 얼굴과 그림자도 떨어뜨리고 생각하기 힘들다. 육신과 얼굴이 개별성을 드러낸다면 영혼과 그림자는 그러한 개별성의 배경이라고 할 수 있을 것이다.

> 그림자 주인은
> 난데
> 그림자 옆에 선
> 그림자 주인은
> 누구인가
> 구름 가리면
> 그림자 지워지고
> 그림자 옆
> 그림자 보이지 않는다
> 허공 향해
> 불러 보는
> 목소리
> 그곳엔 나도 없고
> 그림자 옆에 서 있던

그림자도 보이지 않고
아득한 허공 속에
아른거리는 영혼

—〈그림자·1〉, 2시집

그림자 중 하나는 자신의 것인데, 다른 하나는 누구의 것인지 모를 즈음 구름이 그림자들을 덮는다. 자신과 타인을 분별하는 것이 자연의 섭리 앞에서는 의미가 없다는 인식이 들어선다. 그다음 화자의 목소리에 주목해보자. 그의 눈길은 더 큰 그림자가 낳은 어둠을 응시하기를 그치고 허공을 향한다. 어떠한 분별도 없을 뿐 아니라 어둠도 없는 허공은 그에게 어둠의 반대편에서 '영혼'을 떠올리게 한다. 이때의 영혼 또한 감각 너머의 세계를 환기한다.

그는 다른 시에서 그림자와 영혼과 먹구름을 다시 호명하는데, 그에 따르면 "그림자 지워지듯 내가 잠들면/영혼은 나를 빠져 나가/나는 나를 모른다". 또한 "나와 그림자의 이별은/항상 어둠 속에서다"이며 "나와 영혼의 이별은/죽음일 것이다"(이상 〈오 내 영혼이여〉, 2시집). 그는 영혼을 상정하더라도 그것을 '나'와 동일시하기보다는 죽음의 심연 건너편에 놓인 대상으로 인식한다. '나'와 '영혼'은 별개이다. 육신과 이별하는 경우에 그러한 것이다. 즉 그는 육신과 영혼이 엉켜 있는 현세에서 육신 쪽에 자신의 정체성을 둔다. 육신은 흙으로 돌아가지만 영혼은 다른 육신으로 옮겨 간다. 그는 육신 편에 서서 생의 일회성을 인정하고 현생의 긍지를 찾으려 한다.

흙으로 빚어졌다

흙으로 돌아감이 예사거늘
태어나 자란 곳 왜 고집하는고
가는 곳마다 청산이요
머무는 곳마다 보금자리거늘
고향을 못잊어함은
타고난 고집 때문이지

—〈고집〉, 2시집

호수에 달빛 뚫고 드는 것은
호수 탓이 아니지
무아무심(無我無心)
자연 속에 기거해도
손에 거치는 것 있거늘
마음 비었다 비치지 않으리
옛 사람 말하기를
항산(恒産) 있어야 항심(恒心) 있다 했으니
손에 걸머쥐고 마음 빌 수 있으리

—〈마음 빌 수 있으리〉, 3시집

첫 시에서는 고향을 못 잊는 것이 "고집 때문"이라 하고, 두 번째 시에서는 "항산(恒産) 있어야 항심(恒心)"이 있다고 한다. 두 말은 모두 반전의 기능을 한다. '흙으로 빚어졌다 흙으로 돌아간다'는 첫머리와 중간 부분의 '가는 곳마다 청산이고 머무는 곳마다 보금자리'라는 진술을 염두에 둔다면, 전체 맥락은 집착을 끊고 무위자연의 세계를 수

긍하라는 것 같다. 그런데 그는 '고집'을 앞세우며 이 일회적인 삶의 정체성을 강조한다. 그것이 '고집', 즉 집착일지라도 이 생은 화자에게 절대적인 의미를 지녔다는 것이다. 이와 같은 고집의 근거는 다시 돌아갈 수 없는 고향의 가치를 보존하는 데에서 비롯한다.

두 번째 시에서도 앞에서는 '무아무심(無我無心)'의 태도가 강조된다. 그러나 전제 조건이 있다. '항산'이 있어야 한다는 것이다. '곳간에서 인심난다'고, 보이지 않는 마음보다는 눈에 보이는 물질이 중요하다고 확장해서 이해할 수 있다. 감각할 수 있는 물질의 중요성은 육체와 영혼의 선택지에서 육체에 비중을 둘 때 확보된다. 정한숙은 자기 정체성을 확인하고자 얼굴을 관찰하는 과정에서, 죽음 의식을 거느린 그림자에 주목하게 되고, 그림자를 피해 고개를 들자 하늘의 '영혼'을 떠올렸다. 영혼이 호명된 까닭은 구원의 세계에 의식을 맡기기 위해서라기보다는 그 반대편에 있는 감각의 편에 서기 위해서이다. 그가 발간한 시와 수필에서 확인할 수 있는 것은 육신의 일회성을 믿으며 현생의 가치를 높이기 위한 그의 분투이다.

지금까지 육신의 편에서 삶의 개별성을 중시하는 정한숙의 의식을 그의 시와 수필을 통해 살펴보았다. 정년을 맞아 그는 '소처럼 일하는' 모습을 계속 유지했다. 소설뿐 아니라 시와 수필까지 관심사가 확장된 것인데, 이를 예술가로서의 면모를 완성하기 위한 고투였다고 볼 수도 있을 것이다. 그러나 지금까지 살펴본 시와 수필의 내용을 참조하면 예술가로서의 면모를 드러내기보다는 전인간적인 면모를 완성하는 데 그의 관심이 쏠려 있는 듯하다. 고향에 대한 그리움과 개별성에 대한 존중은 높은 자존감을 유지하려는 태도에서 비롯한 결과이다. 양식의 속박에서 벗어나 전인적 삶을 완성하고자 했던 그의 모습을 시와 수필을 통해서 확인할 수 있었다.

4. 나가며

이 글은 정한숙이 말년에 발간한 시집과 수필집을 검토하여 소설가의 임무를 벗어난 곳에서 파악할 수 있는 작가의 인식 세계를 헤아리려 했다. 그는 시집과 수필집 처음부터 고향의 모습을 생생히 묘사하며 그에 대한 그리움을 직간접적으로 드러낸다. 고향은 실향민이 맞이했던 현실의 고난을 극복하게 하는 동력이었다. 그는 다시 돌아갈 수 없는 공간을 다시 돌아갈 수 없는 시간으로 치환하여, 실향을 일반적인 체험으로 만들었다. 비록 6·25 전쟁은 개인적인 선택 범위를 벗어난 역사적 사건이었으나, 단신 월남을 감행한 주체는 그였기 때문에 고향 상실의 원인 제공자로서의 죄책감이 그를 짓눌렀었다. 그는 시에서 특수한 체험의 일반화를 시도하면서 죄의식을 벗어나려는 한편 남한 사회의 일원으로 정당성을 스스로 부여하고자 했던 것이다.

고향이 개별성의 기원이라고 한다면 얼굴은 현재라고 할 수 있다. 정한숙은 줄곧 그의 시집에서 얼굴에 주목한다. 유년 시절과 어머니도 얼굴을 매개로 시에 등장하곤 했다. 또한 얼굴은 죽음 의식을 거느린 그림자를 떠올리게 하는 매개 역할도 했다. 한편 그는 개별성을 지우는 그림자에서 눈길을 거두어 하늘을 보며 영혼을 호명하기도 한다. 그러나 영혼이 호명된 까닭은 결과적으로 육신의 편에 서기 위해서였다. 그는 육신의 일회성을 믿으며 이 세계에서의 존재 가치에 주목했는데, 이것이 정한숙 시의 전반적인 인식 체계라 할 수 있다. 지금까지 살펴본 시와 수필의 내용을 참조하면 말년에 시도한 영역의 확장은 예술가로서의 면모보다는 전인간적인 면모를 완성하려는 분투로 이해하는 것이 적절해 보인다. 예술보다 더 큰 삶의 개별성을 완성하고자 했던 시도가 시와 수필 창작으로 이어졌던 것이다.

{ 제4부 }

정한숙이 본 정한숙

자유에의 의지

정한숙의 《끊어진 다리》

정한숙

《끊어진 다리》는 에덴동산의 피폐화 과정을 역사의 인식과 더불어 추적하고, 다시 에덴을 건설하려는 한 인물의 의지를 그리고 있다.

스토오리는 오늘을 시점으로 하여 과거로 거슬러 올라간다. '나와 미혜가 자리 잡고 있는' 지금으로부터 '존과 내가 자란 우리들의 정원'끼지 더듬어 올라가면서 역사는 '즐거운 낙원'과 '쓰라린 추억'을 입체적으로 가진다.

> 에덴이 아담과 이브에게 있어선 즐거운 낙원인 동시에 가장 쓰라린 추억의 땅이었듯이 존과 내가 자란 우리들의 정원도 그러한 두 면을 기지고 있음으로써 항상 내 마음속에서 떠나질 않는다. 지금 나와 미혜가 자리 잡고 있는 이 땅도 그곳으로부터의 연장이지만 나는 언제나 그곳으로 돌아갈 것을 잊지 않고 있다.[1]

---

1 정한숙, 《끊어진 다리》(을유문화사, 1962), 175쪽.

그 '쓰라린 추억'은 오늘날 나와 미혜의 입장을 만들었지만 그 '즐거운 낙원'은 또한 나와 미혜가 쓰러지지 않도록 지탱해 주는 꿈이 되었다. 오늘의 입장은 처참하지만 언젠가는 다시 에덴에 살 수 있다는 의지를 갖는다. 그것은 에덴으로서의 복귀가 아니라 에덴의 창조라는 점에 의의를 갖는다.

이제 우리는, 이 소설의 시점(時點)이 되고 있는 '오늘'이 있기까지 어떠한 역사가 작용했던가. 그 결과는 또 어떠했던가를 자세히 검토해 보기로 하자.

이 점은 주인공 '연'이 그의 친구 '존'과 헤어져야만 했던 시대적인 조건과 그들이 다시 만날 수밖에 없게 된 조건이 무엇이었던가를 구체적으로 제시하면서 우리 민족의 과거와 현실을 준열하게 파헤진다.

식민지 시대에 미국인 선교사와, 그의 아들 '존'과 함께 어린 시절을 보낸 '연'의 인간성 형성은 우리 민족의 생활과 함께 형성된 정신문화의 중대한 암시이기도 하다.

존 모리스와 같이 자라던 과거와, 식민지의 소년으로서 일인(日人)들의 우월감에 눌려 살던 굴욕과, 가깝게는 해방군대라고 자칭하는 슬라브 민족으로부터 받아야 했던 치욕감 속에서 형성된 '연'의 성격은 확실히 우리 민족이 겪어야만 했던 한 역사적 인물임에 틀림없다. 그것은 후에 6·25를 계기로 만난 니그로에게서 받은 인상과 흡사한 것이었다고 '연'은 느끼는 것이다. '성실한 인간성과 인내성'은 연이 그들에게서 배운 장점이요, 그러한 성격은 곧 '공통한 환경'에서 나온 인간성이라는 점에서 친밀감을 갖게 되는 것이다.

이제 우리는 '연'이와 그의 친구 '존'과의 관계를 검토하고 그들의 우정이 어떻게 변화되어 있었는가를 살펴봄으로써 그들 사이에 관계되어 있던 역사적 사실이 무엇이었던가를 한번 검토해 볼 필요가 있다.

1. '에덴'의 수난

'연'이와 '존'은 함께 어머니의 젖을 빨아 먹고 자랐다. 미국인 선교사의 아들인 존은 '우유가 몸에 맞지 않아' 결국 한국인인 연의 어머니 젖을 나눠 먹어야 했다.

> 존과 나는 바탕이 달라도 어딘지 서로 같은 점이 많았다. 한 젖줄을 빨았다는 것과 같은 울타리 안에서 자란 탓인지도 모른다.[2]

그러나 그것은 '어딘지 같은 점이 많았을' 뿐이지, 결코 같을 수는 없었다는 점에 중대한 차이가 있다.

동일한 시대에 동일한 장소에 살아도 그들은 결코 동일할 수 없는 운명을 타고났던 것이다.

연이의 부모는 사실상 존의 부모와는 주종(主從)의 관계였다. 그래서 그런지 연의 눈에 비친 존네 '화장석으로 다듬어진 석조 건물'은 언제나 '푸른 빛'으로만 빛날 뿐 쉽게 접근할 수도 없는 채 우러러 보는 대상일 수밖에 없었다. 서로 동화될 수 없는 상태에서도 한국인 '연'과 미국인 '존'의 우정은 깊숙이 맺어졌다.

---

2 위의 책, 60쪽.

기독교정신 아래 하나로 뭉칠 수 있다는 신념을 심고자 우리나라까지 온 존 모리스 선교사다. 그리고 같은 어머니의 젖을 빨아먹고 자란 연이와 존이다. 그러나 문제는 어떤 동일한 시간과 공간도 피를 합칠 수는 없다는 점이었다. 연의 부모는 물론 기독교 신자다. 연이도 물론 유아세례를 받았다. 그러나 어머니는 하느님을 믿으면서도 연이한테 들려준 얘기란 극락이 아니면 무릉도원이요, 그렇지 않으면 용궁에 대한 것뿐이었다. 다시 말해서 어머니는 존 모리스를 따라 기독교를 믿으면서도 언제나 그가 하는 이야기는 유, 불, 선에 해당하는 것뿐이었다. 연의 부모가 기독교적 신앙을 가졌던 것은 한낱 생활의 방편에 지나지 않는 것이었다. 그때의 사정을 이십 년이 지난 '오늘'의 시점에서 연은 다음과 같은 역사적 현실로 파악한다.

고구려, 백제는 물론 신라에 이르러 전성의 꿈을 이룩했던 불교……. 고려가 망하고 이조로 바뀌므로 절이란 산으로 자리를 옮기는 대신 서원(書院)으로 이 땅을 휩쓴 유교, 구교의 천주, 신교의 주님, 그리고 천조대신을 비롯한 제신(諸神)들…….

누구를 위한 기자릉(箕子陵)이며, 누구를 위한 평제탑(平濟塔)이었는가, 사찰과 서원과 공자묘를 비롯하여 신궁, 신사와 그리고 거리마다 있는 성당과 교회. 서학에 일어난 동학이며…….

이 모든 신과 종교는 우리들에게 무엇을 가져다주었던 것인가? 신돈(辛頓)을 비롯하여 당파와 사색(四色)과, 노론과 소론과 그리고 일제는 알고 있을 것이다. 그리고 유물론이 그 이름대로 우리들의 일상생활을 얼마나 향상시켰으며 또한 우리들에게 물려준 사상이 무엇인지 알고 싶다. 유물론이 가져온 밀가루와 설탕과 레이숀 박스와 그리고 구제품

보따리가 우리들의 정신생활에 무엇을 갖다 주었는지 나는 모른다.[3]

이러한 현상을 '연'이는 불감증이라 표현한다.

숱한 신앙 가운데서도 일제 식민지치하에서 강요된 신앙은 '신사참배'라는 것이다. 신사참배란, 일제가 우리 민족 앞에 제시한 정신적 압박의 상징이다. 그것으로 인하여 '존'과 '연'이 헤어져야 하는 근본 문제가 생기고, 그것은 또한 '연'한테는 엄청난 비극이었다.

미국인 선교사 존 모리스가 '연'이한테 끼친 영향은 무엇인가. 《끊어진 다리》는 이 점에 대한 원인, 결과를 냉정하게 지적하려 든다.

그것은 모리스 부인이 소중하게 기르던 괭이를 상징적인 영향으로 내세워 매우 적합한 지적을 하고 있다.

'연'이는 어느 날 '존'으로부터 그 새끼괭이 한 마리를 받게 된다. '존'네 엄마가 목에 예쁜 리본을 달아주고 이름을 쏘냐라고 지었다. 미국인 선교사네 집에서 소중히 기르던 새끼괭이를 연이가 받아 기르게 된 이야기는 매우 상징적이다. 그들의 어느 일부분이 연한테로 옮겨지고, 또 연이 키워나가야 한다는 점에서다.

"존, 이름을 한번 불러봐……"

쏘냐는 가냘픈 목소리로 울어댈 뿐 고개조차 들지 않았다.

"아직도 이려서 자기 이름을 알아듣지 못하는 모양이지? 존 그러면 됐어."

"뭘 말이야?"

3 위의 책, 81쪽.

"이건 우리 집에서 기를 것이니까 서양식 이름은 어울리지 않거든. 그러니까 우리 식으로 이름을 지어줘야 할 거야."[4]

쏘냐는 서구식이다. 쏘냐라고 이름을 붙인 데에 '연'은 공감하지 못한다. 이제 연은 자기가 길러야 하는 물건이니까 '우리식'으로 짓고 싶다. '우리식'의 이름을 '미혜'라고 지었다. 미혜는 연이네 집 울타리 밖에 있는 초가집에 살고 있는 예쁘장한 소녀로서 늘 그의 마음속에 살아 있는 '자기 것'이었다.

그러나 미혜는 너무 어려서 죽었다. 키울 수가 없었다. 말하자면 '서구식'의 '쏘냐'는 '우리식'의 '미혜'로 적응하기엔 아직 시기상조였던 것이다.

나는 이러한 흐리멍덩한 의식 속에서도 어떤 회한을 씹어야만 했다. 첫째는 기를 자신도 없이 존으로부터 그 괭이를 받은 뉘우침이다. 그리곤, 뒤이어 아버지가 하던 말을 생각했다. "너무 일찍 에미를 떨어지면 살지 못한다"던 말……[5]

한 마리 괭이새끼는 결국 우리의 품속에서 살아남지 못하고 다만 '흐리멍덩한 의식' 속에 있을 수밖에 없다. 뚜렷한 영향이 되지 못한 채 그것은 도리어 피해의식이 되었던 것이다.

신사참배에 밀려 존 모리스 선교사는 본국으로 돌아갈 수밖에 없었다.

---

4 위의 책, 31쪽.

5 위의 책, 38쪽.

그러나 모리스 선교사로부터 받은 피해는 오히려 엄청난 것이었다.

> 말하자면 나는 선교사 댁 울타리 안에서 자랐다는 그것과, 유아세례를 받았다는 것으로 해서 씻을 수 없는 죄를 저지른 것과 같은 죄의식 속에서 세월을 보내야만 했다.[6]

전쟁은 날로 치열해졌고, 따라서 일제의 횡포도 극심하다. 식민지 정책에 아첨하는 주위 사람들로부터 연은 날로 소외되지 않을 수 없었다. 그의 행동은 자연적으로 집과 밖의 환경에 따라 이율배반이 될 수밖에 없다. 기독교를 믿는 아버지와 어머니, 유아세례를 받은 자신에게 다짐하는 '내 앞에 딴 신을 섬기지 말라……'와 강제로 부여되는 황국신민의 서사(誓詞)는 그를 몹시 괴롭혔다.

이제 우리는 보다 구체적으로 작품을 분석하여 일제 식민지정책의 횡포가 무엇인가를 따지고, 나아가서는 우리 민족이 그에 어떻게 대처하였던가 하는 수용태도를 알아보기로 하자.

먼저, 일제의 횡포에 대해서 볼 때, 그것은 교회의 '종(鍾)'이 당하는 수난으로 상징된다. 종은 인간의 구원을 위해서 존재한다. 모리스 선교사가 떠난 뒤에도 아버지는 계속해서 교회에 종을 쳤다. 그 때문에 결국 아버지는 죽음을 당한다. 아버지의 죽음은 인간의 자유가 보장될 수 없는 당시대 상황의 극력한 표현이다.

이러한 아버지의 죽음과는 대조적으로 장로와 최상운의 행위는 당시 우리 민족의 식민지정책에 대한 수용태도를 고발하는 또 다른 일

---

6 위의 책, 74쪽.

면이다.

전세가 다급해지자 일제는 일체의 쇠붙이를 거둬들이기 시작했다. 숟가락, 식기는 물론 제기(祭器)마저도 모조리 훑어갔다. 이때 한국인 최상운의 치부(致富)는 식민지정책에 편승하여 반민족적 행위를 일삼는 대표적인 예다. 일제의 무단적(武斷的) 힘을 빌어 우리 민족을 학대하는 무식은 처참한 것이었다. 특별계급은 그 무렵에도 알미늄 그릇을 쓰고 식민지 백성들은 애국이라는 편리한 이름과 비애국이라는 누명을 쓰지 않기 위하여 한결같이 헌납이 아니면 공출이란 이름 밑에 모든 기물을 내놓아야만 했다. 처음엔 학교 어린애들을 선동하여 그들의 손으로 이것을 집으로부터 가져오게 하더니만, 이 방법에 맛을 들이고 재미를 본 그들은 가가호호 돌아다니며 수색을 하다시피 하여 빼앗아가기에 광분하였다. 그들은 이미 우리들의 생활을 위협은 고사하고 그것을 파괴하고 들었지만 마지막 수탈의 양상으로 절간과 교회의 종을 택한 것이다.

> 어느 일요일 아침, 나는 아버지와 함께 교회로 나가던 길에 종 앞으로 가까이 가서 그 옆에 굴러 있는 커다란 몽둥이를 힘껏 두들겨 보았다. 내 몸이 떨리듯 종도 전신을 흔들어 전에 울었던 그 우렁찬 목소리로 울어보려는 것 같았지만, 지르릉 하는 쇳소리만 땅속으로 번져 흘러들었다. 이러한 종의 슬픈 비명은 우리들의 아픈 가슴으로부터 흘러나오는 소리인 것 같기도 하여 나는 엉거주춤 그 자리에 서 있었다. 아버지도 종소리 모양 얼굴을 찌푸리었다.[7]

---

7 위의 책, 174쪽.

종의 운명은 여러 가지 면에서 당시대적 상황을 암시한다. 일제의 극심한 착취, 종교적 탄압, 정신적 박해 등 여러 가지 면에서 드러내는 그들의 횡포지만 한편으로는 최상운과 장로를 중심으로 한 반민족적 행위를 나타내 주고 있다 하겠다. 결국 어느 면에서나 땅으로 내려앉은 그 종의 슬픈 비명은 우리 민족의 아픈 가슴으로부터 흘러나오는 소리임엔 틀림없는 것이다.

어느 시대나 위기를 살아가는 민족에겐 여러 가지 행동으로 그 상황을 대처해 나가는 사람이 있겠지만 일제를 살아가는 우리 민족에겐 크게 두 가지가 있었다고 보는 것이다. 그것은 최상운과 같은 반민족적 행위와 아버지와 같은 자유수호자들의 두 가지 면이다. 예배당 종을 헌납한다고 대들고 나서던 아버지……. 고등계 형사의 까다로운 질문에도 태연할 수 있었던 아버지……. 이는 곧 신사참배로 상징되는 일제에 대한 기독교적 진리의 수호자였다.

그러나 종은 반드시 기독교적 신앙의 상징만은 아님을 알아야 한다. 그것은 언제나 조국의 운명과 같은 것이었다. 그것은 곧 식민지의 종임과 동시에 해방의 종이었다.

> 나는 그때 다람쥐가 나무 위에 뛰어오르듯 매 놓은 종을 덥썩 안고 그 위에 올라타고 몸을 힘껏 흔들어 보았다.
>
> 육중한 소리가 울린다. 종이 울리는 것이 아니라 쌓이고 쌓였던 가슴속의 울분이 마주 터져나오는 소리인 것 같기만 했다. 피부가 갈라터질 지경으로 내 전신에 어떤 힘이 솟구쳐 흐르는 것 같기만 했다.[8]

---

8 위의 책, 329쪽.

해방의 종소리가 우렁참은 그만큼 해방된 우리 민족의 기쁨이 컸음을 말함은 당연하다.

2. '에덴'의 건설

일제는 망했다. 본국으로 돌아가던 '존'이 그때 한 말이 있다.

> 교만한 일본 놈이 물러가면 우리가 쉬 만날 수 있게 될 것이라던 말…[9]

'헤어짐'의 비극은 '만남'에서만 보상될 수 있다고 믿었다.

그러나 '연'과 '존'의 재회는 또 다른 비극을 인연(因緣)하지 않을 수 없게 된다. 조국의 해방사는 병든 역사로 꾸며지고 말았다.

1950년 6월 25일, 그들은 공산군의 남침을 막기 위해서 같은 전선에 서야만 하는 자유의 용사요, 자유의 형제가 될 수밖에 없었다.

그러나 이때 '연'의 태도는 분명하다. 그의 부모가 일제시대 모리스 선교사와 같은 울타리 안에서 교회엘 다니고 종을 쳤지만 언제나 하는 이야기는 유, 불, 선에 관계되는 것이었다. 이 점은 새끼괭이를 적응시키지 못하고 죽여 버린 암시와 함께 끝내 민족단일주의(民族單一主義)에 가까운 정신을 보여준 점이기도 하다.

이제 6·25전쟁과 함께 자유의 용사가 된 미국의 원조에 대해서도 '연'은 같은 견해를 보인다. 그들이 가져온 밀가루와 설탕과 레이션 박스와 그리고 구제품 보따리가 우리들의 정신생활에 무엇을 갖다

---

9 위의 책, 135쪽.

주었는지 준엄한 질문을 던지는 것이다.

'연'은 언제나 '존'에 대해서 평행(平行)의 우정을 바란다.

민족의 자립은 어느 우방국과도 수평(水平)한 관계일 때 성립될 수 있는 것이지 정신적인 면에서나 물질적인 면에서나 원조만을 요구하는 우방은 있을 수 없다고 믿는다. 그 점은 다음과 같은 논리로 가능하다.

> 무엇을 위했던 진격이며, 무엇을 위한 후퇴인지, 그 의의를 상실하고 만 나에겐 얼어붙는 듯한 추위밖엔 남은 것이 없었다.
>
> 중공군의 개입으로 인한 후퇴라는 것은 전 사병에 이르기까지 다 알고 있는 사실이다. 당나라 군대와 합세하여 백제성을 쳐들어갔던 신라군……. 가깝게는 임진왜란의 전진 속에 창을 휘두르고 나왔던 명군(明君)…….
>
> 유엔군……
>
> 중공군……[10]

전쟁과 구원병의 관계를 역사적 사실로 제시한다. 무엇을 위한 싸움이기에 누가 와서 스스로의 생명을 무릅써야 했던가를 생각할 때 원조의 이면(裏面)을 적나라하게 지적하는 것이다. 곧이어 그는 지난날 존에 대한 기억을 다음과 같은 식으로 연상한다.

> 같은 젖을 나누어 먹고 자란 존, 성경 얘기보다도 우리 어머니의 옛

10 위의 책, 112쪽.

날 얘기를 더 즐겨 들으려던 존, 그 존도 한국 전선에 참전하고 있을 것인가.

한국에 묻어지기를 원하던 모리스 선교사, 그러나 그 부인은 왜 존이 우리나라 풍습에 젖어 동화되는 것을 그렇게 두려워하였을까? 나는 존의 어머니가 그것을 가장 경계하고 있던 것을 어린 소견에도 어렴풋이 알고 있었다. 그러고 보면 하나님의 복음도 우리들을 위한 것이 아니라 아메리카라는 나라를 위한 선교는 아니었을까?

그는 끝내 단일민족주의(單一民族主義)로서의 자립을 믿었다. 전쟁을 역사적 사실에 비추어 보았을 때 터득하는 하나의 역사 인식이라 할 수 있겠다.

이상에서 검토한 자립이라는 말은 '연'의 행위로 보아 자유라는 점과 매우 관계 깊은 의미를 지닌다.

일제 식민지 치하에서의 종교적 행위나 미·소 중립국 아래서의 남한에 대한 이상경(理想景)으로서의 동경은 그의 절실한 자유 추구를 의미하는 것이었음이 분명하다. '다들 이남으로 간다고들 하지 않어……. 역시 그곳엔 우리가 알지 못하는 세계가 있는 것 같아'라고 말하던 쏘냐의 이상경(理想景)은 그대로 '연'의 이상과 상통하는 점이었다. 그러기에 그는 어머니를 남겨둔 채 목사네 식구를 데리고 이남으로 건너왔던 것이다. 목사님이 교회와 교우를 버리고 떠나야 했던 동기도 사실은 장로의 아들이 남로당에 들어가 있었고, 교회는 장로의 손에 의하여 마구 요리되고 있었기 때문이다. 그래서 그는 이북의 구속을 피해왔을 뿐이지 이데올로기의 선택은 아니다.

따라서 그는 6·25 전쟁의 의미도 역시 자유 수호를 위한 투쟁으로 간주했던 것이다.

> 물론 내가 전투에 참가했던 것은 만 씨나 촉 씨의 경우 모양 땅을 다투기 위하여서거나, 또는 명리를 얻기 위하여선 아니었다. 그러기에 나는 한쪽다리를 잃었고, 나의 아내가 된 미혜는 눈을 잃었어도 그러한 불구의 몸을 위안할 수 있는 것이다. 자유! 그것은 수많은 생명보다 고귀한 것이기에 젊은 생명들은 조국의 역사 앞에 죽어갔던 것이다.[11]

땅 뺏기나 이데올로기의 투쟁이 아닌 자유와 자립을 위한 투쟁, 이것이야말로 '연'의 일관된 행위요, '존'과의 영원한 우정이다.

그 결과 이남(以南)에서 그가 목격한 비극은 '가난'이었다.

> 유물론적인 공산주의를 막는 길은 유신론인 교회로 가는 길보다 나자신이 가난에서 벗어나기 위하여 이 산허리를 개척하는 길이라고[12]

미래에 만날지도 모르는 친구 '존'을 향한 외침. 결국은 무신론자적 태도를 강조한 점이 아니라 자립과 자유를 위한 투쟁의 결심임을 알아야 한다. 마지막 택한 동경의 세계가 부정과 부패로 물들어 있고, 이데올로기의 대립으로 심각해져 있음을 보고 그는 '인내와 근면'으로 에덴을 건설할 꿈을 계획한다.

눈먼 아내 미혜와, 한쪽 다리가 부러진 절름발이 '연', 그것은 분단

---

11 위의 책, 190쪽.

12 위의 책, 218쪽.

된 절름발이 국토의 눈먼 절망을 그대로 암시한다. 이 절름발이의 절망을 딛고 거친 땅을 일구고자 하는 용기와 의지.

그것은 일제와 미, 소와 6·25와 4·19의 아픔을 딛고 일어서고자 하는 조국의 모습이다.

그 용기와 의지 앞을 가로막는 장마와 폐허 속에서 다시 '연'은 친구 '존'을 만난다. 추위와 굶주림의 폐허 속에 선 '연'의 운명과 날씬한 세단차를 몰고 와서 수해의 참상을 보도하기 위해 나타난 '존'의 운명, 그것은 너무 대조적이지만, 끝내 '연'은 '존'과의 수평적 우정을 바랄 뿐 그의 원조를 바라지는 않는다.

> "그래 앞으로 어떻게 할 작정인가?"
>
> "존, 신경 없는 이 고무다리도, 보이지 않는 미혜의 눈도, 결국은 내 의지로써 볼 수도 있고 움직일 수 있는 것이야. 인간의 의지가 곧 운명이란 말이 있지 않나. 말하자면 운명이란 의지의 결정 같은 거니까. 존이 앞으로 어떻게 하겠는가 물으니 말해주지. …… 아무리 많은 구제품과 레이숀 박스라 해도 헐벗음과 굶주림을 막을 순 없을 거야. 공연히 인심만 사납게 하기가 쉽지."[13]

존과 연은 끝내 수평적 우정을 유지한다. 수평적 우정일 때 그는 자립을 의미하고 완전한 자유인이 되는 것이다.

'끊어진 다리'는 상징적인 제목이었다. 남과 북으로 갈라진 오늘의 조국현실과 남·북의 대립으로 끊어진 연의 다리와, 홍수에 밀린 끊어

---

13 위의 책, 405-406쪽.

진 다리(橋)와 그 '끊어진 다리' 때문에 다시 만나게 된 연이와 존의 입장은 우리 민족의 현실 그대로였다.

그러나 이 작품의 인물들을 명확한 의지를 지닌 인물들이다. 일제를 살아가는 연의 아버지의 의지, 6·25를 겪은 연이의 의지, 그것들은 어두운 현실을 뚫고 나갈 수 있는 뚜렷한 방향감각이었다.

이런 점에서 《끊어진 다리》의 성격은 《목소리》와 동궤의 작품이라고 본다.

어두운 상황에서 방향 잃은 절망의 외침과 몸부림으로써 그 아픔을 말하고 있는 《나무들 비탈에 서다》, 《광장》과 같은 작품을 우리는 앞서 살핀 바 있다.

이에 비하여 《끊어진 다리》와 《목소리》는 어두운 상황에 발을 딛고 서서 밝음을 향해 발돋움하려는 의지를 보이고 있다고 말할 수 있다.

전후소설이 지니는 특징을 이렇게 두 가지로 나누어 볼 수 있었다.

나의 문학, 나의 소설작법

대담 정한숙·최동호

작품의 일관성

최 연보에 의하면 선생님은 1948년《예술조선(藝術朝鮮)》에 단편〈흉가〉가 당선되어 문단에 등단한 것으로 되어 있습니다. 따져보면 35년 전인데, 그동안 작품을 발표하시면서 어떤 일관된 작가정신이랄까요, 작품의식 같은 것이 있었다면 어떤 것이겠습니까?

정 작가는 모든 것을 작품을 통해서 말합니다. 내 개인적으로 돌이켜 보자면, 굳이 어떤 일관된 작가의식이 있었다기보다는 많이 방황했다는 생각입니다. 최근에 그런 생각이 짙게 느껴집니다. 여기에는 개인적인 이유도 있지만, 내가 태어난 세대가 겪어야 했던 여러 민족적 비극들이란 외적 요인들이 작용했습니다. 일제 말, 해방, 6·25동란 등 거의 그칠 사이 없는 분열과 갈등의 시대를 호흡했다는 것이죠.

최 선생님께서 방황이라고 말씀하셨습니다만, 그 방황이란 것이 정신적 편력 아니겠습니까? 그런 점에서 본다면 방황이라고 표현하신 그것도 지향하는 그 무엇이 있었을 것이라고 여겨집니다.

정 그렇게 자꾸 한정시키려 든다는 것이 문제입니다. 물론 여러 작품을 집약하면 하나의 흐름이 있을 것입니다. 그동안 우리 소설이 너무 민감하게 시사적인 것들에 관심을 집중해 왔고, 현실적인 문제에 치중하다 보니 정작 문학 자체에는 소홀히 하게 되었다는 생각도 하지요. 역시 작가는 작품을 통해서 새로운 인간형을 성공적으로 창조할 수 있을 때 진정한 의의를 부여받는다는 점은 불변의 사실이겠지요.

소년 시절 그 이후

최 이야기를 선생님의 소년 시절로 되돌려 보시죠. 특별히 생각나시는 일이 있으십니까?

정 학교에서는 그저 평범한 소년이었습니다. 나는 1922년 평북 영변에서 태어나 그곳에서 유치원 2년과 보통학교 8년을 다녔습니다. 보통학교는 6년인데 8년 다닌 것은 중학교 입학시험에 떨어져 재수했기 때문입니다. 그때 유년 주일 학교에 열심이었던 것 같아요. 성극을 지도하기도 하고 때에 따라선 찬양대 대원이 되기도 하였으며, 16-17세 때까지 기독교에 심취했습니다.

최 그후 종교에 깊은 관심을 갖고 계십니까? 후에 발표된 〈삐에로〉나 〈만나가 내리는 땅〉과 같은 작품에는 기독교적 영향이 느껴지는데요.

정 좀전에 말씀드렸던 것처럼 16-17세 때까지 기독교에 심취해 성서를 생활화하다시피 읽었습니다. 구약에서 시편을 읽었고, 신약에선 네 복음과 고린도 전서를 열심히 읽었습니다. 그 이후 기독교적 신앙 그 자체에서는 멀어졌지요.

최 선생님께서 사숙한 작가가 있습니까?

정 지금까지 어느 특정 작가를 모델로 사숙한 일은 없습니다. 물론 친근감을 느꼈다던가 감탄한 작가들은 있지요. 중학교 때 춘원과 상허의 소설을 읽었는데, 춘원 소설의 큰 스케일과 주인공들의 민족에 대한 숭고한 사랑에 감탄했고, 상허의 세련된 문장과 섬세한 묘사 능력에 탄복했습니다. 물론 내가 청년기에는 일제 말이었으니까 이런 소설을 한가하게 읽도록 내버려 두지 않았지요.

최 선생님의 고향이 김소월의 시 〈진달래꽃〉으로 유명한 영변이신데, 그곳의 경관을 말씀해 주시죠.

정 영변골을 둘러싼 산줄기는 묘향산을 잇고 있는 명승지입니다. 동남쪽으로는 청천강의 원줄기가 흐르고 서쪽으로는 지류인 구룡강이 흐르고 있지요. 최고운이 말한 대로 '약산사방고준령석삭립칭천

작지역(藥山四方高峻嶺石削立稱天作之域)'이란 표현 그대로입니다.

최 하늘이 만든 곳이란 말을 들을 만큼 그렇게 아름다운가요?

정 약산 동대에 올라 사방을 둘러보면 천지의 조화는 온통 이 돌산에 응결된 느낌을 갖지요. 예리한 칼로 깎아 세운 듯한 낭떠러지, 발붙일 곳 없는 돌벼랑 위에 천년을 헤아리는 앉은뱅이 늙은 소나무가 있고, 그 사이사이를 수놓은 듯이 진달래가 불타듯 피어납니다. 짙은 녹음 속에선 하루 종일 뻐꾸기가 웁니다. 장마가 지나고 하늘이 높아지면 다래와 머루가 덩굴 속에 무르익으며, 온 산이 홍엽으로 물들지요.

최 아름다운 고향에 대한 향수가 있으시겠습니다. 해방 직후 월남하신 것으로 되어 있는데 그 전후한 사정은 어떠했습니까?

정 2차 세계대전 막바지에 일본 제국주의자들은 우리 민족에게 엄청난 박해를 가했죠. 지금 들으면 실감이 나지 않을지 모르지만 조선어말살정책이나 강제징용 같은 것들은 당시의 조선 청년들에게는 급박한 시련이었습니다. 나는 징용을 피해 국경 지대인 만포와 강계에가 있다가 해방을 맞아 고향에 돌아왔습니다. 고향땅에 이미 공산당의 정치적 소용돌이가 몰아치고 있었지요. 자유를 찾아 월남했다면 너무 상식적이지만 사실입니다. 1946년 단신 월남하였습니다.

동인지 시대와 등단

최 월남 직후 동인지 활동을 하셨지요? 그때 만난 문인들은 어떤 분들이신가요?

정 '주막(酒幕)' 동인이었습니다. 그때 처음 사귀게 된 문우는 전광용(全光鏞)과 정한모(鄭漢模)이며 그들을 통해 전영경(全榮慶)과 작고한 남상규(南相圭) 등을 알게 되었습니다.

최 '주막'이란 명칭은 시사적입니다. 그 당시의 어떤 정신적 분위기 같은 것이 느껴지게 합니다.

정 주막 동인들은 각자 열심히 작품을 쓰고, 가혹하다 하리만큼 서로가 비평을 가했지요. 시대적 상황이 어수선하기도 했지만 20대 중반의 우리들은 엄청나게 술도 많이 했지요. 그 시대에 맺어진 우정은 40여 년에 가까운 지금도 매우 깊습니다. 젊은 시절에 인간적 정리를 나누었다는 것이 시간이 갈수록 귀중하게 여겨지기도 합니다.

첫 발표작 주변

최 첫 작품을 발표하시던 시기에, 문학에 대한 어떤 포부가 있으셨습니까?

정 〈흉가〉를 발표할 때 나는 대학 재학생이었습니다. 소설가가 되겠다는 생각보다 요즈음 말로 아르바이트 용돈벌이로 했던 것이 인연이 되어 소설을 쓰게 되었던 셈이지요. 물론 이런 말이 결코 소설이나 문학을 가볍게 생각했다는 뜻은 아닙니다. 돌이켜 보면 내가 소설을 쓰는 재주가 남달리 있었다기보다는 그 시절엔 사람이 없었기 때문이라고 하겠지요.

최 본격적으로 작품을 발표하신 것은 그 이후 몇 년이 지나서이죠?

정 당시는 6·25동란의 와중이었고, 어느 정도 동란이 진정되어 가면서 작품을 활발히 발표하게 되었습니다. 1953년 중편 〈배신〉이 조선일보에, 1955년 단편 〈전황당인보기〉와 희곡 〈혼항〉이 한국일보 신춘문예에 입선되면서 작가로서 방향을 잡게 된 것이죠.

최 〈전황당인보기〉는 선생님의 초기 작품에서 중요시되는 작품이 아닌가 하는데, 주인공 수하인 강명진과 같은 인물은 특징적이라 여겨집니다. 평자들은 여기서 회고적이거나 복고적 취향을 지적하고 있는데요.

정 전황석 인장이 매개가 되어 그런 인상을 받겠지요. 그러나, 그런 효과를 노린 점이 있지만 단순한 회고 취향만은 아닙니다. 그 속에는 세속의 것에만 가치를 두는 현대인의 물량화에 대한 비판도 깔려 있습니다.

최 수하인을 과거의 인물로 묘사했기 때문이 아닐까요? 전통적인 것에 대한 작자의 애정이 그렇게 표현된 것이라고도 보입니다.

정 과거의 전통적인 것이 모두 옳은 것은 아닙니다. 또한 전통적인 것만을 고집할 수도 없겠지요. 그러나 그 가운데는 결코 버릴 수 없는 정신적 가치도 있습니다.

최 〈전황당인보기〉에서 추적하신 주제는 30년이 지난 오늘에도 적용될 수 있는 것이 아닌가 합니다. 6·25동란 때는 어떻게 지내셨습니까?

정 6·25동란 때는 부산으로 피난을 갔습니다. 모두가 말할 수 없이 고생을 하였을 뿐만 아니라 커다란 민족적 비극을 현장에서 직접 경험하게 되었지요. 피난지에서 황순원(黃順元), 김동리(金東里), 허윤석(許允碩), 박연희(朴淵禧), 박목월(朴木月) 등 여러 문인을 알게 되었습니다.

명천옥 시절

최 휴전협정이 이루어진 후에도 1950년대라면 전쟁으로 인한 폐허 속에서 물질적으로나 정신적으로 매우 황량한 시대였다고 생각됩니다.

정 1950년대 초반에서 1960년대 초반에 이르는 시기는 나에게 있어서 명동 시절이라 할 수 있습니다. 주로 명동의 명천옥(明泉屋)이란 곳을 드나들며 술을 마시고 많은 작품을 구상하고 집필하였습니다.

최 선생님의 연보를 보면 1955년부터 1960년까지 다량의 작품을 발표하셨더군요. 당시 명동에 모이던 문인들과의 교우 관계나 분위기가 창작열을 고취시킨 것이라 보입니다만…….

정 이 무렵 많은 원로 시인, 작가들을 모실 수 있었지요. 저녁만 되면 명동에 모이던 문인들과 더불어 전후의 어수선한 분위기에서 막연하나마 무엇을 찾으려 하고 준비하던 시기라고 할까요. 물론 그들 중에는 자기 문학만이 순수문학(純粹文學)이라 떠들어대는 선배들도 있었습니다. 나는 그들의 생리가 싫어서 술좌석을 같이 하면서도 인간적인 친분을 두텁게 하지는 못했습니다.

최 이른바 순수나 통속의 획일적인 구분이 문제이겠습니다. 1955년 7월에 발표된 〈금당벽화〉에는 어떤 주제를 담았습니까? 고등학교 국어 교과서에도 실려 있고 한데…….

정 고구려의 불승 담징이 일본 법륭사의 벽화를 완성하게 된 역사적 사실을 배경으로 하고 있죠. 실제로 수양제가 이백만 대군을 거느리고 고구려를 침범했다가 을지문덕에 패하여 물러갔다는 것과 금당벽화가 담징에 의해 완성된 것과는 직접적인 관계가 없습니다. 이 두 사건을 접맥시킨 것은 작자의 상상력입니다.

최 이 두 사건을 접맥시킨 특별한 이유라도 있습니까?

정 조국은 오랑캐에 짓밟히고 있음에도 벽화를 완성시켜야 한다는 담징의 인간적 갈등이 주요한 내용입니다. 이와 유사한 체험을 부산 피난지에서 경험했었습니다. 전세가 불리해질수록 모두 개인의 안전을 위해 현실을 도피하는 데 급급했습니다. 많은 사람들이 일본이나 외국으로 도망갈 궁리를 하고 있었습니다.

6·25동란과 한국적 비극

최 6·25동란은 선생님의 작품의 주요 소재가 되었던 것이라 보입니다. 〈금당벽화〉에 뒤이어 1년 후에 〈고가〉가 《문학예술(文學藝術)》에 발표되지 않았습니까?

정 6·25동란의 한국적 비극은 이데올로기적인 대립에 앞서 봉건적 제도나 관습과 같은 것이라는 것이 나의 기본 입장입니다. 〈고가〉에서도 그런 면을 부각시키려 했습니다.

최 그런 면에서 〈준령〉, 〈그늘진 계곡〉, 〈고추잠자리〉 같은 작품들도 어떤 유사점이 있을 것 같습니다. 〈그늘진 계곡〉의 주인공 경수나, 〈고추잠자리〉의 주인공인 괴뢰군 병사 바위가 이데올로기에 의한 무장보다는 인간적인 공감을 지닌 인물들이라는 점에서 그렇게 느껴집니다.

정 전통적 사고나 생활습관이란 것의 질긴 뿌리를 인식하고, 관심의 초점을 내적인 면에 맞출 때 우리의 민족사적 비극이 부각될 것입니다. 그것이 내적인 문제와 직결될 때 문제의 심각성이 드러난다고 보겠죠.

소설의 착상과 집필

최 〈고가〉를 집필하시게 된 배경이라든가 작품의 착상에 대해서 좀 더 구체적으로 말씀해 주십시오.

정 우선 착상이나 소재에 대해서 간단히 말해볼까요. 1957년 5월 하순경 우연히 모다방에서 김석하(金錫夏) 씨를 만났습니다. 커피를 마시면서 일상적인 담소를 하다가 화제가 그의 고향인 영주(榮州) 고을 이야기로 번져갔습니다. 요약하면 장동 김씨와 퇴계 후손인 이씨 그리고 권씨 등의 문중세력 다툼으로 6·25동란 후 피해가 많았다는 것입니다. 이 이야기를 듣고 나는 무언가 작품이 될 것 같다는 생각이 들어 영주 고을의 위치, 지형, 그리고 장동 김씨의 종손이 살던 집의 구조 등을 따져 물었습니다. 이를 대충 수첩에 기록하고 헤어졌습니다.

최 그러면, 실제로 현지 답사를 하셨나요? 그리고 등장인물들 가운데 누군가를 만나보셨습니까?

정 착상은 위에서 말한 바와 같지만, 이 작품에 등장하는 인물과 사건은 모두 가상적인 것입니다. 그리고 작품상의 무대는 영주 고을 장동문중이지만 그 집안에 서리는 분위기는 나의 고향의 어느 집이죠.

최 실제적인 것과 가상적인 것이 결합되었다는 말씀이시군요. 이 작품을 집필하시게 된 구체적인 동기가 있습니까? 단순한 착상만으로 이루어지지 않는다는 점에서 말입니다.

정 이 작품이 발표된 것이 1957년 7월이니까, 6월 하순경으로 기억됩니다. 당시에 발간되던《문학예술》의 편집일을 하던 김 모 양을 '동방' 살롱에서 만났습니다. 그랬더니 이 달에 실리기로 되었던 차 모 씨의 작품 150매가 차질이 났으니, 2, 3일 내로 꼭 좀 무얼 부탁한다는 것이었습니다. 이때 한 달 전에 만났던 김석하(金錫夏) 씨의 이야기가 떠올라 내일 아침까지 작품을 써주겠다고 약속했습니다.

최 하룻밤 사이에 쓰시겠다는 말씀이 되었겠군요.

정 대략 오후 여섯 시쯤 책상에 붙어 앉아 작품을 시작해서 다음 날 새벽 4시에 끝낸 것으로 기억됩니다. 그대로 한잠 자고, 조반을 먹은 다음 오전 열 시에 작품을 넘겼으니까요.

최 대단히 정력적으로 쓰셨군요. 지금도 그런 속도로 작품을 쓰십니까?

정 물론 〈고가〉와 같은 경우는 예외적인 경우라고 할 수 있습니다. 창조적 열정에 가득 차 있었던 시기였으니까 그럴 수 있었던 것이라고 생각합니다. 지금도 두 달에 한 편 정도씩 씁니다. 작품을 쓰는 시간보다 구상하는 시간이 길어요. 사건의 전개와 인물의 성격들을 형상화하는 작업이 완료되어 쓰기 시작하면, 3, 4일 또는 일주일이면 탈고됩니다.

소설과 여주인공

최 따져보니 그때가 연령적으로 30대 중반을 전후한 시기였던 것 같습니다. 이 작품에서 여자 주인공 '길녀'가 목매달아 죽었는데, 이 여주인공이 선생님이 쓰신 소설들의 한 원형적인 모습이라는 느낌이 듭니다.

정 내가 쓴 작품에 등장하는 주인공들은 여러 가지 유형을 지니고 있습니다. 이 작품의 주인공이 숙명적인 조건을 감수하는 한국적 여성이라는 점은 동의합니다.

최 70년대 중반 이후에 발표하신 〈어두일미〉, 〈원(願)〉과 같은 작품들에서도 이런 여성 주인공들이 지속적으로 나타나고 있다고 보입니다. 특히 6·25가 일어난 지 30년이 지난 오늘도 통일의 길은 멀고, 30년 전에 납북된 남편이 돌아올 것을 믿는 여인들에 대한 이야기는 우리나라의 전형적인 여인의 모습을 드러내는 것이라 생각됩니다. 그런 점에서 조금 여성에 대해 보수적인 면을 지니고 계신다고 할 수 있지 않겠습니까?

정 보수적이라기보다는 여성적 미덕을 그리려 한다고 볼 수 있겠지요. 또 그런 문제들은 여인들 자신에 의해 결정되었던 것이 아닙니다.

일면 여인들의 희생과 헌신이 오랜 역사적 시련을 꿋꿋하게 버텨오게 만든 힘이 되었던 것이라고도 볼 수 있겠지요.

산문정신과 비판의식

최 우리 민족이 경험한 현실과 이상 사이에는 일치되기 어려운 많은 문제점들이 있었습니다. 작가로서 이상과 현실의 문제를 어떻게 보십니까. 1960년대 발표하신 〈IYEU도(島)〉는 선생님의 이상주의가 절정에 달한 작품이라고 하는 평자들의 견해를 본 적이 있습니다.

정 현실에 대해서 일방적으로 비판만 한다는 것은 바람직하지 않습니다. 물론 무조건적인 긍정도 커다란 문제이겠지요. 산문정신의 근본은 비판정신이라고 생각합니다. 다만 이 비판정신이 작품에 적절히 용해되어 설득력을 지닐 때 그 정신이 살아나는 것이며, 작가의 존재의의는 여기에 있는 것입니다.

최 이여도는 제주도 어부들이 마음에 그리고 있는 이상적인 섬이 아닙니까. 순복, 상운 그리고 화자인 나라는 세 소년이 수평선 저쪽에 있는 행복의 낙원을 찾아가다 표류한다는 유년 시절의 회상은 희망과 꿈의 나라는 결국 찾지 못한다는 뜻이 숨겨져 있지 않습니까?

정 어릴 적의 표류 장면은, 회상의 기록이죠. 작품의 초점은, 이여도는 다른 곳에 있지 않고 자기들이 살고 있던 이 마을이라는 순복이 아내의 말에 함축되어 있다고 하겠지요.

소재의 발굴과 체험

최 바꾸어보면 현실에 기반을 둔 이상을 추구하신다는 말씀이 되겠습니다. 이 작품의 경우 제주도 등의 현지 답사를 하신 적이 있습니까?

정 제주도에 방언이나 민속 자료 조사차 몇 차례 학술답사를 갔었습니다. 거기서 제주도의 설화와 민요에 대한 소재를 얻었습니다.

최 회상으로 표백된 어릴 때 경험한 예술제 장면들은 유년 시절의 직접적인 체험과 관련이 있을지도 모른다고 막연히 추측됩니다.

정 〈고가〉의 경우와 같이 직접적인 체험의 일부로 어떤 면에서 작용합니다. 그러나 체험만으로 이루어지는 것은 아닙니다. 자료 수집, 작가의 상상 그리고 부분적으로 체험적인 요소들이 복합되어 빚어집니다.

최 선생님 작품에 매우 다양한 기법이 시도되고 있다는 평자들의 지적이 있습니다.

정 〈IYEU도〉의 경우 시간의 이동, 장면의 전환 등을 통해 연상적인 방법을 채용했습니다.

최 시간과 공간의 전환과 배치를 통해 상상력의 범위를 확대할 수 있을 것으로 보입니다. 그럴 경우 작품 전체의 통일성에는 문제가 있지 않겠습니까?

정 어떤 작품에 있어서든지 작품의 유기성은 중요한 문제입니다. 소설에서 구성이 강조되어야 할 이유도 거기에 있습니다. 그리고 작가의 부단한 시도도 이런 점들에 유의해야 합니다. 〈IYEU도〉에서 시도한 기법상의 성공 여부는 독자들의 판단에 맡깁니다.

최 시공을 꿰뚫는 인간의 근원적인 문제가 1971년에 발표하신 〈금어〉와 같은 작품에서도 부각되고 있다는 느낌을 받았습니다. 인간의 현세적 고통을 극복하여 부처님의 대자대비한 모습을 그린 관음상에 구현한 아심 스님의 노력에서 그런 점을 발견할 수 있을 것 같습니다.

정 예술과 종교는 인간이 현세적 번민을 극복하는 근원적인 방식이라고 봅니다. 전쟁과 죽음 그리고 사랑의 문제를 〈금어〉를 통해 추적했습니다.

우리 시대와 젊은 세대

최 위에서 말씀하신 것들이 인간의 근원적인 문제들이라면 우리 시대의 문제는 무엇이라고 보십니까?

정 일단은 세대 간의 문제입니다. 아버지와 아들의 정신적 거리, 이것이 오늘의 한국적 현실의 문제라는 것을 말하고 싶습니다. 어디선가 말한 적이 있습니다만 아버지는 죽고 전쟁은 끝났다, 이제 아들인 그가 어느 곳으로 돌아가야 할 때가 왔다는 것입니다. 이 문제는 내가 이미 60년대 중반에 한 지적입니다. 그러나 지금도 쉽게 극복될 수 있는 문제가 아닌 것 같습니다. 점점 더 커진다고 할까요.

최 젊은 세대가 너무 물량적인 이해관계를 추구한다는 비판이 많이 있습니다. 최근 우리나라의 젊은 세대를 어떻게 이해하십니까?

정 내가 접하는 젊은이들을 볼 때 나는 오히려 그 반대라고 생각합니다. 물론 그런 경향이 번지고 있는 것은 사실입니다. 그것은 기성세대의 책임입니다. 그들에게 어떤 정신적 좌표를 세워주지 못하면서 그들을 일방적으로 비판하는 것은 잘못입니다. 젊은이들에게 맹목적인 것을 요구할 수는 없는 일입니다. 나 개인으로는 오히려 기성세대보다 진지하고 성실한 삶을 추구하는 많은 젊은이들을 만나고 있고, 또 그것이 나의 기쁨이기도 합니다. 물론 우리가 살고 있는 시대가 처한 상황은 매우 심각한 위기에 놓여 있습니다. 이런 난관을 극복해 나가는 것 역시 젊은 세대들이 앞으로 해야 할 과제입니다.

최 선생님은 작품을 쓰실 때 독자를 의식하십니까?

정 물론입니다. 항상 시대 감각에 맞게 새롭고 신선하게 쓰고 싶다는 것이 나의 소망입니다. 한 편의 소설을 읽으면서 독자가 요구하는 바는 다양합니다. 할 수만 있다면, 이 요구 조건 모두를 만족시켜 주는 것이 바람직합니다. 그러나 그것은 불가능하죠. 인간의 삶 자체가 그러하듯 그것을 담는 그릇의 틀 또한 다양하기 때문입니다. 이 양자가 공감할 수 있는 영역을 확장하는 것이 작가의 의무라고 봅니다.

창작에서 학문으로

최 선생님의 작품 연보를 일별해 보니, 60년대 중반 이후 작품 발표가 줄어들다가 최근에 다시 많아지고 있다는 점을 발견할 수 있었습니다.

정 그렇지요. 이 시기에도 결코 작품을 쓴다는 것을 등한시하지는 않았습니다. 그러나 이 시기에 4·19와 5·16을 겪어야 했습니다. 나에게 직접적인 책임은 없다 해도 크나큰 충격을 받았습니다. 돌이켜 보니 그때까지 나는 10여 년 동안 너무 학교를 떠나 있었고, 나의 모든 정열과 역량을 명동에서 소비했다는 것입니다.

최 학문적인 측면에도 관심을 기울이게 되셨다는 말씀이군요.

정 창작생활에 기울였던 정열을 늦게나마 학문 쪽으로 방향을 바꿨습니다. 새로운 강의안을 짜고, 논문 준비도 했으며, 이 무렵부터 대학원생들과 연구실에 묻혀 살았습니다. 50년대와 60년대를 창작생활에 열중했다면 60년대 후반과 70년대는 학교생활에 몰두한 셈입니다.

최 이미 1952년 '국어국문학회' 창립 때 상임임원으로 참여하셨고,

논문은 60년대 중반부터 활발히 발표하기 시작하셨습니다. 학술적 저서는 1973년《소설기술론》을 시발로 지난해 간행하신《현대한국문학사》까지 모두 7권이 되더군요?

정 내 자신 작가라는 이유 때문인지 우선 소설의 기술적인 측면이나 문장, 인물의 성격 등을 중심으로 한 작가론을 썼습니다. 그리고, 이를 종합한다는 점에서 작품 중심으로 문학사를 기술해 본 것입니다.

최 선생님의《현대문학사》를 읽어보았더니, 종래에 거론되지 않았던 납북작가들에도 상당한 배려를 하셨고, 평이하고 요약적으로 우리 현대문학사를 이해할 수 있도록 기술되었다고 느꼈습니다.

정 난삽한 방법론이나 거창한 이론이란 것이 나에게는 거추장스럽다고 생각됩니다. 문제는 얼마나 작품을 충실히 읽느냐에 달려 있는데 우리나라 작품을 제대로 읽지 않으면서 서양의 논리를 재단식으로 적용한다는 것은 시정되어야 할 일입니다. 물론 내가 쓴 문학사도 빠뜨린 점이 많고, 전체적인 전망도 분명히 제시하지 못했다는 약점이 있어요. 보완할 생각입니다.

최 채만식을 다룬 〈붕괴와 생성의 미학〉과 정비석(鄭飛石) 등의 작가를 다룬 〈대중소설론〉 같은 논문들은 선생님의 독자적인 관점이 드러난 것들이 아닌가 합니다.

정 우리의 경우 문학작품을 획일적인 눈으로 보려고 하고, 자기 작품만을 고집하는 예가 많아요. 순수 통속의 이분법이나 순수 참여 등의 논법이 그렇다고 생각합니다. 김래성의 〈청춘극장〉이나 정비석 〈자유부인〉 같은 작품들은 그 나름의 문학성이 충분히 있습니다. 그것을 따져보지도 않고, 또는 인기가 있었으니 통속소설이다 하는 식의 판단은 버려야 합니다.

인기작가와 상업주의

최 최근의 인기작가에 대해서는 어떻게 생각하십니까? 상업주의 논쟁이 오랫동안 계속되고 있는데.

정 위에서도 말한 것처럼 인기 그 자체가 나쁜 것이 아닙니다. 그 작품이 얼마나 문학적인 가치를 지니고 있느냐가 중요합니다. 특정인의 이름을 내세우지 않더라도 최근 우리 소설은 문장이나 기법에 있어서 상당한 수준에 있습니다. 다만 작가가 무엇을 말하려고 했는가 하는 것이 애매하고 불투명합니다. 또 한편으로 생각해 보면 지나치게 감각만을 내세워 획득하는 인기라는 것은 하루 아침에 무너져 버릴지도 모를 만큼 허망한 것이란 점을 분명히 지적하고 싶습니다.

최 작품을 계속 발표하시면서, 10년 안팎에 7권의 학술저서를 마련했다는 것은 놀랄 만합니다.

정 다작이 좋은 것은 아닙니다. 그러나 쉬지 않고 활동한다는 것이

나에게는 중요하게 여겨져요. 학술적인 방향 이외에도 현역 작가로서 앞으로도 쉬지 않고 작품을 쓴다는 것을 염두에 두고 있습니다.

최 선생님이 발표하신 장편소설에 대해서는 별로 언급하지 못했습니다.《암흑의 계절》등 10여 편의 장편소설을 발표하셨는데《끊어진 다리》에 관심이 갑니다.

정 《끊어진 다리》는 시대의 힘과 개인의 삶에 대한 탐구입니다. 일제, 해방, 6·25 세 시대에 걸쳐 주인공 '연이'가 펼치는 삶의 드라마입니다. 중점은 6·25 이후에 있습니다만.

최 이 세 시대를 잇고 있는 흐름을 바라보는 시선이 선생님의 작가적 시선의 큰 줄기라고 여겨집니다. 처음에 30여 년의 작가생활을 방황이라고 하셨는데, 그 방황이 삶을 형성하는 중심줄로 아직도 생명력을 갖는다는 점에서 말입니다.

정 개인만의 문제가 아니라 민족 전체의 문제라는 점에서 삶의 중심을 확인하는 작업이 필요합니다.

최 격동하는 시대사적 흐름 속에서 현실에서 가장 이상적 세계를 추구하고 실현하고자 하는 것이 선생님의 작가적 신념이라고 추정해 볼 수 있을 것 같습니다.

정 파당과 분열을 극복하고 서로 협조하여 가능한 한 최상의 현실을 만들어보자는 것이 소박한 대로 나의 소신입니다. 돌이켜 보면 50년대 명동 시절의 열정적인 창작생활에 향수를 느끼기도 하지만, 이제 갑년을 지냈고 학문적 저술도 일단 정리하였으니 다시 창작생활에 열중하고자 합니다.

최 계속 왕성한 창작생활을 통해 우리 문학을 빛내주시기 빕니다.

{ 제5부 }

부록

정한숙 생애 연보

1922년(1세) 11월 3일 평안북도 영변군 영변면 동부리 533번지에서 부 정이석과 모 박병렬의 오남매 중 차남으로 출생. 영변에는 4대조부터 정착하여 살았으나 부친이 파산하면서 연주문 앞의 초가로 이사. 불교에서 기독교로 개종한 모친의 영향으로 보통학교 입학 전 2년 동안 기독교 계통의 유치원에 다님.

1929년(8세) 영변 공립 보통학교 입학. 재학 시절, 훗날 아내가 될 김순실을 만남.

1937년(16세) 중학교 입학시험에 떨어져 보통학교를 8년 동안 다님. 17세 때까지 기독교에 심취하여 교회에서 성극을 지도하며 찬양대 대원으로 활동하기도 함. 누나와 누나 친구의 영향으로 소설을 탐독하며 이광수의 소설과 이태준의 문장에 매료되며 막연하게 나마 소설가의 꿈을 꾸게 됨.

1943년(22세) 영변공립농업학교 졸업. 생계를 위해 방직회사 사원, 도(道) 고원, 일인(日人) 소학교 촉탁교원 겸 서기, 총독부 기수, 곡물검사소 소장 대리 등 여러 직업을 전전함. 일제 말 징용을 피해 국경

지대인 만포와 강계에 머물다가 해방을 맞음.

1946년(25세) 단신 월남 후 평양으로 시집간 누나를 제외한 어머니와 두 남동생도 뒤이어 월남. 학업 정진을 위해 고려대학교 국어국문학과에 편입. 고명중학교 교사. 이미 월남하여 초등학교 교사를 하고 있던 김순실과 재회.

1947년(26세) 전광용, 정한모, 남상규, 전영경 등과 함께 '주막(酒幕)' 동인 결성.

1948년(27세) 소설 〈흉가(凶家)〉가 《예술조선》(3호, 4월) 신인상 가작에 당선되면서 문단에 데뷔.

1950년(29세) 고려대학교 국어국문학과 1회 졸업생으로 졸업(5월). 대학 졸업 직후 대동상업학교에서 국어교사를 하던 중 한국전쟁이 발발하자 적 치하 90일을 숨어 삶.

1951년(30세) 휘문고등학교 강사(~52년). 부산으로 피난. 피난지에서 황순원, 김동리, 허윤석, 박연희, 박목월 등을 만나 교유함.

1952년(31세) 휘문고등학교에 국어교사(~58년). 단편 〈ADAM의 행로〉와 〈광녀〉 발표.

1954년(33세) 고려대학교 문리과대학 강사(~57년). 소설 〈배신〉이 《조선일보》(2월 8일) 신춘현상단편소설모집에서 선외가작으로 당선.

1955년(34세) 문단의 혼란기에 본격적인 재등단이 필요하다고 생각할 무렵 마침 현상모집에 작품 투고를 하여 소설 〈전황당인보기(田黃堂

印譜記)〉와 희곡 〈혼항(昏巷)〉이 《한국일보》 신춘문예에 가작으로 당선됨. 이후 양적으로 주목할 만한 활동을 함. '주막' 동인은 동인 초창기 친목 도모적 성격을 탈피하여 월례 작품합평회를 가졌고, 이 모임은 1970년대 중반까지 20여 년 동안 계속됨. 동인 시절 '일오(一悟)'라는 호를 얻음.

1956년(35세) 국제 펜클럽 회원. 《조선일보》에 〈여인의 생태〉를 연재하면서 〈바위〉, 〈고가〉, 〈예성강곡〉 등을 발표.

1957년(36세) 고려대학교 문리과대학 조교수(~61년). 〈암흑의 계절〉(《문학예술》), 〈고원의 비련〉(《평화신문》), 〈애원〉(《현대》 연재). 엄청난 분량의 연재 원고를 써내면서도 〈해랑사〉, 〈청상시대〉, 〈화전민〉, 〈그늘진 계곡〉 등 여러 단편 발표.

1958년(37세) 〈암흑의 계절〉로 제1회 내성문학상 수상. 〈처용랑〉을 《경향신문》에 연재. 〈시몬의 회상〉을 비롯한 〈낙산방춘사〉, 〈미아리 근처〉 등을 발표하였으며, 첫 소설집 《묘안묘심》을 정음사에서 간행.

1959년(38세) 소설 〈바다의 왕자〉를 《경향신문》에 연재.

1960년(39세) 중편 〈IYEU도〉를 비롯하여 〈신과 인간의 상처〉, 〈목우〉 등 발표.

1961년(40세) 고려대학교 문과대학 부교수(~64년).

1962년(41세) 전작 장편 《끊어진 다리》를 을유문화사에서 간행.

1963년(42세) 〈우리 서로 닮았다〉를 《동아일보》에 연재하면서, 다시 왕성하게 소설 작업에 몰두. 이후 〈닭장 관리〉, 〈쌍화점〉, 〈만나가 내리는 땅〉, 〈누항곡〉 등 발표.

1964년(43세) 고려대학교 문과대학 교수(~88년).

1965년(44세) 〈이성계〉를 《동아일보》에 연재.

1966년(45세) 장편 《우린 서로 닮았다》를 동민문화사에서 간행.

1969년(48세) 〈논개〉를 《한국일보》에서 연재하고 단편 〈백자도공 최술〉 발표.

1970년(49세) 이 무렵부터 창작과 함께 더욱 연구와 후배 양성에 진력함. 1970년대에 집중적으로 《소설기술론》(1975), 《소설문장론》(1973), 《한국문학의 주변》(1975) 《현대한국작가론》(1976) 《현대한국소설론》(1977)과 같은 여러 편의 논문과 연구서들을 펴냄. 이러한 연구 작업은 《해방문단사》(1980)와 《현대한국문학사》(1982)와 같이 80년대에도 이어져 후학 양성에 기여함.

1975년(54세) 전국소설가협회 부회장, 펜클럽 중앙위원.

1976년(55세) 고려대학교 사범대학장(~80년). 장편 《조용한 아침》을 청림사에서 간행.

1977년(56세) 장편 《조용한 아침》으로 제1회 흙의 문학상 수상.

1981년(60세) 단편집 《거문고 산조》를 예성사에서 간행.

1983년(62세) 고려대학교 명예문학박사학위 수여. 대한민국 예술원 정회원. 제15회 대한민국 문화예술상 수상. 단편집 《안개거리》를 정음사에서 간행.

1986년(65세) 대한민국 예술원상 수상.

1987년(66세) 고려대학교 학술상 수상. 국제 펜클럽 한국본부 이사. 한국소설가협회 대표위원. 단편집《대학로 축제》를 문학사상사에서 간행.

1988년(67세) 고려대학교 문과대학 교수로 정년퇴임. 대한민국예술원 부회장. 한국소설가협회 대표위원. 국제 펜클럽 한국본부 이사. 3.1 문화상 수상. 국민훈장 모란장 수훈. 단편집《창녀와 복권》을 청한에서, 첫 시집《나무와 그늘 사이에서》를 열음사에서, 첫 수필집《꿈으로 오는 고향내음》을 해문출판사에서 간행.

1989년(68세) 단편집《유혹》을 거목출판사에서, 두 번째 시집《잠든 숲속 걸으면》을 문학사상사에서 간행.

1991년(70세) 대한민국예술원 회장(~93년). 한국문화예술진흥원장(~93년). 소설선집《고가》, 고희기념시집《강강수월래》를 둥지에서 간행.

1992년(71세) 수필집《공자는 남자인가 여자인가》를 혜진서관에서 간행.

1997년(76세) 9월 17일 숙환으로 별세. 문예진흥원 앞마당에서 문인장으로 장례를 치른 후 남서울공원묘지에 안장. 2004년에는 경기도 파주 헤이리 예술인 마을에 '정한숙기념홀'이 건립됨.

연구 목록

대담

정한숙·최동호. 〈나의 문학, 나의 소설작법〉. 《고가—정한숙 대표중편소설선》. 둥지, 1991.

평론 및 해설

최일수. 〈인간성의 생리와 본질—〈눈매〉(정한숙 작)와 〈계모〉(방기환 작)를 읽고〉. 《신태양》, 1956. 8.

정병욱. 〈고전의 현대화 논의〉. 《사상계》, 1957. 6.

정한모. 〈정한숙 저 《애정지대》〉. 《동아일보》, 1958. 1. 21.

신동욱. 〈자유의 신화—《끊어진 다리》의 경우〉. 《현대문학》, 1965. 7.

백철. 〈전란의 상처 위에 돋은 버섯〉. 《한국단편문학전집》. 5. 백수사, 1965.

문덕수. 〈내용과 수법의 다양성—정한숙론〉. 《현대한국문학전집》. 5. 신구문화사, 1965.

염무웅. 〈좌절과 도피—IYEU도〉. 《현대한국문학전집》. 5. 신구문화사, 1965.

조동일. 〈근대사의 두 방향—고가〉. 《현대한국문학전집》. 5. 신구문화사, 1965.

홍사중. 〈기적을 바라는 사람들—만나가 내리는 땅〉. 《현대한국문학전집》. 5. 신구문화사, 1965.

이보영. 〈육인의 중견작가—오유권·정병우·정한숙·박경수·김광식·최일남〉. 《한국단편문학대계》. 9. 삼성출판사, 1969.

장문평. 〈이종환·장용학·전광용·정한숙과 그 문학〉. 《신한국문학전집》. 23. 현대문학사, 1974.

이태동. 〈〈진리의 빛〉과 실존적 신화의식—정한숙: 《조용한 아침》. 이범선: 《표구된 휴지》. 이정환: 《까치방》〉. 《문학과지성》, 1976 가을.

오탁번. 〈끈질긴 탐구정신의 소산—정한숙의 문학〉. 《한국현대문학전집》. 25. 삼성출판사, 1978.

김인환. 〈긍정의 미학〉. 《거문고 산조》. 예성사, 1981.

김영화. 〈백색의 세계—정한숙론〉. 《현대문학》, 1981. 4.

정창범. 〈리얼리즘을 바탕으로 한 작가적 관점〉. 《현대한국단편문학전집》. 14. 금성출판사, 1981.

구창환. 〈민족의 비극을 압축—정한숙의 《끊어진 다리》〉. 《한국문학전집》, 21. 민중서적, 1983.

정현기. 〈따뜻한 작가 눈그물에 비친 세계형식〉. 《안개거리》. 정음사, 1983.

곽학송. 〈정한숙과 손창섭〉. 《월간문학》, 1983. 12.

정현기. 〈역사적 진술의미와 소설적 진실—정한숙의 《끊어진 다리》〉. 《광장》, 1984. 6.

최동호. 〈예술가 소설과 인간상의 탐구—정한숙론〉. 《정통문학》 1, 1985. 12.

한승옥. 〈한국 전후소설의 현실극복의지—〈불꽃〉. 《나무들 비탈에 서다》. 《끊어진 다리》를 중심으로〉. 《숭실어문》(숭전대학교 국어국문학회) 제3집(1986. 6).

송하춘. 〈제자를 자기 몸처럼 아끼시는 우리들 영원한 스승 정한숙 선생님〉. 《동서문학》, 1986. 12.

이남호. 〈오랜 연륜이 만들어낸 멋과 지혜의 조용한 감동—정한숙 처녀시 66편 〈닐리리야 부르세〉를 읽고〉. 《동서문학》, 1987. 5.

김선학. 〈원숙한 작가의 원숙한 소설〉. 《대학로 축제》. 문학사상사, 1987.

박동규. 〈전체적 삶의 시각과 원숙한 인간의 지향〉. 《창녀와 복권》. 청한문화사, 1988.

김선학. 〈좌절과 의지의 인간학—정한숙론〉.《문학사상》, 1988. 4.

정진규. 〈따뜻한 심성, 순리의 길—정한숙의 시세계〉.《나무와 그늘 사이에서》. 열음사, 1988.

이주형. 〈정한숙 소설에서의 한국 현대사 인식—정한숙론〉.《한국현대작가연구》. 민음사, 1989.

오세영. 〈삶과 진실〉.《잠든 숲속 걸으면》. 문학사상사, 1989.

유한근. 〈인간 본위주의적 다양성의 소설〉.《우리시대의 한국문학》. 4. 계몽사, 1990.

최동호. 〈화강암 돌들의 주름살〉.《우리시대의 한국문학》. 4. 계몽사, 1990.

윤석달. 〈분단현실의 소설적 형상화와 역사의식—정한숙의《끊어진 다리》론〉.《논문집》(한국항공대학교) 제28집(1990. 8).

박재삼. 〈정한숙 선생 고희기념시집에 부쳐〉.《강강수월래》. 둥지, 1991.

조동숙. 〈분단소설문학에 나타난 한국전쟁의 이데올로기 체험 연구—1950년대 소설을 중심으로〉.《한국문학논총》(한국문학회) 13(1992. 10).

장성수. 〈전후 현실의 문학적 진단과 처방—정한숙론〉. 송하춘·이남호 편.《1950년대의 소설가들》. 나남, 1994.

김종년. 〈소설가 정한숙—하루하루의 삶에서 기쁨을 찾으렵니다〉.《문학사상》, 1994. 4.

윤석달. 〈역사와 인간에 대한 폭넓은 탐구〉.《한국소설문학대계 33》. 동아출판사, 1995.

김영화. 〈문학과 이여도〉.《백록어문》(백록어문학회) 12(1996. 1).

김인환. 〈故 정한숙 선생의 삶과 문학〉.《고대신문》, 1997. 11. 17.

송하춘. 〈결 고운 삼베, 혹은 무명 가닥〉.《금당벽화》. 고려대학교출판부, 1998.

김재두. 〈정한숙 소설에 있어서 설화의 현대적 변용 연구〉.《겨레어문학》(겨레어문학회) 25(2000. 8).

류지용. 〈60년대 전후소설에 나타난 유토피아 이미지—정한숙의《끊어진 다리》와 박경리의《시장과 전장》을 중심으로〉.《우리어문연구》(우리어문학회)

18(2002).
장석원. 〈정한숙의 《끊어진 다리》론—폭력적인 역사에 대응하는 언어의 양상을 중심으로〉. 《한국근대문학연구》(한국근대문학회) 제4권 제2호(2003. 10).
김재두. 〈정한숙의 《암흑의 계절》 연구〉. 《인문과학논총》(건국대학교 인문과학연구소) 제40집(2003. 12).
손진수. 〈불교사상의 예술적 형상화—〈금당벽화〉에 응축된 정한숙의 작가정신과 소설기법의 의의〉. 《문학과의식》, 2004 여름·가을.
김인환. 〈정한숙론 서설〉. 《PEN 문학》(국제펜클럽한국본부) 통권84호(2007 가을).
최영호. 〈《바다의 왕자—장보고》 경향신문 연재 최초본을 복원하며〉. 《바다의 왕자》. 고려대학교출판부, 2008.
오형엽. 〈인간에 대한 관심과 예술적 승화〉. 《정한숙 작품집》. 지식을만드는지식, 2010.
문혜윤. 〈소설가의 삶, 소설의 삶〉. 《정한숙》. 글누림, 2011.
송희복. 〈역사와 문학을 보는 관점—장보고계 역사소설의 비교 및 전망〉. 《한국어문학연구》(동악어문학회) 56(2011. 2).
주영중. 〈훼손된 기억의 구조와 복원 방식—정한숙, 《끊어진 다리》의 서술방식을 중심으로〉. 《우리어문연구》(우리어문학회) 41(2011. 9).
최성윤. 〈정한숙 장편 《끊어진 다리》에 나타난 성인 화자와 회고담의 특질〉. 《현대문학이론연구》(현대문학이론학회) 50(2012. 9).
이현석. 〈예술로 구현된 역사의 정치성—1950년대 정한숙 소설의 의미〉. 장수익·신수정·조현일·김민정·천정환·서재길 외. 《한국 현대 소설이 걸어온 길》. 문학동네, 2013.
최강민. 〈정한숙의 새마을운동 소설과 유신체제의 홍보—정한숙의 《조용한 아침》(1976)론〉. 《어문론집》(중앙어문학회) 77(2019. 3).
강헌국. 〈황혼의 소설—정한숙의 후기(1982-1992) 소설에 대하여〉. 《어문논집》(민족어문학회) 95(2022. 8).
김종훈. 〈말년의 글쓰기—정한숙의 시와 수필 창작의 의미〉. 《어문논집》(민족어문학회) 95(2022. 8).
김준현. 〈1950년대 문예 매체의 지형과 정한숙 문학의 위상〉. 《어문논집》(민족어문학회) 95(2022. 8).
서세림. 〈정한숙 소설에 나타난 예술과 사랑〉. 《어문논집》(민족어문학회) 95(2022. 8)
공임순. 〈체험의 비극과 의지의 낙관, 그 사이의 인간군상—정한숙 소설을 중심으로〉. 《민족문학사연구》(민족문학사학회) 79(2022. 8).

학위 논문

강명불. 〈정한숙 소설에 나타난 분단문학의 양상—〈고가〉.와 《끊어진 다리》를 중심으로〉. 석사학위논문, 동국대학교 교육대학원, 1989. 2.
신상범. 〈한국 전후 소설의 주제의 양상〉. 석사학위논문, 공주사범대학교 교육대학원, 1989. 2.
김찬기. 〈191950년대 소설의 전통지향성 연구—김동리와 정한숙의 소설을 중심으로〉. 석사학위논문, 고려대학교 대학원, 1998. 2.
김현주. 〈정한숙 소설 연구—1950년대 작품을 중심으로〉. 석사학위논문, 상명대학교 대학원, 1998. 2.
문상윤. 〈한국 현대소설의 결말 유형에 관한 연구—1950년대 단편소설을 중심으로〉. 석사학위논문, 가톨릭대학교 대학원, 1998. 8.
정영아. 〈정한숙 소설 연구〉. 석사학위논문, 고려대학교 대학원, 1998. 8.
양은창. 〈1950년대 단편소설의 구조 연구〉. 박사학위논문, 단국대학교 대학원, 1999. 2.
홍현아. 〈정한숙 소설의 전통의식 연구〉. 석사학위논문, 성신여자대학교 교육대학원, 2001. 2.
김재두. 〈정한숙 소설 연구—주제의식을 중심으로〉. 박사학위논문, 건국대학교 대학원, 2002. 2.
박은숙. 〈정한숙 소설 연구〉. 석사학위논문, 건국대학교 교육대학원, 2002. 8.
김혜란. 〈현대소설에 수용된 '이여도'의 의미〉. 석사학위논문, 제주대학교 교육대학원, 2006. 2.
전경진. 〈역사적 인물의 형상화 연구—황진이 모티프를 중심으로〉. 석사학위논문, 인제대학교 교육대학원, 2006. 8.
오지원. 〈처용설화의 현대적 변용 연구〉. 석사학위논문, 아주대학교 교육대학원, 2007. 2.

필자 약력

강헌국 1962년 서울 출생. 고려대학교 국문과 및 동 대학원 국문과 졸업, 1991년《현대문학》으로 시인 등단(필명: 강윤후), 우송정보대학 문예창작과 교수를 거쳐 현재 고려대학교 국어국문학과 교수로 재직 중. 저서로《다시 쓸쓸한 날에》,《서사문법시론》,《활자들의 뒷면》등이 있음.

김선학 1947년 부산 출생. 동국대 국어국문학과와 동 대학원에서 박사학위를 받음. 월간《현대문학》을 통해 문학평론가로 등단. 동국대학교 명예교수. 저서로《비평정신과 삶의 인식》,《현실과 언어의 그물》,《문학의 빙하기》,《안 읽는 사람들과 사는 세상》,《현대문학사》,《시에 잠긴 한국인의 생각》,《문학개론강좌》,《문학의 빙하기》등이 있음.

김인환 1946년 서울 출생. 고려대학교 국문과 및 동 대학원 국문과 졸업. 1972년《현대문학》(평론)으로 등단. 고려대학교 문과대학 국문과 교수 역임. 현 고려대학교 명예교수, 대한민국 학술원 회원. 저서로《비평의 이해》,《언어학과 문학》,《과학과 문학》,《새한국문학사》등이 있음.

김종훈 1972년 서울 출생. 고려대학교 국문과 및 동 대학원 국문과 졸업. 2006년 창비신인문학상에 문학평론으로, 2013년《서정시학》에 시로 등단.

상명대학교 한국어문학과를 거쳐 현재 고려대학교 국어국문학과 교수로 재직 중. 저서로《서정의 미래에게》,《정밀한 시 읽기》,《시적인 것의 귀환》 등이 있음.

김준현 1974년 서울 출생. 고려대학교 국어국문학과를 졸업하고 같은 대학에서 현대소설로 석사와 박사 학위를 받음. 고려대학교 강사, 성신여자대학교 대우교수를 거쳐 현재 서울사이버대학교 웹문예창작학과 교수로 재직 중. 저서로《웹소설 작가의 일》, 논문으로〈전후 문학 장의 형성과 문예지〉,〈웹소설 장에서 사용되는 장르 연관 개념 연구〉 등이 있음.

문혜윤 1973년 강원도 춘천 출생. 고려대학교 국어국문학과 및 동 대학원 국어국문학과 졸업. 현 고려대학교 문화창의학부 부교수. 저서로《문학어의 근대》,《근대 국어 교과서를 읽는다》(공저),《해방기 문학의 재인식》(공저), 편서로《곽학송 소설 선집》,《근대독본총서 》전 10권(공편) 등이 있음.

송하춘 1944년 전북 김제 출생. 고려대학교 국문과 및 동 대학원 국문과 졸업. 1972년《조선일보》(소설)로 등단. 고려대학교 문과대학 국어국문학과 교수, 고려대학교 문과대학장 역임. 현 고려대학교 명예교수. 저서로《1920년대 한국소설 연구》,《발견으로서의 소설기법》,《탐구로서의 소설독법》, 창작집으로《한번 그렇게 보낸 가을》,《은장도와 트럼펫》,《하백의 딸들》 등이 있음.

서세림 1981년 서울 출생. 서울대학교 국어국문학과 및 동 대학원 박사 졸업. 현 중앙대학교 국어국문학과 조교수. 주요 연구로〈월남문학의 유형—'경계인'의 몇 가지 가능성〉,〈탈북 작가의 글쓰기와 자본의 문제〉,〈한국소설과 재일조선인 귀국사업—체제의 의도와 주체의 의지 사이〉, 저서로《한국 현대소설이 걸어온 길》(공저),《탈북 문학의 도전과 실험》(공저) 등이 있음.

오형엽 1965년 부산 출생. 고려대학교 영문과 및 동 대학원 국문과 졸업.

1994년《현대시》신인추천작품상(평론), 1996년《서울신문》신춘문예(평론) 등단. 현 고려대학교 국어국문학과 교수. 저서로《신체와 문체》,《주름과 기억》,《환상과 실재》,《알레고리와 숭고》등이 있음.

윤석달 1948년 충남 당진 출생. 고려대학교 국문과 및 동대학원 국문과 졸업. 한국항공대학교 교수 역임. 한국항공대 명예교수. 저서로《한국현대가족사소설연구》,《국어의 발견》,《대중문화의 이해》,《명창들의 시대》등이 있음.

이남호 1956년 부산 출생. 고려대학교 국문과 및 동 대학원 졸업. 문학박사. 고려대학교 사범대학 국어교육과 명예교수. 저서로《한심한 영혼아》,《문학의 위족》,《남김의 미학》등이 있음.

장성수 1948년 인천 출생. 고려대학교 국어과와 동 대학원 졸업했고, 미국 브리검 영 대학교 교환교수, 한국문학이론과비평학회장, 20세기민중생활사연구단 공동연구원, 전북대학교 중앙도서관장 및 최명희 문학관 관장을 역임했다. 현재 전북대학교 명예교수.

주영중 1968년 서울 출생. 고려대학교 국문과 대학원 박사 졸업. 2007년《현대시》(시) 등단. 현 대구대학교 자유전공학부 교수. 저서로《결코 안녕인 세계》·《생환하라, 음화》(시집),《현대시론의 역학적 구도》등이 있음.

최동호 1948년 수원 출생. 고려대학교 국문과 및 동 대학원 국문과 졸업. 1976년 시집《황사바람》발간, 1979년《중앙일보》(평론) 신춘문예 등단. 경남대학교, 경희대학교, 고려대학교 교수, 황순원학회 회장, 시사랑문화인협의회 회장 역임. 현 고려대학교 명예교수 겸 경남대학교 석좌교수. 저서로 시집《황사바람》,《아침책상》,《공놀이하는 달마》,《수원 남문 언덕》,《제왕나비》, 시론집《현대시의 정신사》,《불확정시대의 문학》,《평정의 시학을 위하여》,《하나의 도에 이르는 시학》, 역서《헤겔 시학》,《문심조룡》등이 있음.

정한숙의 삶과 문학
연구 논문집

초판 발행 1쇄 2022년 11월 3일

엮은이 일오 정한숙 선생 탄생 백주년
기념사업회
펴낸곳 고려대학교출판문화원
www.kupress.com
kupress@korea.ac.kr
(02841) 서울특별시 성북구 안암로 145
Tel 02-3290-4230, 4232
Fax 02-923-6311
찍은곳 (주)동화인쇄

ISBN 979-11-6956-003-0 04810
ISBN 979-11-6956-000-9 (세트)

값 30,000원
※ 잘못 만들어진 책은 바꿔 드립니다.